CRECIENDO
CON
NUESTROS
HIJOS

ANGELA MARULANDA

Primera edición noviembre de 1998
Corrección de textos: Luis Eduardo Yepes
Diagramación y cubierta: Andreina Carvajal
Impreso en Cargraphics S.A. - Imprelibros
Impreso en Colombia - Printed in Colombia

Para ordenar este libro debe comunicarse con:
Telefax (572) 8926714 Cali - Colombia
Email: andreina@calipso.com.co

Gracias

✻

a mi mamá, Lucía de Marulanda, por ser todo lo que es

a mis hijos, Patrick, Johanna y Richard,
y a mi sobrina e "hija adoptiva" Alexandra,
por la riqueza y las enseñanzas que su amor me ha dejado

a todos los padres que comparten conmigo un profundo
interés en la familia, y a todos aquellos amigos que con
gran generosidad me han apoyado en esta empresa

Y a Dios por haberme dado la bendición de ser madre.

Quisiera agradecer el apoyo y acogida de los periódicos y revistas
que han publicado mis escritos, y de manera muy especial a los
directivos de El Tiempo, ya que este libro ha sido posible gracias
a lo mucho que me ha motivado su interés en estos temas.

Índice

PRESENTACION

LA "DOCTORA" ES MI MAMA

Recuerdo muy bien el día en que mi mamá, hace muchos años, nos anunció que iba a dictar una conferencia. "¿Y sobre qué vas a hablar?" le preguntamos aterrados. Su respuesta fue aún más increíble. Nos parecía absurdo, no sólo a mí sino también a mis hermanos, que hubiera alguien interesado en escuchar una charla sobre cómo ser buenos padres, y que de todas las personas del mundo, fuera mi mamá quien la dictara. A pesar de todo lo maravillosa, lo cariñosa y dedicada, lo entusiasta y comprensiva que trataba de ser, no era propiamente la mamá modelo de las películas y las leyendas. Poco se parecía a la mamá de Daniel el Travieso o a la señora Ingalls de la serie de televisión; ni siquiera a Geppetto, el papá de Pinocho. No obstante su esfuerzo, mi mamá distaba mucho de ser perfecta. Invertía demasiadas energías corrigiéndonos, educándonos, cuidándonos y asegurándose que estuviéramos felices e hiciéramos lo que tocaba. A pesar del empeño que le ponía, la maternidad no parecía ser una tarea fácil para ella y, por lo tanto, me preguntaba, ¿cómo era posible que estuviera calificada para enseñarle a otros a hacerlo?

Después comprendí que era precisamente esto lo que la hacía la candidata ideal para el trabajo. La "doctora" - como la llamamos cariñosamente sus hijos cuando la vemos esforzándose por poner en práctica lo que predica - siempre ha disfrutado extraordinariamente de su maternidad. Desde que puedo recordarlo, mis hermanos y yo hemos sido el centro de su universo y su prioridad número uno. Su mesa de noche vivía llena de libros sobre crianza de los hijos y todos los temas relativos al mismo asunto, y estudiaba muy asiduamente. Pero su verdadera capacitación, a la que dedicaba la mayor parte de su tiempo y energías, no era tan académica: tenía lugar cuando trataba de acostar a mi hermanito, cuando bregaba por lograr que mi hermana se comiera las verduras y cuando luchaba para que yo hiciera mis tareas. Día tras día, noche tras noche, se enfrentaba con los mismos problemas y retos que enfrentan todos los padres de familia, y los asumía con un gusto enorme.

Afortunadamente para nosotros, pronto en su carrera como mamá se dio cuenta de que no podía hacer nada para tener unos "hijos perfectos". Que no había una fórmula mágica para criarlos que garantizara los resultados correctos. Todo lo que podía hacer para mejorar a su familia era tratar de mejorar ella misma como madre, y con este propósito, trabajaba muy duro para lograr superarse. Se preparaba con las herramientas teóricas y prácticas que le ofrecían los libros y artículos de muchos expertos en la materia; se desvelaba buscando las causas de nuestro comportamiento y de nuestras actitudes en lugar de reaccionar ante ellos, y se alimentaba con el intenso amor que sentía por nosotros.

Debido a que ha estado comprometida con el proceso y no con los resultados, ha podido darnos el amor incondicional e inagotable que es vital para el desarrollo saludable de todo niño. Su entusiasmo era evidente en todo momento que estaba con nosotros, y todavía hoy lo es. Como resultado, ahora tiene cuatro hijos, (contando con mi prima Alexandra que vive con nosotros hace varios años), un tanto imperfectos, pero perfectamente felices. No somos, ni pretendemos ser, la maravilla ambulante, ya que padecemos de los mismos defectos que cualquier otra persona.

Pero estamos tan comprometidos con ella como ella lo está con nosotros. Y estamos comprometidos con los ideales que nos ha inculcado: encontrar la felicidad dentro de nosotros comprendiendo la grandeza de vivir, servir a los demás en todo lo que esté a nuestro alcance, y colocar a nuestra familia en el primer lugar de prioridades. De tal manera que, usando sus mismas palabras cuando afirma que "… mis hijos son los hijos ideales porque para mí el ideal como hijos son mis hijos", puedo decir que también tengo la mamá ideal, porque para mí, mi mamá es la ideal, … y sé que tiene mucho que enseñar.

Patrick Greiffenstein Marulanda

INTRODUCCION

¿DE DONDE SALIO ESTE LIBRO?

"Y ahora ¿qué quiere, Angela?", era la pregunta, en tono exasperado, que por lo general me contestaban las profesoras ofuscadas cuando alzaba nuevamente la mano durante su clase. A pesar de que fui una alumna promedio, más bien aplicada, no muy inquieta y ni siquiera muy conversadora, estoy segura de que la gran mayoría de mis profesoras me recordaron por mucho tiempo como aquella alumna que las desesperaba con su preguntadera, insistiendo en saber el "por qué" de todo lo que ellas trataban de enseñar.

Desde muy niña las relaciones familiares fueron uno de mis temas favoritos. Mis lecturas y mis películas preferidas eran aquellas que giraban alrededor de una familia modelo de amor. Mi sueño dorado, desde que puedo recordarlo, era tener una familia como de cuento de hadas (algo así como la de los Waltons). Es decir, formar un hogar con unos abuelos adorados, unos papás felizmente casados y muchos hijos unidos a su alrededor, en donde abundara el cariño, la unión y la armonía entre todos.

Desafortunadamente, en la práctica la familia que tanto había deseado tener no fue una realidad perdurable. Mi sueño se desvaneció cuando, 11 años después de casada, mi matrimonio se terminó. A raíz de esto, me preguntaba ¿cómo era posible que con tanto interés por tener un hogar modelo de amor y comprensión no hubiera podido establecer una relación de pareja que perdurara? ¿Dónde había estado la falla para que, a pesar de tantos esfuerzos, mis hijos no hubieran tenido una familia con sus padres unidos para siempre, como yo anhelaba? Esta circunstancia, contrario a lo que podría esperarse, fortaleció mi entusiasmo por profundizar en el tema de las relaciones familiares.

Me dolía mucho la terminación de mi relación marital y el sufrimiento de mis hijos, y por eso me desconcertaba ver que hubiera tantas parejas viviendo el mismo proceso y tantos niños sufriendo profundamente por ello. No me conformé con las respuestas simplistas que encontraba en todas partes: incompatibilidad de caracteres, el matrimonio había sido un error, o "no eramos el uno para el otro". Con la persistencia que me caracterizó como alumna, insistí en averiguar el por qué de lo que ocurría, a la vez que trabajaba para adaptarnos a nuestra nueva organización familiar y reestablecer lo más pronto posible la estabilidad que precisaban mis hijos. A pesar de lo difícil y doloroso de la experiencia, poco tiempo después comenzamos un proceso de "sanación", y lenta pero seguramente se fue restituyendo la confianza y el optimismo entre nosotros.

Buscando la respuesta a los interrogantes que me explicaran por qué se estaban acabando tantos matrimonios, me pude dar cuenta de que no bastaba el esfuerzo y el deseo de tener una familia unida para lograrlo. Hay muchos factores que juegan un papel primordial en la estructuración de una relación de pareja que pueda garantizar la unidad y la armonía familiar. Uno de los más importantes es la estabilidad emocional y la salud mental de cada uno de los cónyuges, la que a la vez está decisivamente influida por lo que ellos hayan recibido o dejado de recibir durante su infancia.

Cuando me percaté de esto, pude comprender cómo algunas carencias de la niñez pueden contribuir a deteriorar el matrimonio, y empecé a cuestionarme como madre. Reflexionando sobre lo que hasta entonces había estudiado, y con la ayuda de libros y cursos sobre el tema, me di cuenta de la cantidad de errores que, de buena fe, estaba repitiendo con mis hijos. Me preocupó, además, ver a tantos otros padres cometiendo inocentemente los mismos errores, como yo, inocentemente condenando a sus hijos a sufrir innecesariamente con sus equivocaciones. Fue entonces cuando decidí dedicarme de lleno a estudiar sobre lo que se necesita para ser buenos padres y poder criar hijos realmente sanos, que puedan llegar a formar hogares estables.

La necesidad de compartir todo lo que así iba aprendiendo, fue la que me inició, hace algo más de 10 años, como Educadora Familiar, una profesión para la que tengo más vocación que cualquier otra cosa. Tratando de resumir y difundir lo aprendido, surgió la mayor parte de lo que he escrito para diversos periódicos y revistas a lo largo de mi carrera, y que ahora se reúne en este libro.

Quisiera anotar que la mayoría de las ideas y las recomendaciones de mis escritos se basan en planteamientos hechos por muchos expertos y reconocidas autoridades en estos temas, entre quienes quisiera mencionar a Eva Giberti, psicóloga argentina, Mary Pipher, Ph.D., psicoterapeuta y antropóloga, y John Rosemond, psicólogo familiar y escritor, entre otros muchos, cuyos escritos me han servido de pauta e inspiración en muchas oportunidades.

Algunas advertencias importantes

Finalmente, a quienes se propongan leer este libro quisiera hacerles tres sugerencias importantes. La primera es que no crean ni acepten nada de lo que aquí se dice sin revisarlo y meditarlo frente a sus propias creencias y valores. Ninguna idea se debe acoger sino hasta que nos sintamos identificados con ella. Las orientaciones que recibamos con respecto a nuestros hijos no son buenas si sólo nos llenan de culpas, y por eso es importante acoger únicamente aquellas que tengan algo positivo que aportarnos. Además, siempre debemos tener presente que no hay mejor experto en los hijos que sus propios padres. Nada de lo que diga el más sabio en la materia, tiene tanta sabiduría como lo que emana del corazón de unos padres estructurados y realmente comprometidos con sus hijos.

La segunda es que las sugerencias que se hacen a lo largo de este libro son sólo una opción válida, pero no la única, y mucho menos la última palabra. No contienen "fórmulas mágicas" sino alternativas eficaces, que dan buenos resultados en la mayoría de los casos. Sin embargo, es preciso tener en cuenta que criar hijos sanos y bondadosos es un proceso con altibajos, que no se da de la noche a la mañana, y que ninguna "técnica", por buena que sea, da resultados inmediatos y definitivos. Hay que perseverar, insistir y poner todo nuestro empeño, no para tratar de cambiar a los hijos, sino para cambiar nuestra forma de abordar las dificultades que tenemos con ellos, de manera que los llevemos a ver sus errores y a procurar rectificarlos. Para ello, es indispensable darle tiempo a que nuestras nuevas actitudes o medidas surtan el cambio deseado, sin desanimarnos ni volver a lo que por tanto tiempo hemos estado haciendo sin buenos resultados.

La tercera es que, por lo general, tenemos la tendencia a leer o a escuchar las recomendaciones que nos hacen con respecto a los hijos, alertas a señalar las fallas de los demás, especialmente las de nuestro cónyuge. Es muy fácil ver los errores de los demás y así mismo darnos cuenta de lo que deben cambiar. Pero hacer eso mismo con respecto a nosotros mismos es complicado porque, como estamos involucrados en el problema, es difícil tener la objetividad y la perspectiva completa de la situación. Así, si queremos sacar un buen provecho de estas lecturas, es preciso hacer un esfuerzo consciente para hacerlo con el ánimo de revisar nuestras propias actitudes, buscando lo que nosotros debemos cambiar, no lo que deben hacer los demás.

Por último, quisiera anotar que, a pesar de lo mucho que he manejado este tema, todavía sigo cometiendo errores con mis hijos, pero gracias a las luces que me ha dado todo lo que he estudiado, he ganado una nueva perspectiva que me ha permitido aprender a reconocerlos y trabajar por corregirlos. De esta manera hemos podido formar, lo que Stephen Covey, Ph.D, llamaría una "linda cultura familiar", y en ella mis hijos han podido ir superando las experiencias dolorosas y difíciles que han enfrentado en su trayectoria por este mundo. Aunque es difícil "cantar victoria", lo importante es que tanto ellos como yo hoy abrazamos la vida con optimismo, y comprendemos que la felicidad no es una bendición sino una decisión y ante todo una conquista resultante de nuestras actitudes frente a los hechos y circunstancias de la vida. En este proceso, he disfrutado del amor, las enseñanzas y los innumerables momentos de profunda satisfacción y alegría que me ha ofrecido la grandiosa experiencia de ser madre.

Capítulo I
Crecer como padres

Buenos padres no son quienes
se ocupan de que nada les falte a sus hijos,
sino quienes no les faltan como padres.

ANGELA MARULANDA

¿Es necesario prepararnos para ser padres?

Unas décadas atrás, ser padres era (o parecía ser) un proceso muy natural y los hijos crecían relativamente tranquilos, guiados por la sabiduría de sus padres, dictada por el "instinto" paterno o materno. Aquel proceso a su vez estaba confinado dentro de una serie de normas sociales y morales que hasta entonces parecían irrefutables.

Pero los rápidos avances tecnológicos de las últimas décadas han tenido un profundo impacto en la sociedad, lo que a su vez ha producido grandes y definitivos cambios en el ambiente en que se desenvuelve la familia. Por eso, el estilo de vida y las relaciones entre padres e hijos son hoy en día muy distintas; en una sociedad sometida a una transición tan marcada, ser padres es toda una misión que no permite errores ni improvisaciones.

Aceptamos como un hecho que la organización social de hoy nos exige una preparación especial para todas las actividades que impliquen alguna responsabilidad. Desempeñar cualquier profesión, adelantar un oficio o simplemente conducir un auto, requieren desde varios años de estudio hasta un determinado entrenamiento y exámenes que verifiquen nuestra idoneidad en la materia. Pero resulta insólito constatar que para ser padres, la tarea de mayor trascendencia y envergadura de nuestra vida, todavía no se exija ninguna capacitación.

Todavía muchos padres argumentan que "a mi nadie tiene por qué enseñarme cómo debo educar a mis hijos", y niegan que sea necesario recibir orientación en lo que a la crianza de los hijos se refiere. Suelen afirmar que las generaciones anteriores no tuvieron ninguna preparación y no obstante cumplieron una buena labor con todos sus hijos. Pero así como para nuestros abuelos no fue necesario aprender a manejar una computadora o un fax, tampoco fue importante capacitarse en otras áreas para las que hoy en día sí es absolutamente imperativo hacerlo si se quiere salir adelante con éxito. Y una de ellas, es la crianza de los hijos.

Las cosas han cambiado

En efecto, de acuerdo con los expertos en estos temas, la grave situación de descomposición y violencia social que impera en el mundo moderno tiene su origen no sólo en las limitaciones socioeconómicas de gran parte de la población, sino también en las deficiencias en la formación moral y el desarrollo emocional de sus habitantes. Dado que la familia es precisamente el núcleo donde se forma y desarrolla el individuo, es allí donde esas deficiencias generalmente se originan y por lo mismo somos los padres quienes tenemos la mejor opción para subsanarlas. De ahí la importancia de aprender sobre las opciones más apropiadas para criar a los hijos; su formación nunca ha sido fácil y mucho menos ahora.

En primer lugar, la sociedad en general y la familia en particular, han tenido una evolución especialmente acelerada en las últimas décadas. Esta evolución ha conllevado cambios en la mentalidad y las costumbres de las nuevas generaciones. Los padres desconocemos las implicaciones de tales cambios en los hijos y nos sentimos desarmados ante una transformación difícil de comprender y de digerir.

Algunos, consideran en forma pesimista que la familia se está desintegrando; otros, más optimistas, ven en la incertidumbre y el cambio que estamos viviendo la necesidad de renovar nuestras ideas y experiencias, informándonos y capacitándonos para afrontar los nuevos desafíos. Cualquiera que sea la situación, precisamente en este momento en que prevalece el cambio y la redefinición, la crianza de los hijos no puede seguirse dejando al azar y al "instinto" de unos padres confundidos y desconcertados.

> *Al cambiar la relación familiar del autoritarismo a la permisividad tanto los padres como los hijos han quedado desconcertados y confundidos.*

En segundo lugar es preciso tener en cuenta el cambio tan radical en las relaciones padre-hijo que ha ocurrido en una sola generación. La vida en familia, durante la infancia de quienes ahora somos adultos, se regía por normas y roles establecidos, autocráticos y aceptados por casi todos. La mayoría de los padres de hoy crecimos en un ambiente autoritario: el padre era el jefe supremo del hogar, la madre debía subordinarse a él y los hijos a los dos. Las indicaciones de los padres eran aceptadas como órdenes irrefutables. Cuestionar a los mayores era considerado como una falta de respeto, y los menores debían ser más o menos sumisos. Aún en los hogares más indulgentes los padres eran la autoridad suprema y los niños tenían que aceptar, sin derecho a "voz ni voto", la supremacía paterna.

Sin embargo, el movimiento de la sociedad hacia la igualdad de todos sus miembros ha tenido un impacto trascendental en las relaciones familiares. Raro es el niño que hoy en día no refuta o cuestiona las instrucciones de sus mayores cuando le desagradan, o que no contesta "no me grites" cuando sus padres le hablan en un tono de voz más fuerte. Esto no ocurrió en el pasado. A pesar de lo desconcertante que pueda resultar, esta actitud desafiante de las nuevas generaciones es una realidad que no podemos negar. Y por ello con mucha frecuencia los métodos autocráticos de crianza de los hijos ya no funcionan.

Quizás por estas razones, de las relaciones autocráticas del pasado en que los padres eran los soberanos absolutos del hogar, hemos pasado a la tiranía por parte de los hijos. Y al cambiar la relación familiar de un sistema autocrático a un abuso de la permisividad, tanto los padres como los hijos hemos quedado muy confundidos y las familias se mueven entre dos extremos: se exige una disciplina excesiva o se permite todo y se les deja hacer lo que les venga en gana. Lo más común es que los padres pasemos de ser a veces autocráticos y muy estrictos a ser a veces permisivos y excesivamente tolerantes, resultando por lo tanto muy inconsistentes y desconcertantes. Esta situación implica mucha inestabilidad para todos, especialmente para los niños.

Más opciones, más peligros

Adicionalmente, es importante tener en cuenta que los menores de hoy capten desde pequeños una serie de opciones de comportamiento que les hacen mucho más vulnerables a "tomar el mal camino". A pesar de las deficiencias que pudieron haber tenido en los hogares en que se criaron, muchas personas hoy adultas siguieron el camino correcto porque se desarrollaron en un ambiente y en una sociedad donde no había muchas más opciones que la de comportarse de acuerdo a unas normas y costumbres establecidas. Había que acatar las instrucciones de los mayores, había que estudiar y prepararse, había que desempeñar determinada profesión u oficio (muchas veces escogido por los padres), porque simplemente era casi la única posibilidad apropiada. Pero los niños de hoy saben y conocen mucho más alternativas de comportamiento desde muy jóvenes, las cuales, a pesar de que no sean aprobadas por sus padres, son una posibilidad que existe y por la que ellos pueden optar si lo desean. Su acceso a los medios de comunicación social, por ejemplo, les permite informarse sobre muchos actos reprochables o inmorales que ocurren a diario.

Así mismo, las normas sociales y morales son cada vez más amplias o "relajadas", y muchas conductas antes condenadas hoy ya no lo son. Por ejemplo, las nuevas generaciones saben desde muy niños que si una relación marital no es satisfactoria pueden optar por divorciarse, una posibilidad que no existió para nuestros abuelos. Saben que si no se desea un embarazo es posible hacer un aborto, una opción que, a pesar de que sus padres la condenen, los niños están conscientes de que existe como alternativa. Saben que si se tienen dificultades para conseguir un buen ingreso hay formas "fáciles" de hacer dinero.

Muchos de quienes hoy somos adultos crecimos ignorando estas posibilidades o creyendo que eran únicamente propias de personas antisociales pertenecientes a un grupo social muy desfavorecido, con el que nada teníamos que ver y por lo tanto no imitábamos. Pero los niños de hoy saben que también hay dirigentes pertenecientes a la más alta clase política, social o empresarial que son cómplices en negociados y estafas, que trafican con droga, o que de cualquier otra forma se enriquecen ilícitamente. Así que para ellos estas son opciones que pueden acoger quienes así desean hacerlo.

Lo que ignoramos los padres

No obstante los grandes avances de la ciencia y la técnica, los problemas sociales más graves, como son la drogadicción, la violencia, el vandalismo, la corrupción, la promiscuidad sexual, o el suicidio, lejos de disminuir han ido en aumento, alcanzando cifras sin precedentes. Estas conductas, entre las clases menos favorecidas pueden ser resultado de la miseria en que se encuentran. Pero entre las clases con mayores recursos está visto que son producto de deficiencias morales y emocionales.

En el pasado los padres se podían limitar a ser los proveedores y las madres a velar porque los niños comieran bien, tuvieran buenos modales, observaran buena conducta y estudiaran con esmero. Pero esto hoy no basta. Los niños ya no obedecen solamente porque los padres se los exigimos. Para que se guíen por nuestros principios y acojan nuestros valores es necesario darles muy buen ejemplo, crear una relación muy sólida con ellos, satisfaciendo plenamente todas sus necesidades, algunas de las cuales muchos padres desconocen.

Las necesidades fundamentales

A diferencia de los animales y plantas, los seres humanos tenemos no sólo cuerpo físico con sus correspondientes necesidades (abrigo, alimentos, sueño, etc.), sino también una psiquis o mente, que también tiene necesidades propias. De su adecuada satisfacción depende la estabilidad emocional y el proceder social de las personas. Y su insatisfacción es una de las principales causas para que una persona caiga en el uso de droga o abuso del alcohol, recurra a la prostitución, busque enriquecimiento ilícito, opte por el suicidio o fracase en sus relaciones familiares o personales, entre otras.

Para desarrollarse emocionalmente sanas, para crecer estables y estar satisfechas consigo mismas, las personas necesitan sentirse amadas, apreciadas, importantes, capaces, seguras, autónomas y aceptadas. Estos sentimientos o convicciones se van desarrollando en los hijos desde el momento en que nacen y dependen de las actitudes de los padres.

Sin embargo, los padres no propiamente comunicamos a los niños que los amamos cuando les gritamos, los insultamos o los golpeamos; no les decimos que los apreciamos y que son importantes cuando les afirmamos que nos van a "enloquecer" o cuando raramente tenemos tiempo para estar con ellos; no los llevamos a sentirse seguros cuando les indicamos que si se portan mal los vamos a "ahorcar" o nos vamos de la casa; tampoco les ratificamos que son inteligentes y adecuados cuando les aseguramos que son "bobos" o que "no sirven para nada".

Desafortunadamente, muchos padres podemos fallar en la satisfacción de las necesidades de nuestros hijos no por falta de interés o amor por ellos sino porque no sabemos cómo satisfacerlas plenamente. Pero "el que inocentemente peca, inocentemente se condena". Así que es hora de comenzar a informarnos y aprender todo lo que sea posible sobre la tarea más trascendental de nuestra vida: ser padres, que es muy distinto a tener hijos.

¿QUÉ ES PRIMERO, EL MATRIMONIO O LOS HIJOS?

Aun cuando para muchos parezca increíble, es indispensable darle prioridad a la relación de pareja, precisamente porque el bienestar de los hijos depende, en buena parte, del bienestar de la relación entre sus padres.

Sin embargo, lo que ocurre con más frecuencia es exactamente todo lo contrario. Una vez que comienzan a llegar los hijos, muchos padres se consagran tanto a su cuidado que se olvidan de seguir siendo pareja. Y, cuando los hijos crecen y se van del hogar, la relación matrimonial es tan distante y tiene tan poco en común que son prácticamente dos extraños bajo el mismo techo. Al no tener qué hablar o preocuparse por los pañales, la Primera Comunión, las tareas o la fiesta de quince años, ya no hay tema para conversar o compartir, y su matrimonio se acaba o, en el mejor de los casos, la pareja permanece junta simplemente por miedo a la soledad, por razones económicas o porque no ven otra alternativa.

> *"Maestro, ¿qué es lo mejor que puedo hacer por mi hijo?", preguntaba alguna vez un discípulo a un sabio predicador. "Ama a su madre".*

Por el bien de los hijos

Muchos padres descuidan la relación de pareja con la disculpa de que los deberes para con los hijos no les dejan tiempo para ellos y que lo harán cuando los hijos crezcan. En el entretanto no disponen de un sólo minuto para conversar, estar solos o desarrollar actividades sin los menores, alegando que, debido a sus múltiples actividades, el poco tiempo libre de que disponen necesariamente tienen que dedicárselo a los niños.

Pero si del bienestar de los hijos se trata, hay que tener en cuenta que su sano desarrollo emocional exige calidad y profundidad en la relación matrimonial. Saber que sus padres se aman y que tienen un matrimonio sólido, provee a los niños con una profunda sensación de estabilidad y de seguridad indispensable para que desarrollen una sólida estabilidad emocional y una buena salud mental.

Además, cuando los niños crecen en un ambiente en que la relación entre sus papás es distante y, por lo tanto, poco satisfactoria, no cuentan con el medio apropiado para dedicarse a la tarea de crecer y de explorar el mundo, libre y tranquilamente. Pocas cosas son tan inquietantes para los menores como vivir en un hogar en el que el afecto y la indiferencia entre los padres se confunden continuamente. Así mismo, una relación en la que ambas partes carecen del afecto, el apoyo y la comprensión que necesitan, lleva a que pronto se desvaloricen, se maltraten o se menosprecien, lo cual genera en los hijos mucha angustia, porque los hace dudar de la disponibilidad de los padres para cuidarlos y protegerlos.

Por otra parte, el temor de los niños a perder a uno de sus padres como resultado de un rompimiento definitivo entre ellos, puede llevarlos a recurrir inconscientemente a comportamientos muy nocivos para mantenerlos unidos. El uso de drogas, la rebeldía excesiva, los accidentes continuos, un bajo rendimiento escolar, o la depresión y el aislamiento, son algunas de las conductas utilizadas por los hijos para atraer la atención de los padres hacia ellos y así lograr que tengan que permanecer unidos para solucionar los problemas que les causan.

Un modelo de relación conyugal

El niño necesita el ejemplo de la relación entre papá y mamá para formarse una idea clara sobre las características y condiciones básicas de la relación marital. La relación de sus padres es el primer ejemplo de relación social que tienen los menores y a partir del cual ellos desarrollan sus creencias sobre la bondad del ser humano como ser social. Los conceptos de amor, lealtad, confianza, respeto, solidaridad y honestidad en las relaciones de pareja se desarrollan con base en lo que vea ejemplificado en su hogar. Si la relación de pareja no muestra tales virtudes, será difícil para un niño entenderlas y desarrollarlas como parte de su código de conducta social y, por lo tanto, incorporarlas a su futura relación conyugal.

Igualmente, cuando los padres son distantes o indiferentes entre sí, los hijos desarrollan sus conceptos acerca de lo que es la vida marital, a través de las distorsionadas ideas presentadas por las novelas, las revistas o del cine producidos por una cultura en la que la vida en pareja se presenta ante todo como una unión de conveniencia, temporal y sin compromisos, regida por el goce de la actividad sexual.

Lo que los cónyuges necesitan de su relación. . .

Desarrollar un matrimonio sólido y perdurable es una tarea que requiere mucho esfuerzo, dedicación e interés de ambas partes. No basta con vivir bajo el mismo techo, compartir el cuidado de los hijos, y trabajar hombro a hombro para satisfacer las exigencias económicas de la familia. Para que la relación de pareja crezca, se fortalezca y se desarrolle armónicamente, ésta debe alimentarse mutuamente y satisfacer de las necesidades de cada una de las partes.

Lo que un hombre y una mujer necesitan y esperan de una relación conyugal es tan distinto que no es raro que tengan dificultades para desarrollar un buen matrimonio. De tal manera que a menudo, las necesidades no se satisfacen no por falta de consideración o egoísmo, sino por falta de tiempo y de espacio para hacerlo, además de una ignorancia generalizada sobre las mismas.

Una buena medida para ayudar a solucionar las incompatibilidades entre los cónyuges es dedicarse mutuamente a conocer y satisfacer sus necesidades. El matrimonio no es una simple institución social que perdura y crece debido a que las partes se comprometen porque "se aman intensamente" y esperan vivir felices hasta que la muerte los separe. Continuaremos viendo unas devastadoras tasas de separación hasta que no se comprenda que el matrimonio es una relación compleja, que requiere de mucho cuidado y dedicación para lograr satisfacer las necesidades de la pareja y que es indispensable alimentarla en forma permanente con afecto, tiempo y comprensión.

Pocas parejas se casan sin amor. Pero muchas que se aman fallan en el cuidado y atención que requiere su relación. Es necesario comprometerse, trabajar y dedicarse de lleno a enriquecer esta relación.

Las necesidades básicas del hombre y la mujer en la relación marital

Los hombres quieren...
Realización sexual
Compañía para recreación
Una mujer atractiva
Apoyo doméstico
Admiración y reverencia
Atenciones y cuidados

Las mujeres quieren...
Demostraciones afectivas
Comunicarse íntimamente
Un hombre fuerte y viril
Respaldo económico
Compromiso emocional y familiar
Consideración y protección

El amor que enriquece
a los hijos

Todos sabemos que los hijos necesitan amor. Pero, aun cuando la mayoría de los padres los amamos profundamente, no siempre sabemos comunicárselo de manera que ellos se sientan verdaderamente amados.

> *¡El amor a los hijos implica madurez, madurez ante la comprobación, no siempre grata, de que el niño no resulta como hubiésemos deseado!*
> *Eva Giberti*

Sentirse amado es una necesidad fundamental de los seres humanos, indispensable para su sano desarrollo físico, social y emocional. Así, de la misma manera en que un menor que no sea apropiadamente alimentado o abrigado puede llegar a enfermar y hasta morir, si no recibe suficiente cantidad y calidad de amor que lo "nutra" emocionalmente puede sufrir graves trastornos físicos y mentales de los que es difícil recuperarse.

Las consecuencias nefastas de la falta de amor paterno para la vida de los niños fueron evidentes poco después de la II Guerra Mundial, cuando se vio que muchos de los bebés que fueron recluídos en orfanatos no crecían, se desnutrían y hasta morían, a pesar de que recibían todos los cuidados físicos. Este fenómeno fue llamado "depresión anaclítica" y se observó que era el resultado de la falta de la atención, cuidado y dedicación, (es decir del amor) de un adulto que hiciera las veces de padre o madre.

El amor que no "nutre"

Hay mucha confusión entre los padres en cuanto a lo que quiere decir amar a nuestros hijos. Muchos padres creen que el amor se comunica únicamente con caricias y frases cariñosas. Pero las demostraciones afectivas, aun cuando son indispensables, no bastan por sí solas para que los menores se sientan amados.

Otros padres creen que amar a los hijos es estar pendientes de ellos permanentemente, indicándoles qué hacer, qué sentir, qué decir, etc. Sin embargo la continua atención y sobreprotección de los padres le da a entender al hijo que es un incapaz, y no necesariamente que es amado.

Más frecuentes quizás son los padres que creen que amar a los hijos es comprarles todo lo que se les antoja y brindarles toda suerte de oportunidades. Pero dar demasiadas cosas, así sea por amor, lejos de beneficiarlos les perjudica porque no solamente distorsiona sus valores (aprenden a "vender" su amor o a que ser valioso es tener mucho) sino que precisamente comunica todo lo contrario. Para darles tanto, los padres nos vemos obligados a trabajar demasiado y disponemos de muy poco tiempo para estar con ellos. Y este alejamiento, por más regalos y comodidades que les brindemos, es interpretado por los hijos como falta de interés y de amor por parte de sus padres.

Finalmente, todavía hay algunos padres que creen que amar a sus hijos es vivirlos reprendiendo y castigando para formarlos como personas correctas y responsables. Es cierto que disciplinar a los hijos y obligarlos a hacer lo correcto es un acto de amor. Pero la disciplina debe ser una enseñanza positiva con palabras y actitudes que respeten la dignidad del niño y por tanto que le hagan sentir que es una persona capaz, útil y digna de ser amada. Y esto no es lo que se comunica con los insultos y malos tratos a que a veces se les somete en nombre del amor.

> *El opuesto del amor no es el odio sino la indiferencia. Y nada comunica más desinterés que no estar presentes en la vida de los hijos.*

Cómo se comunica el amor

El amor que verdaderamente llega al corazón de los hijos, que los "nutre" porque les hace sentir que los amamos, se da cuando hay un profundo interés por ellos y un verdadero compromiso con su crianza. Se expresa cuando vemos y consideramos a nuestros hijos como algo muy especial, cuando su bienestar y su felicidad están primero que nuestra comodidad; cuando disfrutar de su compañía es más importante que cualquier otra actividad; cuando les tratamos con tanto respeto y consideración como a nuestros más queridos amigos; cuando les cuidamos con más esmero que a cualquier joya; cuando les escuchamos con mucha atención e interés, y cuando les apoyamos en sus dificultades y aceptamos sus fracasos o errores sin recriminarlos por habernos fallado.

En otras palabras, el amor que sí hace sentir a los hijos amados y valorados por sus padres debe ser incondicional; incluye caricias y otras demostraciones afectivas; exige paciencia y tolerancia y requiere de calidad y cantidad de tiempo; todo lo cual implica comprometerse y darle a la familia una absoluta prioridad.

Amor incondicional

Los padres ciertamente disfrutamos los triunfos de nuestros hijos, pero es importante comunicarles que son amados no sólo por sus éxitos sino por ser personas especiales para nosotros, cualquiera que sean sus logros o sus características como personas.

Cuando nos importa más la imagen que nuestros hijos proyecten sobre nuestras capacidades como padres que ellos como personas, les estamos diciendo que nuestro amor está supeditado a un buen comportamiento o a sus triunfos, y pueden sentir que los despreciamos cuando no están a la altura de nuestras expectativas. Esto es un chantaje cruel que les lleva, entre otras cosas, a dudar de su valor personal.

Como padres debemos aceptar y apreciar a los hijos por sus cualidades únicas, y concentrarnos en valorarlos y no en tratar de cambiarlos para que sean como lo soñamos. Es así como les comunicamos el amor que sí los hace sentir amados.

Importancia de las caricias

Todos los niños necesitan demostraciones afectivas, pero muchas veces los padres nos vamos olvidando de acariciar a los hijos cuando van creciendo. Esto es especialmente notorio con los hijos hombres, pues muchos creen que es indispensable un trato recio y distante por parte de los adultos para que sean verdaderamente "machos".

Todos los niños necesitan la seguridad del afecto de sus padres, y las caricias físicas y verbales son indispensables para corroborarlo. Ellos necesitan besos, abrazos, caricias en la cabeza o en la espalda, cosquillas y frases que les expresen claramente lo mucho que les amamos. Escucharles con atención y hablarles en forma cariñosa y amable es también otra forma indispensable de darles amor.

Paciencia y tolerancia

Los padres debemos comprender que los niños no son adultos en miniatura sino personas capaces, pero con destrezas menos desarrolladas y con mucho por aprender. Sus movimientos, sus conocimientos y sus habilidades son por tanto más elementales y no pueden hacer las cosas ni tan bien ni tan rápido como nosotros.

Les demostramos nuestro amor a los hijos siendo pacientes y comprendiendo que están en un proceso de aprendizaje del cual sólo saldrán con éxito si los estimulamos señalándoles su progreso y aplaudiendo su esfuerzo, a la vez que tolerando sus errores e inexperiencia.

Calidad y cantidad de tiempo

Cuando amamos a alguien, así como cuando algo es valioso para nosotros, pasamos mucho tiempo cuidándolo con esmero. Por esto, los niños se sienten importantes y deseados por sus padres cuando éstos les dedican una buena parte de su tiempo.

Sin embargo, hoy en día muchos padres llevamos una vida tan ocupada y hacemos tantas cosas por los hijos que a veces nos olvidamos de ellos como personas. Buena parte del tiempo que estamos con los menores la pasamos acosándolos, criticándolos o recriminándolos. Le damos más importancia a las cosas y a los deberes que a las personas. Y parece que el auto, la vivienda, los estudios o el orden y el aseo son a veces más importantes que la relación con los hijos.

Para el bienestar de los hijos es indispensable la calidad y la cantidad del tiempo con ellos. Tanto papá como mamá deben pasar un rato especial y suficiente individualmente con cada uno de los hijos. Durante este tiempo debemos darles nuestra atención exclusiva, bien sea jugando, paseando, explorando o simplemente conversando con ellos. La cercanía que logramos en estos encuentros es la que realmente nos permite comunicarles nuestro profundo amor, y cimentar una sólida y estrecha relación con los hijos.

El amor de verdad

El opuesto del amor no es el odio sino la indiferencia. Y nada comunica más desinterés que no estar presentes en la vida de los hijos cuando ellos lo precisan, y no cuando buenamente nos provoque o nos quede fácil. Un menor no puede sentirse valorado por unos padres que siempre viven absortos en sus propias ocupaciones y únicamente tienen tiempo para ellos cuando esporádicamente sus ocupaciones se lo permiten.

Sentirse valioso es producto directo del amor paterno. Como resultado de un amor incondicional y consistente, los niños llegan a la edad adulta no sólo con un profundo sentido de su valor personal sino con un claro sentimiento de seguridad y autoestima.

Amemos a nuestros hijos por ser especiales y en esta misma forma ellos aprenderán a amarnos por ser únicos como padres e incomparables como personas. Tener hijos es muy fácil: cualquiera que tenga la capacidad biológica puede hacerlo. Ser padres es mucho más difícil, pero bien vale la pena cualquier esfuerzo porque no hay satisfacción más profunda y duradera que ver a los hijos convertidos en todo lo maravillosos que pueden ser como personas. Y un ingrediente vital para ello es el amor de sus padres.

NIÑOS TAN DISTINTOS REQUIEREN
PADRES MUY DISTINTOS

La diferencia que hay entre los niños de hoy y lo que fuimos durante la niñez quienes ahora somos adultos, es abismal. Los abuelos viven sorprendidos con lo "avispados e inteligentes" que son sus nietos, los padres viven desconcertados con lo entendidos y beligerantes que son sus hijos, y los vecinos y amigos viven aterrados con lo inquietos y maleducados que son los muchachos hoy en día.

En lo que sí hay un consenso generalizado es que las relaciones familiares han cambiado radicalmente. Contados son los niños que hoy en día no refutan o cuestionan las instrucciones de sus mayores, que no exigen una justificación "válida" para las órdenes que les dan, o que no se ofenden cuando se les alza la voz. Esto no sucedía en el pasado. Siquiera cuestionar la autoridad de los padres era considerado como una falta de respeto. Es decir, en nuestra época los padres mandaban y los hijos obedecían, y no a la inversa como ahora. Al cambiar la relación familiar de un sistema autocrático a un abuso de la permisividad, las relaciones familiares son muy inconsistentes y por lo tanto reina una gran confusión e inestabilidad en los hogares.

> *Los niños son hoy muy distintos. Por eso, aunque nuestra misión sigue siendo la misma, nuestra labor como padres es distinta.*

Las razones para este fenómeno son muchas. Por una parte es preciso tener en cuenta los cambios sociales que han ocurrido en una sola generación. Quienes nacimos en la primera mitad del siglo nos criamos sin sendos canales de televisión vía satélite a nuestra disposición, sin sicarios y sin SIDA acabando con la vida, sin bebés probeta, sin Internet con acceso a todo el mundo, sin implantes para ser más "sexy", sin la homosexualidad oficialmente reconocida como preferencia sexual, sin celular, sin divorcio civil, etc.

Más despiertos pero más vulnerables

Por otra parte es importante tener en cuenta que el mayor desarrollo intelectual a más temprana edad de las nuevas generaciones y su acceso a toda suerte de información, les permite captar y enterarse sobre muchas situaciones o hechos sin apreciar el contexto en que se desarrollan ni entender sus implicaciones. De tal manera que, aún cuando los niños son hoy mucho más vivos, sin lugar a dudas siguen siendo niños y por lo mismo inmaduros y vulnerables. Lo que han ganado no es solamente inteligencia sino malicia. Pero lo que están perdiendo es la ingenuidad, la pureza y la inocencia propias de la niñez e indispensables para permitirles captar la belleza y bondad del mundo que los rodea mientras desarrollan la madurez y los criterios para poder evaluar la credibilidad e implicaciones de las realidades menos amables de la vida.

Además, como los niños ahora se están criando en una sociedad con principios morales más "relajados" saben que pueden adoptar conductas que antes eran abiertamente condenadas y hoy no lo son. Por ejemplo, las nuevas generaciones saben que si se aburren con su cónyuge o su matrimonio no es satisfactorio pueden optar por divorciarse sin mayor complicación; que si no se desea un embarazo es posible hacer un aborto, (así sus padres lo condenen); que si no logran buenos ingresos hay formas "fáciles" de hacer dinero (estafas al erario público, narcotráfico, negociando, etc.). Es decir, los niños están creciendo en un medio cargado de vicios y problemas, y sin una organización social que ayude a proteger su integridad física y moral. Así que la excusa que dan muchos padres para restarle importancia a los problemas de sus hijos, alegando que "cuando yo era joven hice lo mismo y hoy soy una persona correcta" no es válida ni aplicable hoy en día.

...pero

Si bien hoy tenemos grandes ventajas que ofrecerle a los niños, también tenemos más peligros. A pesar de los grandes avances de la ciencia y la técnica, los problemas sociales, lejos de disminuir, van en aumento (más drogadicción, violencia, promiscuidad sexual, corrupción, suicidio juvenil, desintegración familiar, etc.).

Los niños son hoy muy distintos a lo que fuimos sus padres durante la niñez. Y por eso mismo, aunque nuestra misión sigue siendo la misma, tenemos nuevas exigencias que nos obligan a ser distintos como padres. Ya no podemos dejarlos jugar tranquilamente con sus amigos; tenemos que conocerlos muy bien y saber qué juegan. Ya no los podemos dejar salir a parrandear libremente; tenemos que saber con quién andan y cómo se están divirtiendo. Las circunstancias nos exigen con urgencia mucha más consagración a la familia y mucha más dedicación a los hijos. Más que nunca nuestra función como padres es indelegable si queremos ver a nuestros hijos salir triunfantes del reto que implica crecer sanos en un mundo en el que ya no hay una clara distinción entre lo que está el bien y lo que está mal.

EL MIEDO A LOS HIJOS

Resulta curioso ver que cuando un niño es desobediente, patán o malcriado, generalmente se asume que sus padres han fallado. Pero, por el contrario, cuando un menor se destaca por ser formal o bondadoso, inmediatamente se piensa en lo afortunados que son sus padres y en lo mucho que deben agradecer al Cielo haberles mandado un hijo tan virtuoso. Es decir, si los niños son malos es culpa de los padres; si son buenos, es gracias a la suerte y a la bondad de Dios.

De alguna manera, parece que cada vez hay una mayor tendencia a culpar a los padres de todo lo malo que ocurre con los hijos. Y lo peor es que también hay una mayor tendencia de los padres a aceptar tal culpabilidad. Nos estamos moviendo en un clima en el que los padres somos culpables y los hijos son absueltos, a priori.

Es cierto, los padres somos culpables. Pero culpables de ser padres a la defensiva, rogando que los hijos nos hagan caso, pidiendo perdón por las órdenes que les damos, implorando que nos cuenten sus cosas, comprendiendo cuando en realidad no comprendemos nada. En otras palabras, de lo que sí somos verdaderamente culpables es de tenerle miedo a los hijos. Miedo a que se pongan bravos, miedo a que se rebelen, miedo a que nos hagan quedar mal, miedo a que los echen del colegio, miedo a que se quieran matar, miedo a que nos rechacen, etc. Y a pesar de los esfuerzos por darles todo lo que piden para que nos amen y obedezcan, cada vez parece haber más hijos insolentes y agresivos que desafían a sus padres.

> *Nuestra culpabilidad está en permitir que el miedo nos lleve a eludir el deber más importante que tenemos como padres: llevar las riendas de la vida de los hijos.*

En este estado de cosas, muchos padres se declaran incapaces de controlar a sus hijos y delegan en los colegios la responsabilidad de encauzarlos por el buen camino. Pero pretender que los profesores u otros expertos (psicólogos, fonoaudiólogos, etc.) asuman un problema cuya raíz no es otra que la falta de presencia y autoridad paterna, es tan iluso como inútil.

Es preciso recordar que durante la infancia y buena parte de la juventud, los hijos son tripulantes novatos que se adentran en el viaje de la vida, no sólo ignorando para dónde van, sino desprovistos de la experiencia y los conocimientos que se requieren para navegar en aguas totalmente desconocidas para ellos, y hoy en día a menudo turbulentas. De tal manera que necesitan sentir que su trayectoria inicial por este mundo está dirigida por dos personas, sus padres, cuyas capacidades, poderío y experiencia les garanticen la seguridad y protección que precisan en su travesía. Por eso es vital que los niños puedan ver que sus padres están a cargo, saben su rumbo y dominan la situación. Y esto no es precisamente lo que comunican unos padres atemorizados, inseguros y llenos de culpas.

Si bien los padres no tenemos la culpa de todo lo malo que le ocurre a nuestros hijos, sí somos los que contamos con todas las capacidades para sacarlos triunfalmente adelante. Nuestra culpabilidad está en permitir que el miedo nos lleve a eludir y a tratar de delegar la responsabilidad más importante que tenemos como padres, cual es la de llevar las riendas de la vida de los hijos hasta que sean mayores y estén estructurados para hacerlo por sí mismos.

Por algo se dice que padre y madre no hay sino uno. Nuestra función es indelegable e insustituible. La paternidad bien ejercida es una forma de vida y no una actividad temporal, es una experiencia enriquecedora y no una tarea agotadora. Ante todo, es un compromiso personal e intransferible. Así que no hay dinero que pueda comprar, ni establecimiento o experto que pueda ofrecer lo que puede aportar a la vida de un hijo la dirección y consagración personal de sus padres.

Los retos de la madre trabajadora

La decisión de salir a trabajar fuera de la casa es, sin lugar a dudas, una de las más difíciles que debemos enfrentar las madres de hoy. Si bien el empleo o desarrollo profesional nos trae grandes satisfacciones personales, a la vez nos provoca inmensas angustias y sentimientos de culpa porque nos obliga a apartarnos de los hijos durante largas horas del día.

Tratar de criticar o de defender a la madre que trabaja resulta estéril desde el punto de vista práctico. Muchas mujeres trabajadoras simplemente no tenemos otra opción; las necesidades económicas de la familia nos obligan a salir al mercado laboral. La realidad es que en la actualidad el porcentaje de madres que trabajan, por un motivo u otro, es inmenso y es consecuencia de diversos factores ineludibles, que en muchos casos son imposibles de modificar.

Cuando el trabajo de la mujer es imperativo por razones económicas o porque a la madre le es indispensable su realización profesional, lo importante no es sentarse a atacar o a defender esta realidad (como a menudo se hace), sino analizar cuidadosamente sus ventajas e inconvenientes, siempre teniendo en cuenta que el bienestar de los hijos y de la familia debe tener absoluta prioridad.

Tanto lo uno como lo otro tiene sus ventajas

Desafortunadamente muchas mujeres que desearían quedarse en su casa cuidando de sus hijos, sucumben ante el deseo de tener más bienes y comodidad o como resultado de la presión de una sociedad que valora el rendimiento profesional y menosprecia, en alguna medida, a quienes se dedican a las tareas del hogar. Sin embargo, si esa es la situación, es preciso tener muy en cuenta que la tarea más importante, más exigente y más satisfactoria que tiene una mujer desde el momento en que es madre, es la de criar y formar a sus hijos. Así que quienes pueden y quieren hacerlo son personas favorecidas y no inútiles como a veces se puede interpretar.

Los beneficios de que la madre se quede al cuidado de los hijos no pueden ponerse en duda. No en vano siempre se ha dicho que "madre no hay sino una" y su presencia es insustituible. El niño necesita ante todo del cariño y contacto materno para sobrevivir sano y feliz, y disponer de tiempo suficiente para ello es una bendición para quienes pueden hacerlo. Además, hay muchos estudios que confirman que los niños cuyas madres se han encargado personalmente de su cuidado rinden mejor en los estudios, tienen mejores relaciones interpersonales y en general son más seguros de sí mismos, siempre y cuando las relaciones madre-hijo sean sanas y enriquecedoras.

Un recién nacido requiere de una cantidad enorme de tiempo, paciencia y energía que por lo general sólo la madre le puede brindar.

Pero también hay algunas ventajas irrefutables cuando la madre trabaja fuera del hogar. Una mujer profesional o laboralmente realizada, puede aportar mucho más a su hogar no sólo en lo económico, sino en lo emocional. Se ha visto que las madres que trabajan tienen, a menudo, más confianza en sí mismas y por ello mismo tienen actitudes más positivas y enriquecedoras por transmitir a sus hijos. Las investigaciones sobre el trabajo femenino han encontrado, además, que los hijos de estas madres se ven en muchos casos "enriquecidos" por esta situación. Una mayor independencia, más creatividad y capacidad para tomar decisiones, y una mejor armonía entre las características masculinas y femeninas son algunas de las cualidades que pueden caracterizar y beneficiar a los hijos de mujeres que participan en el mercado laboral.

La presencia de la madre es vital

Indudablemente hay momentos en la vida de los hijos en que es indispensable la presencia constante de la madre, en especial en los tres primeros años de vida. Un recién nacido requiere de una cantidad enorme de tiempo, paciencia y energía que por lo general sólo la madre le puede brindar. Hay bases científicas que comprueban que, desde las primeras horas de vida y durante los primeros años, el pequeño establece con su madre los vínculos que sientan las bases para las relaciones más esenciales de su vida adulta. Y más importante aún es que la salud mental del individuo se basa en buena parte en esos primeros vínculos de unión materna y que estas raíces se abonan y fortalecen desde el comienzo con el dedicado cuidado personal de la madre.

Por estas razones, antes de concebir un hijo se debe pensar muy seriamente si se tienen, no sólo los recursos y el deseo, sino la disposición y la capacidad para dedicarse de lleno a la maternidad durante esos primeros años de la vida del niño. Eva Giberti, psicóloga argentina y autoridad en la materia, afirma que una madre que se separa largas horas de su bebé naturalmente se siente muy angustiada por las imborrables carencias que está dejando en su hijo.

En los casos en que es indispensable regresar a trabajar pocos meses después del parto, es preciso asegurarse de obtener el mejor cuidado posible para el pequeño, cualquiera que sea su precio. Así como a la empleada doméstica no se le dejaría conducir el automóvil de la familia porque se teme que puede dañarlo, menos se le debe dejar al cuidado de un bebé frágil e incapaz de defenderse. A falta de un familiar que pueda hacerse cargo del menor mientras su mamá trabaja, debe buscarse una persona preparada que ofrezca las mejores posibilidades para cumplir a cabalidad con tan delicada labor, (como una profesional o estudiante de psicopedagogía, enfermería o similar) así sea necesario un gran esfuerzo económico para poderla pagar. De lo contrario, es preferible postergar la llegada de un hijo hasta que se cuente con los medios para brindarle la atención y el cuidado que precisa.

Así mismo, la pareja que ha decidido que la mujer debe trabajar tiene que cambiar algunas de sus conductas y costumbres, pues son éstas y no el empleo de la mamá, las que generalmente lesionan el desarrollo de los hijos que se crían en una familia donde ambos padres trabajan fuera del hogar.

La familia gira alrededor de varios ejes y uno de ellos es la presencia cariñosa de los padres. Por ello un cambio imperativo es procurar que el padre participe más en el cuidado de los hijos. Las tareas del hogar, en una época en que la mujer asume responsabilidades económicas antes exclusivas del hombre, deben ser compartidas por ambos y el padre debe acogerlas comprendiendo que esto no implica que es menos viril. Pero la mujer debe contribuir a promover la participación paterna en la familia, absteniéndose de criticar (como a menudo se hace) la forma como él se desempeña con sus hijos, porque lo desanima y hace a que se excluya cuando más se necesita su ayuda. La colaboración del papá con los quehaceres domésticos y con la atención de la familia, le permite a la madre disponer de más tiempo para disfrutar de los pequeños y compensar así su ausencia.

Sentimientos de culpa

Una de las actitudes más perjudiciales y que más lesiona a los hijos, es la culpabilidad y la angustia de la madre trabajadora. Los hijos perciben los sentimientos de culpa que le genera su ausencia y se sienten víctimas de su abandono, sin que necesariamente lo sean.

Que la mujer salga a trabajar no implica que desatienda su maternidad. No es cierto que los hijos de madres que trabajan estén abandonados y les falte su amor. Si lo están es porque hay madres indiferentes y no madres que trabajan, pues hay niños que están bastante abandonados emocionalmente aún cuando pasan la mayor parte del día en compañía de su mamá.

> *Un error típico entre las madres trabajadoras, es que en su afán por evitar traumatismos en su familia, tratan de ser perfectas en todos los campos.*

No son mejores madres aquellas mujeres que permanecen al lado de sus hijos cumpliendo sus deberes como una penitencia o sobreprotegiéndolos peligrosamente. El niño necesita la presencia satisfecha y tranquila de su mamá, presencia que no percibirá en aquella mujer que se siente sacrificada por tener que dedicarse al cuidado de sus hijos, y que por lo mismo vive en una permanente insatisfacción personal.

Otro de los más graves perjuicios de los sentimientos de culpa es que, para compensar su ausencia, muchas madres trabajadoras son excesivamente complacientes con sus hijos y les permiten cualquier comportamiento por malo que sea. Contrario a lo que creen, poner límites y disciplinar a los hijos les asegura que son amados, y una actitud firme que exija al niño comportarse como debe hace más por su bienestar que una mal entendida "bondad".

La perfección es otro obstáculo

Un error típico entre las madres trabajadoras, es que en su desmedido afán porque su trabajo no cause traumatismos en la familia, hacen lo imposible por ser perfectas tanto en lo laboral como en el hogar. La mujer que vive llena de energía y se levanta temprano a atender sonriente a su familia, sale y se desempeña de maravilla en la oficina, vuelve a su casa fresca y tranquila después de todo un día de trabajo, juega feliz con sus hijos, les ayuda en las tareas, les da de comer y los alista para acostarse sin ningún problema, para luego atender tranquila y complacida a su marido, sólo existe en las novelas y las películas.

Las expectativas y exigencias demasiado altas, que genera el tratar de hacer todo a la perfección, afectan negativamente a los hijos. La madre, acosada de tiempo y con demasiadas responsabilidades, que procura cumplir a la maravilla, es muy intransigente, acosa a sus hijos continuamente, les exige más de lo que están capacitados para hacer, pretende que no dejen nada regado, que se comporten como santos, que coman en segundos, etc. Lo único que así logra es vivir peleando con los niños, llevando a que se sientan inadecuados y a que se deterioren severamente las relaciones familiares. Además, como sus ambiciones no se cumplen, la madre vive frustrada, malhumorada y el ambiente del hogar se arruina llegando a ser perjudicial para todos.

Bienestar emocional

Si es cierto que es importante tener la casa organizada, más importante aún es el bienestar emocional de los hijos. Su salud mental requiere con urgencia de un buen contacto con su papá y su mamá. Por esto el único peligro que no podemos desconocer, ni correr las madres trabajadoras, es el de tener poco tiempo para estar con nuestros hijos, lo cual implica un cuidadoso uso del tiempo con ellos, llenándolo de ternura, de cariño y de contactos muy positivos. Esto se logra teniendo los ratos necesarios para poder estar atentas a lo que necesita cada uno de los hijos, escuchando con paciencia y atención lo que tienen para contarnos, y apoyándolos en aquellos momentos en que nuestra ayuda es insustituible. Los momentos de intimidad que así se generan son el elemento más importante con que contamos las madres cuyas obligaciones laborales nos alejan del hogar; lo vital es el instante, las horas pasadas en su compañía, siempre y cuando sean suficientes, enriquecedoras y llenas de afecto.

Es imperativo, por lo tanto, que las madres pensemos muy seriamente si estamos listas para los esfuerzos que implica la maternidad y que meditemos si tenemos plena disponibilidad para esa nueva vida que nos proponemos engendrar. Como lo dice la psicóloga argentina Eva Giberti, "un hijo no puede ya ser un accidente, sino el resultado del amor y de una decisión tomada a conciencia". Su crianza exige mucho más que alimentos, vivienda, educación y recreación; exige madurez y mucha consagración de quienes hemos asumido la responsabilidad de traerlos al mundo. En otras palabras, exige un profundo compromiso con la maternidad. De tal manera que habrá menos hijos abandonados y menos madres angustiadas y culpables (trabajadoras o no) si hay más mujeres decididas a darle absoluta prioridad a la maravillosa tarea de criar y cuidar a nuestros hijos.

EL SINDROME DE LA "SUPERMUJER"

Quizás debido a que la mujer ha ocupado un lugar secundario en la sociedad, y aún sigue teniendo que demostrar que tiene cualidades y habilidades que la hacen digna del mismo respeto y consideración que el hombre, las madres a menudo tratamos de ser extremadamente competentes en todos nuestros campos de actividad: profesionales super eficientes, trabajadoras incansables, amas de casa insuperables y por supuesto madres intachables.

De tal manera que se puede decir que hoy en día la mujer sufre con frecuencia de algo que podría llamarse el "Síndrome de la Supermujer", fenómeno que es en buena parte resultado del ingreso de la mujer al mercado laboral y profesional. Este "síndrome" se caracteriza por un esfuerzo casi heroico de parte de las mujeres por cumplir a la perfección con una eterna lista de deberes como empleadas o ejecutivas, como esposas y como madres y amas de casa.

A pesar de que puede ser en parte resultado del ambiente cada vez más competitivo de la sociedad actual, en la que todos luchan por ocupar un lugar destacado, esta actitud es ante todo una forma de evitar reprocharnos o que se nos reproche por nuestra falta de dedicación permanente a los hijos y al hogar.

Esta situación no es privativa de la madre profesional o empleada, sino que afecta también y a veces más intensamente, a quienes son exclusivamente amas de casa. Las pocas mujeres que se dedican sólo a los quehaceres del hogar, sienten que deben justificar el hecho de "no hacer nada" siendo aún más eficientes que cualquiera en su papel de madres. Por lo anterior, tanto la madre que trabaja como la que no lo hace, se imponen la responsabilidad casi total de que los hijos sean excelentes estudiantes, luzcan impecables a toda hora, tengan perfectos modales, observen una conducta intachable, se destaquen con honores en sus actividades, practiquen todos los deportes, sobresalgan en todo lo que se proponen y, desde luego, que la familia -incluido el esposo- sea perfecta.

Las consecuencias no son buenas

Esta creencia o necesidad de ser en extremo eficientes como mamás y amas de casa, ha llevado a que las mujeres asumamos actitudes que no sólo perjudican a nuestros hijos sino que también afectan negativamente a nuestra familia.

Típicamente la "supermujer" se considera responsable, no sólo por el éxito y la felicidad de sus hijos, sino también por los de su marido. A pesar de que se siente abrumada por sus múltiples obligaciones, esta madre prácticamente no delega ningún aspecto del cuidado y atención de los niños en su cónyuge y desestimula la mayoría de sus intentos por colaborarle, asegurándole que no necesita molestarse, o criticando la forma en que él hace las cosas cuando trata de ayudar.

Igualmente las madres en esta condición exigen la perfección de todos en el hogar, encuentran errores por todas partes, se fijan más en las fallas que en los éxitos de los hijos y se angustian demasiado por el "qué dirán". Suelen preocuparse por ser justas y dan todo a sus hijos, pero de alguna manera condicionan su afecto al buen comportamiento de los niños como una forma de presionarlos para que las hagan quedar bien. Además, tratan de organizarle la vida al esposo, están pendientes de todo lo que él tiene que hacer, tratan de ayudarlo aunque no se les pida su colaboración, y finalmente le hacen saber que las cosas habrían salido mejor si se hubiesen hecho como ellas dicen, lo que lleva a que él se sienta menospreciado y se perjudique la relación conyugal.

De tal manera que, abrumadas por las exigencias de todos los miembros de la familia y por las grandes demandas que se imponen, las madres en estas condiciones acaban por sentirse exhaustas con sus labores, víctimas de sus hijos y de su esposo y explotadas por todos los que las rodean. La crianza de los hijos y el cuidado del hogar se convierten así en una pesada carga que las lleva a no poder disfrutar ni de la vida familiar ni de sus actividades profesionales y sociales. De tal manera que su carácter suele volverse áspero, su genio a menudo es regular, su intransigencia es nota predominante, además de que carecen de la capacidad para divertirse o descansar a gusto, lo que afecta negativamente tanto su existencia como la de todos en el hogar.

Esta extrema eficiencia de la mujer, refuerza a la vez los sentimientos de su cónyuge en el sentido de que las responsabilidades del hogar y de la crianza de los hijos le corresponden ante todo a la madre, dando así lugar a que colabore cada vez menos.

Las repercusiones en los hijos

Los resultados de tales actitudes maternas son generalmente contraproducentes para sus hijos. Su conducta promueve excesiva dependencia o gran rebeldía por parte de ellos y lleva a que sean niños que sólo se portan bien cuando están con su mamá.

Usualmente, los hijos de las "supermujeres" son personas que poco confían en los demás, que les gusta siempre recibir, que exigen lo que no se merecen y que dependen mucho de la opinión de los demás. Muchas veces estos niños son poco responsables, actúan en forma egoísta, encuentran siempre fallas en los demás, culpan a otros por sus propios fracasos o hacen las cosas ante todo por interés personal o para lucirse.

> *Las mujeres no nos debemos limitar a reclamar igualdad con el hombre sino a procurar una distribución más justa de las cargas del hogar.*

En la actualidad, más que nunca, es importante que las mujeres no nos limitemos a reclamar nuestra igualdad con el hombre sino que promovamos un trato más justo en lo que se refiere a la distribución de las cargas del hogar. Es decir, que estemos dispuestas no sólo a desempeñarnos profesionalmente y en muchos casos asumir parte de la carga económica de la familia, sino también a delegar y exigir que el padre asuma parte de las responsabilidades del cuidado y crianza de los hijos y de la casa, así esto traiga inicialmente disgustos y nada esté tan perfecto como esperamos.

Además, en un ambiente social tan difícil como el actual, para lograr éxito en nuestra labor de madres, específicamente en términos de formar hijos sanos, maduros y responsables, es preciso confiar en ellos y estimular su independencia.

Para que los hijos triunfen en la vida no necesariamente deben ser y hacer todo a la perfección. Si tenemos en cuenta que los hijos no son una credencial de nuestra calidad como personas, las madres que ambicionamos lo mejor para nuestros hijos debemos enfocarnos en reforzar sus virtudes y cualidades, estimular sus habilidades, exigir su colaboración, saber decirles "no", y permitirles responder por las consecuencias de sus actos, para que sean ante todo unos buenos seres humanos. Igualmente, es fundamental crear un ambiente familiar amable, divertido, lleno de afecto y comprensión, lo que no es posible cuando las exigencias son tan altas que estresan a todos en el hogar.

Una actitud de respeto y consideración con nosotras mismas y con nuestra familia nos llevan mucho más lejos que la eficiencia compulsiva, el perfeccionismo y el esfuerzo por controlar todas las situaciones. Es preciso evitar a toda costa que en el afán por cumplir con nuestras múltiples responsabilidades perdamos la sensibilidad, la ternura, la alegría y la afectividad que nos caracterizan como madres y que son los atributos más valiosos que podemos legar a nuestros hijos.

Super mujeres

Algunas actitudes que pueden ser síntomas de que somos una "super-mujer", pueden ser las siguientes:

• Consideramos que nadie en la casa hace las cosas ni maneja a los niños tan bien como nosotras.

• Nos sentimos culpables cuando nos sentamos a descansar un rato, así hayamos estado activas todo el día.

• Creemos que debemos ayudar a resolver todos los problemas de los hijos, e inclusive muchos de los del marido.

• Creemos que la única forma de que las cosas salgan bien, es si se hacen como nosotras decimos.

• Damos prelación a las necesidades (y caprichos) de nuestros hijos y del esposo sobre las propias, y nos sentimos culpables cuando decimos "no".

• Nos sentimos en alguna medida responsables por las fallas o dificultades de los hijos.

• Con frecuencia, le recordamos a todos en la familia lo mucho que hacemos y hemos hecho por ellos.

• Nos ocupamos de encontrar todo lo que los hijos pierden, pedir excusas en su nombre, disculparnos cuando fallan, arreglar lo que dañan, etc.

• Vivimos pendientes de los compromisos de todos los niños (y del marido) para recordarles continuamente lo que deben hacer.

• Consideramos que cuando a los niños algo les sale mal es porque no nos lo consultaron o no tuvieron en cuenta nuestras recomendaciones.

LOS PELIGROS DE SER UNA
MADRE SOBREPROTECTORA

Los seres humanos somos la especie animal que nace y permanece más tiempo incapaz de satisfacer las necesidades básicas para su supervivencia. Los niños recién nacidos son totalmente dependientes de sus padres - lo único que pueden hacer solos son sus funciones vitales - y el proceso de crecer es un proceso de aprender a satisfacer todas nuestras necesidades hasta poderlo hacer sin la ayuda de nadie.

> *Cuando se sobreprotege a un niño realmente se le desprotege, porque se le impide que desarrolle todas sus capacidades.*

La clave que indica que una persona ha llegado a ser madura es precisamente su capacidad para lograr procurarse sus alimentos, vestido y vivienda, para establecer sus propias relaciones interpersonales, laborales y sociales y formar su propia familia. En este proceso nuestra gran tarea como padres es precisamente la de lograr que nuestros hijos desarrollen las habilidades y capacidades que les permitan ser personas adultas totalmente autónomas.

Aunque también hay papás que son sobreprotectores, con mayor frecuencia la gran falla de muchas madres, honestamente interesadas en ofrecer lo mejor a sus hijos, es la de hacer demasiado por ellos. Desafortunadamente, cuando se sobreprotege a un niño realmente se le desprotege, pues con esta conducta se le impide que desarrolle muchas de las capacidades y destrezas que le son indispensables para salir adelante en la vida. Nuestra habilidad debe consistir en enseñarle al hijo a arreglárselas por sí mismo y no en reemplazarlo.

Varias formas de sobreproteger

Una madre que está pendiente de todo lo de los hijos, que decide todo por ellos, que asume sus obligaciones, que les resuelve sus problemas o que les recuerda insistentemente todos sus quehaceres, no está precisamente promoviendo la independencia y autonomía que precisan los hijos. Las actitudes que promuevan la dependencia permanente de los niños en cualquier área son un obstáculo para su futuro.

Advertirles cada rato a los hijos sobre los peligros que corren y cuidarlos en extremo para que nada les vaya a ocurrir, son también formas de sobreprotegerlos. Es obvio que todos los padres quisiéramos que a ningún hijo le suceda nada malo, pero es esencial evitar que nuestros temores interfieran con el bienestar emocional del niño. Un pequeño al que llevamos a percibir el mundo como un lugar lleno de horribles peligros - si se moja se resfría, si corre se cae, si salta se rompe un hueso, si se aleja se pierde, si come mucho se vomita, si no come se desnutre, etc. - no puede menos que crecer lleno de miedos, de angustias y de inseguridades. De tal manera que se sentirá muy vulnerable y le costará mucho trabajo despegarse de su mamá.

Si un niño siente que su madre debe estar siempre a su lado, es muy difícil que confíe en sus capacidades y que desarrolle un buen concepto de sí mismo.

Es preciso tener en cuenta que la sobreprotección lesiona seriamente la autoestima de los niños. Si un niño siente que su madre debe estar a su lado y pendiente de todo lo suyo, es muy difícil que confíe en sus capacidades y por ende que logre desarrollar un buen concepto de sí mismo.

¿Por qué sobreproteger?

Muchas madres consideran que ser "muy buenas mamás" implica controlar totalmente la vida de los hijos. De esta manera se sienten personalmente responsables por todo lo que los hijos hacen o dejan de hacer, ya que consideran que el comportamiento de los menores es un reflejo de sus capacidades como personas.

Las madres en estas circunstancias a menudo miden su valor y su importancia de acuerdo con lo necesarias que sean para los hijos y procuran volverse indispensables para ellos, disponiendo y decidiendo todo lo que los hijos deben hacer, sentir, pensar o decir.

Vale la pena reflexionar en qué medida estas actitudes "hipermaternas" son producto de un verdadero interés por los hijos o son por el contrario un reflejo de nuestras propias inseguridades. Es posible también que con ellas estemos tratando de afianzar nuestro poder y nuestro valor personal a expensas de mantener a nuestros hijos dependientes.

La vida tiene sus dificultades y un niño debe aprender a sortearlas y a soportarlas desde pequeño para poderlo hacer solo cuando sea mayor. Un moretón en la rodilla se cura en tres días, pero una lesión en su autoconcepto, producto de darle a entender que él no es capaz de hacer nada sin ayuda o supervisión, puede durar toda la vida. Está bien ayudar a los hijos, pero la principal ayuda debe ser enseñarles a valerse por sí mismos.

❋

Síntomas de las madres sobreprotectoras

Las madres cuyos hijos tienen más de 7 años e incurren en algunas de las siguientes conductas, definitivamente tienen la tendencia a ser sobreprotectoras.

• Estar pendientes de arreglarles la camisa, subirles las medias, arreglarles el pelo o amarrarles los zapatos a los hijos cada vez que están cerca de ellos...

• Recordarles diariamente que se laven los dientes, que usen jabón, que se sequen los pies, que se bañen bien...

• Seleccionar, organizar y disponer la ropa que deben vestir todos los días...

• Despertarlos varias veces para que se levanten y acosarlos insistentemente para que se arreglen.

• Recordarles permanentemente que guarden sus pertenencias y estar pendientes de que no vayan a dejar nada olvidado.

• Ayudarlos a vestir, aunque puedan hacerlo solos, y estar pendientes de indicarles cuándo deben o no abrigarse...

• Rogar, suplicar y hacer todo lo que sea posible para que coman suficiente y adecuadamente, y a veces prepararles comidas especiales si no quieren lo que se les ha servido.

• Vivir pendiente de las tareas escolares, revisarlas, corregirlas, ayudárselas a hacer, recordarles las fechas en que deben entregarlas...

POR QUE LA RELACION ENTRE MADRE E HIJA PUEDE SER TAN DIFICIL

La relación madre-hija, (sobre todo con la hija mayor) es por lo general una relación muy compleja, a menudo conflictiva y cargada de sentimientos ambivalentes de ambas partes, en la que las dificultades se agudizan a partir del momento en que la niña inicia su adolescencia.

En efecto, cuando las jovencitas comentan "mi mamá y yo no nos llevamos bien" por lo general encuentran eco entre sus compañeras. Es de esperarse. Es natural que pueden surgir problemas entre dos mujeres, esencialmente personas que manejan muchos aspectos de su vida en forma un tanto emocional, una entrando en la etapa de apogeo de su atracción y encanto femenino y la otra precisamente en el momento en que éstos comienzan a decaer.

Rechazando los valores y costumbres de la mamá, la hija busca una personalidad propia y singular.

Sigmund Freud, padre del psicoanálisis, explicó las rivalidades de esta relación como producto del Complejo de Electra, y otros las han adjudicado a la emocionalidad y la competencia típicas de las mujeres en sus relaciones con el mismo sexo. Cualquiera que sea la razón, es preciso admitir que ésta suele ser una relación generalmente complicada.

Ambas están en crisis

Durante la niñez de la hija, aunque también pueden existir algunas rivalidades, la madre puede actuar con mayor asertividad, seguridad y claridad pues su posición de superioridad es claramente reconocida y su autoridad por lo general es aceptada. Pero cuando la hija inicia la crisis propia de la adolescencia, la madre usualmente está entrando en la "crisis de la mitad de la vida", una etapa de revaluación, de cambios físicos difíciles de aceptar, de pérdidas y de nuevos retos para ella. Es en este momento, cuando está cuestionando su propia identidad y por lo mismo se siente más vulnerable e inadecuada, en el que tiene que aparecer más poderosa y segura ante su hija. Quiere y debe ser firme y razonable a la vez que tierna y cariñosa, pero se siente irritada, desasosegada y confundida.

La estabilidad de la madre es, además, cuestionada por la posición que comienza a ocupar la hija. Ya la madre no es la única mujer atractiva de la familia; ahora las miradas y los piropos se dirigen también (y con más frecuencia) hacia la joven. Ya no es la persona admirada, respetada y buscada por la hija, sino la "vieja" que fiscaliza sus actos y de quien ella procura defenderse y apartarse. La niña, antes quizás sumisa y complaciente, ahora desafía su autoridad, desprecia sus comentarios, le recuerda que tiene "muchos" años y la acusa de ser conservadora, ridícula y pasada de moda.

La rivalidad por la atención del padre

Otro punto crítico en la relación entre la mamá y la hija es la rivalidad por la atención de quien es a la vez el esposo de la una y el padre de la otra. De hecho, una de las hijas, es por lo general la "preferida" del papá, y hay una afinidad muy especial entre ellos. En la adolescencia surge además lo que muchos han llamado un segundo "Edipo" y la hija empieza a admirar y querer agradar más que nunca a su papá. El padre se siente muy halagado con tal deferencia, y suele ser especialmente cariñoso y complaciente con ella. A menudo esto da lugar a que la madre se sienta celosa por el tratamiento preferencial que tiene la niña. Comienzan entonces las rivalidades, lo que perjudica notoriamente su relación.

Cuando la madre afirma que a ella ya su esposo no la tiene en cuenta y que todos los detalles y regalos son para la hija, está manifestando la inseguridad que le produce creerse relegada a un segundo lugar. Lo importante por tener en cuenta es que su hija nunca la va a poder sustituir como esposa, y por lo tanto sus celos son infundados. Pero su constante renegar y rivalizar con la niña sí puede afectarle negativamente su relación de pareja y generar hostilidades con su cónyuge, lo que puede llevar a un cierto alejamiento de parte de él.

La buena relación que tiene la niña con su padre, lejos de ser un peligro, puede ser una oportunidad para que él logre que la joven colabore en aquellas cosas en que parece empeñada a llevarle la contraria a su madre. Además, el que la niña tenga tanta afinidad con su papá es un indicativo de que se ha construido una relación importante entre ellos, además de que puede ser un aliciente para que él siga participando activamente en la vida del hogar.

Lo que se necesita para manejar esta situación en forma constructiva es mucha madurez, y somos las madres las llamadas a demostrarla. Si analizamos la situación con calma podremos darnos cuenta de que es tonto competir con nuestra propia hija y que lo mejor es trabajar para enriquecer nuestra relación de pareja, no para entorpecer la relación con su padre.

La independencia de las hijas: otra fuente de conflictos

Posiblemente el punto que da lugar a mayores fricciones, comienza a partir del momento en que la hija inicia su proceso de buscar su autonomía e independencia. La maternidad es el vehículo que, por excelencia, las mujeres utilizamos como medio para tener poder y es a través de la dependencia de los hijos como podemos ejercerlo. Por esto es especialmente difícil para la madre perder el control sobre los hijos. Y la lucha por la autonomía en que ahora se empeña la hija es otro motivo de innumerables conflictos y altibajos en la relación con su madre.

El camino para emanciparse de su mamá es un camino turbulento y con muchos obstáculos. Por un lado está el deseo de la niña de ser independiente y por el otro el de la madre de seguirla manteniendo dependiente. A la vez, cuando la madre ofrece a su hija oportunidades para arreglárselas sola, la hija algunas veces las rechaza y otras reclama su presencia y asistencia. En un mismo momento la intervención de una y otra es bienvenida y repudiada por ambas.

Durante la adolescencia la joven está cumpliendo la gran tarea de dar paso a su personalidad y de definir su propia identidad. Comienza a revaluar y a rechazar todo lo que ha sido hasta entonces; sabe perfectamente lo que no quiere ser pero no tiene claro quién es ni quién quiere ser. Lo único que sabe es que desea ardorosamente ser diferente a su madre. Su lema parece ser "si a mi mamá no le gusta, hay que ensayarlo porque debe ser bueno" y a través del repudio temporal de los valores y costumbres de la mamá, la hija busca una personalidad propia y singular. Se revela no tanto para desafiar la autoridad cuanto para definir su propia identidad.

Como resultado de lo anterior contradice permanentemente las ideas de su madre, rechaza en forma desafiante sus valores, desprecia sus opiniones y manifiesta un desinterés abierto por sus recomendaciones, actitud que no deja de ofender y perturbar a la madre.

Lo importante no es el proceso sino el resultado

Por todo esto, ser madre de una hija adolescente no es propiamente ser candidata a un reinado de popularidad. Es una época difícil en la que, en el mejor de los casos, la relación es apenas llevadera.

La cordialidad que se logre en la relación madre-hija no es lo más importante ni indica necesariamente el progreso que hace la hija en su proceso para lograr una personalidad bien equilibrada, o sobre el éxito que está teniendo la madre para replantear los términos de su relación con ella y a la vez reorganizar su propia vida.

Mucho más definitivo es evaluar si se le está dando a la hija el apoyo que necesita en el momento en que su comportamiento es más repudiable. Si se le está ayudando a superar las incertidumbres de su adolescencia y preparándola para entrar victoriosa en la edad adulta. Si se le está estimulando para que desarrolle capacidad de tomar decisiones acordes con sus metas y principios. Si se le está permitiendo aprender cómo pensar y no sólo qué pensar. Si se le está estableciendo con toda claridad qué está bien y qué está mal, y si todo esto se cumple con cariño, respeto y firmeza, es decir, con madurez.

> *Es preciso evaluar si se le está dando a la hija el apoyo que necesita en el momento en que su comportamiento es más repudiable.*

La famosa psicóloga argentina Eva Giberti, resume lo anterior comentando que una madre puede sentirse orgullosa de sí misma cuando logra mantener una comunicación abierta con su hija adolescente y ejercer una posición por lo menos amable desde la cual ofrezca respeto, guía y orientación. Si se mantiene disponible para cuando se le necesite y silenciosa cuando se le rechace. Si puede tolerar con madurez y comprensión los cambios súbitos e inexplicables en los estados de ánimo, las conversaciones frívolas y los comentarios displicentes, entendiendo que la niña está en la dura búsqueda del camino hacia la propia madurez y que ésta es una etapa de transición y, por lo tanto, afortunadamente temporal.

Las madres debemos recordar que también alguna vez fuimos adolescentes. Debemos dar a nuestras hijas el tiempo y el espacio que requieren para crecer y esto exige ser comprensivas y tolerantes sin desfallecer.

Nuestra labor como madres también tiene grandes recompensas, aún cuando en estos momentos parezcan escasas. Cuando vemos a la hija haciendo lo que tantas veces le enseñamos y parecía no querer aprender, cuando la vemos salir airosa en situaciones difíciles gracias a los principios que en ella hemos inculcado o cuando nos hace saber que no somos tan ridículas "a pesar de nuestra edad", podemos comprender que nuestros esfuerzos no han sido en vano. Si la niña sabe que su madre está allí para apoyarla, que confía en ella, que la respaldará cuando así lo necesite y que la acepta por lo que es, así no sea lo que ella ha soñado, algún día va a querer adoptar mucho de lo que para ella representa su mamá. En el fondo de su corazón, es nuestra aprobación lo que la joven más desea. Y lo que en ella hayamos así sembrado será lo que cosechemos cuando la veamos madurar como una mujer digna de ser admirada como tal.

IMPACTO DE LA IMAGEN PATERNA EN LA SEGURIDAD DE LOS NIÑOS

Uno de los más grandes temores que tiene el ser humano durante toda su niñez es el miedo al abandono. Ser abandonado significa morir ya que, contrario a los demás seres vivos, los seres humanos tardan varios años en desarrollar las capacidades que les permiten autosatisfacer sus necesidades básicas de supervivencia, y desde su más tierna edad están conscientes de su vulnerabilidad.

Por esta razón, la confianza absoluta que tenga el niño en las capacidades de sus padres para protegerlo, cuidarlo y guiarlo, es el pilar de su seguridad y estabilidad emocional. Para poderse dedicar tranquilamente a la tarea de crecer, es indispensable que los menores conciban y perciban a sus padres como personas capaces, estables y seguras de sus actos, que les guiarán y protegerán hasta tanto lleguen a ser adultos y tengan las habilidades para hacerlo por sí mismos.

> *¡Que hasta los diez años mis hijos me reverencien, que hasta los veinte me respeten y que hasta la muerte me amen!*
> Proverbio Chino

Esta necesidad es la que lleva a los niños a desarrollar lo que se puede llamar el "mito de omnipotencia paterna", por el cual durante su infancia conciben a sus padres como todopoderosos y capaces de cualquier cosa. Lo manifiestan cuando aseguran que sus padres son los más valientes, los que más saben, los más inteligentes y los más capaces del mundo.

Desafortunadamente la imagen que los menores se forman de sus padres no es siempre apropiada y son muchos los niños que sufren gran inestabilidad y angustia como resultado de percibirlos como personas inadecuadas, incompetentes, confundidas o débiles. Esta imagen deteriorada suele ser producto de actitudes o conductas inapropiadas de los padres o de información detrimente que reciben sobre alguno de ellos.

Críticas destructivas

Cuando el padre o la madre hacen comentarios o señalamientos destructivos sobre su cónyuge (o excónyuge) a los niños, o delante de ellos, afectan seria y negativamente a sus propios hijos. El padre motivo de crítica sigue siendo el mismo a pesar de lo que se diga de él, pero no así la imagen de éste para el menor que recibe la información

Esta actitud es bastante frecuente en las parejas en conflicto. En el afán por ganarse la solidaridad de sus hijos o quizás como producto del resentimiento hacia su cónyuge, muchos padres (y a veces abuelos o familiares) hacen comentarios negativos sobre él/ella frente a los menores. Enterarse de que su padre/madre son malos o incompetentes resulta perjudicial para su seguridad y los menores lo resienten profundamente (así sea la "verdad") porque les deteriora una imagen que ellos necesitan preservar. Percibir a sus padres como personas adecuadas, buenas y capaces es vital para su estabilidad emocional.

> *Cuando la autoridad no es autoritarismo, se desarrolla en el hijo admiración y gratitud hacia sus padres que se traducirá en amistad y confianza.*

Es imperativo permitir que los niños se formen la imagen de sus padres que necesitan en cada momento de su vida. Cuando los padres han sido inadecuados, una vez que los hijos sean mayores y maduros evaluarán sus concepciones y finalmente formarán su propio concepto. Tratar de que los menores entiendan desde jóvenes lo "malo" o lo incapaz que es o ha sido su padre o su madre sólo conlleva problemas, angustias y conflictos de lealtad para los hijos, quienes sufren y quedan "entre la espada y la pared". Por lo tanto, no se puede perder de vista que cualquier cosa que se haga o se diga en contra del cónyuge o excónyuge perjudica directamente a los hijos y que los que más sufren son ellos.

La imagen del padre o madre también se deteriora cuando uno y otro se desautorizan, o cuando critican sus actuaciones como padres delante de los hijos. Comentarios o ademanes despectivos hacia la pareja en presencia de los niños, ("no le prestes atención que está histérico/a") les hacen saber que su padre o madre actúa inadecuadamente y les llena de temores porque significa que no serán capaces de protegerlos como lo requieren.

Por lo tanto, cuando no se está de acuerdo con las decisiones del cónyuge con respecto a ciertos permisos o actuaciones con los hijos, por el bien de los mismos niños es imperativo no desautorizarnos ni discutir delante de ellos, sino retirarnos y examinar el asunto a solas hasta llegar a un acuerdo. Si no es posible convenir algo que aprueben los dos, hay que ceder mutuamente hasta llegar a algún compromiso, siempre preguntándonos muy honestamente si es de verdad el bienestar de los hijos y no la necesidad de desquitarnos de nuestro cónyuge lo que orienta nuestras acciones.

A menudo somos los padres los que nos encargamos de deteriorar nuestra imagen ante los hijos. Cuando por debilidad o por exasperación un padre le asegura a su hijo que "lo tiene loco", o le pregunta alterado "¿qué hago contigo?", no solamente le está diciendo que es insoportable, sino que le está asegurando que él o ella no son competentes para manejarlo y cuidarlo.

Con estas actitudes y expresiones es mucha la inseguridad que se transmite a los hijos. Para los niños es difícil confiar en que esa persona incapaz y que no sabe qué hacer con ellos será capaz de hacerse cargo de su protección y su cuidado.

La amistad se opone a la paternidad

Otra forma de deteriorar la imagen de superioridad que deben proyectar los padres es su afán e interés en ser amigos de los hijos. Si bien es importante que haya una camaradería especial con los hijos, no se puede perder de vista que ellos pueden conseguir amigos en todas partes, pero que padre y madre no tienen sino uno.

Los padres deben ser ante todo su papá y su mamá. Esto no significa que no puedan a ratos jugar de igual a igual con los niños o compartir ciertas actividades con la camaradería de amigos. Sin embargo, en un deseo por fomentar una buena amistad, muchos padres le dan prioridad a esto, llegando a extremos tales como el de promover o permitir que sus hijos les llamen por su primer nombre, en lugar del adecuado "papá" o "mamá".

Cualquier intento por hacer de la amistad una prioridad trae muchos más problemas que beneficios. Tratar de tener los roles de amigo y de padre o madre simultáneamente genera confusión y no permite a los mayores ejercer la autoridad indispensable para el bienestar de los menores. Por una parte, cuando el padre debe imponer órdenes que no son del agrado del niño, (como que apague la televisión porque es hora de dormir) si está centrado en fortalecer una buena amistad, se preocupará por deteriorarla y le será difícil mantener la firmeza que se requiere para educar a los hijos como es debido.

Por otra parte, en la medida que el niño se aprovecha de los intentos de sus padres por ser sus amigos, (y seguro que lo hará), la frustración del papá o mamá puede llevarlo a que sea definitivamente hostil con el menor y ésto deteriorará su relación. Por lo tanto, posiblemente el resultado será que no podrá ser ni un buen amigo ni un buen padre, y el niño crecerá resintiéndolo o manipulándolo, todo lo cual genera cierto desprecio y destruye la imagen de superioridad paterna que el menor precisa.

En el proceso de criar un hijo hay un momento para ser papás y otro momento, muy posterior, para ser amigos. Primero que todo se debe fomentar el sentimiento de autoridad y superioridad en la relación y luego prosperará, dentro de la misma, una amistad. Es preciso tener en cuenta que cuando la autoridad es genuina autoridad y no autoritarismo, se desarrolla en el niño un sentimiento de admiración y gratitud hacia sus padres que posteriormente se traducirá en amistad y confianza.

Papá o mamá se ha tomado unos tragos

Una de las experiencias más lesivas para la formación de una sana figura paterna o materna, es el de ver a su padre o a su madre en estado de embriaguez. Muchos padres creen que sus hijos pequeños no se dan cuenta que ellos están "con unos tragos" y que, a menos que tengan una conducta definitivamente escandalosa, los menores no se afectarán.

La realidad es que desde su más tierna edad los niños si bien no necesariamente comprenden qué tan embriagado/a está su padre o madre, sí perciben claramente la falta de total lucidez, cordura o estabilidad cuando está bajo los efectos del alcohol o cualquier otro narcótico, y esto los angustia enormemente. Esa persona que tiene dificultad para expresarse, que se balancea de un lado a otro, o que habla incoherentemente, no le da la garantía de que puede ser capaz de protegerlo, de cuidarlo y de asegurarse de que nada le ocurrirá. Además de otros innumerables problemas que causa al hijo, un padre embriagado o drogado deteriora definitivamente la imagen paterna que debe servirle de modelo en su vida y que le es imperativa para crecer con la tranquilidad y la confianza necesarias para desarrollarse plenamente.

La tarea de ser padres definitivamente es una labor muy compleja que exige no sólo un interés muy profundo y sincero por los hijos sino un gran compromiso con nosotros mismos para poderles propiciar su sano desarrollo y bienestar. Esta tarea requiere que nos preparemos como padres para actuar de manera tal que les transmitamos a los hijos la seguridad de que están guiados por personas que saben lo que están haciendo. Y esto requiere, además, que estemos dispuestos a revisar continuamente nuestro proceder y estabilidad personal, de manera que podamos garantizar la solidez emocional, mental y espiritual que precisan nuestros hijos.

EL PAPA ES DECISIVO EN LA VIDA DE LOS HIJOS

En los últimos tiempos se ha hecho mucho énfasis en la importancia de una mayor cercanía y participación del padre en la vida de los hijos, como elemento fundamental para su sano desarrollo emocional. Afortunadamente en las nuevas generaciones de padres ya se comienza a ver un cambio muy positivo en este sentido.

El impacto del padre en la vida de los hijos, que durante mucho tiempo fue ignorado o subestimado, es por lo menos tan grande como el de la madre, y en el caso de los hijos hombres, durante ciertas etapas es absolutamente vital. Un padre incapaz de acercarse a los hijos o inaccesible para ellos puede socavar considerablemente la salud emocional de los niños, mientras que su presencia constante promueve y fortalece muchas de las más importantes virtudes y cualidades humanas.

Impacto en las relaciones de pareja

A través de la presencia del padre en la familia, tanto niños como niñas tienen la oportunidad de observar y aprender cómo se relacionan un hombre y una mujer como parte de una pareja, a la vez que pueden formarse una idea clara y palpable de los roles sociales y sexuales de cada uno.

Siendo el padre quien les ofrece una figura de identificación masculina, su impacto es especialmente trascendental y complejo en los hijos hombres. Es más, la mayoría de estudios recientes sobre relaciones de pareja destacan que la capacidad de los hombres para establecer relaciones afectivas íntimas y armoniosas con las mujeres, depende en muy buena medida de la calidad de sus relaciones con su propio padre.

A diferencia de los niños, las niñas tienen la ventaja de tener a su lado durante varios años un modelo de su propio sexo con el cual identificarse. Pero los niños deben enfrentarse con la dificultad de que las personas que están a cargo de ellos durante la mayor parte del tiempo en su niñez son del otro sexo (la mamá, la niñera, las profesoras de jardín maternal y preescolar etc...).

> *La capacidad de los hombres para establecer relaciones afectivas íntimas y armoniosas con las mujeres, depende en parte de la calidad de las relaciones con su propio padre.*

Por esto, si el padre está muy ausente de la vida del hijo, lo priva de ciertas experiencias fundamentales. Cuando no está cerca para ilustrarle que los hombres tienen sus propias tareas y conductas, sus propias satisfacciones y sobre todo sus propias formas de relacionarse con el sexo femenino, puede crecer con la creencia de que sólo hay dos formas de hacerlo: someterse a las mujeres o combatirlas. Vivir con las mujeres, disfrutar sus diferencias sin necesidad de atacarlas, ignorarlas ni rendirse ante ellas, es una lección que el niño aprende a través de las interacciones permanentes entre su papá y su mamá.

Está visto que la falta de una imagen paterna en la vida del niño, también suele llevarlo a que crea que debe volverse agresivo o incluso violento para ser realmente viril, y a que rechace temerosamente todo lo que pueda parecer femenino -incluidas emociones tan fundamentales como la sensibilidad, la ternura, el afecto, la compasión- por miedo a no ser suficientemente hombre.

Privaciones afectivas

Que el padre esté presente o ausente no es lo único decisivo. Lo es también la clase de relación que tenga con sus hijos. Al investigar las causas por las que cada vez hay un mayor número de separaciones conyugales, los expertos en este tema han encontrado que uno de los factores más decisivos es la incapacidad del hombre para formar vínculos afectivos perdurables con su pareja y comprometerse definitivamente en su relación debido a las privaciones afectivas que sufrió en su niñez, sobre todo de parte de su padre.

Los padres del pasado, aún cuando muchos estaban físicamente presentes, por lo general estaban afectivamente alejados de sus hijos. Erróneamente se creía que la única tarea del padre en la familia era la de ser proveedor. Su relación con los hijos hombres era especialmente distante y carente de demostraciones cariñosas. Además de que la afectividad, la ternura y la sensibilidad eran condenadas en el sexo masculino por considerarse rasgos femeninos, se creía que para que los hijos fueran machos era necesario tratarlos con "mano fuerte", lo que a menudo limitaba el contacto del padre con sus hijos a encuentros distantes y algo agresivos.

El famoso psicoterapeuta de familia, Gus Napier, Ph.D., afirma que la ausencia del afecto paterno ha llevado al hombre a optar por diferentes caminos para evadir el compromiso afectivo con sus seres queridos, dada su inca-pacidad para vincularse emocionalmente con ellos. Por lo anterior, según el Dr. Napier, algunas de las actitudes más a menudo asumidas por los hombres en sus relaciones familiares pueden resumirse, en forma somera y algo simplis-ta, de la siguiente manera:

• El padre machista, autoritario y crítico que se relaciona con sus hijos con una actitud severa y hasta déspota para demostrar su fortaleza masculina por temor a ser subyugado, y domina sus vidas precisamente para controlarlos y mantenerlos atados a él. Es aquel hombre que maneja a su familia ate-morizando a sus miembros con su mal humor y agresividad, haciendo que todos en la familia le tengan miedo y lo reverencien para no disgustarlo.

• El padre pasivo, sumiso, que parece víctima de su esposa, quien a través de su actitud de súbdito pone la mayor parte de la carga de la familia en ella. Por lo general colabora poco con sus hijos, pero se gana su afecto siendo exce-sivamente permisivo y "buena gente" evitando ponerles los límites necesarios para su formación.

• El esposo infiel, aquel capaz de traicionar y abandonar a su esposa y a sus hijos porque necesita reasegurar su valor personal, probando su virilidad a tra-vés de permanentes conquistas y "aventuras amorosas" con otras mujeres. Usualmente se vincula superficialmente a sus hijos complaciéndolos en sus caprichos para compensar su deslealtad, y menospreciando a la madre para jus-tificarse y ganar la aprobación de los niños.

• El gran proveedor y trabajador incansable, que se enorgullece de darle "todo" a su familia, quien se relaciona y domina a su esposa e hijos con su poderío económico, pero que en realidad está ante todo interesado en su éxito profesional. Sus hijos son un activo más en su inventario de recursos para triunfar y le interesa que se desempeñen muy bien para que le sirvan como cre-dencial de sus grandes capacidades personales.

• Finalmente está el hombre adicto, emocionalmente vacío, que sólo puede expresar sus sentimientos a través de la estimulación química, quien eventual-mente manipula a sus hijos para que le tengan lástima o cuiden de él.

Muchos hombres tienen simultáneamente rasgos de todas estas actitudes aunque en algunos predomina determinada tendencia. Sus actitudes son el resultado del profundo vacío dejado en buena parte por la ausencia física y emocional de su propio padre, y por su consiguiente temor a comprometerse en relaciones afectivas porque desconocen cómo hacerlo desde una posición masculina.

El papel del padre debe cambiar

Crecer al lado de un padre que le da absoluta prioridad a su familia y que tiene tiempo para conversar con sus hijos, para interesarse en ellos y en sus actividades, para disfrutar ratos amables, para establecerles límites de conducta y para compartir sus juegos y trabajos, sienta las bases para que el hijo tenga la posibilidad de establecer una relación de pareja enriquecedora y perdurable. Su ausencia física o emocional, por el contrario, le pone desde ya obstáculos a la futura relación marital de sus hijos.

El estereotipo masculino del hombre trabajador cuya actividad primordial es la de ganarse el sustento de la familia y descansar en el hogar mirando televisión, jugando con la computadora o leyendo el periódico, debe desalentarse si queremos fortalecer la familia del mañana y asegurar la continuidad de la institución matrimonial.

> *Se puede cambiar el curso de la historia de la humanidad si se incluye en el sistema familiar a un padre afectivamente activo, comprometido en la vida cotidiana de sus hijos.*

"Se puede cambiar el curso de la historia de la humanidad si se incluye en el sistema familiar a un padre afectivamente activo, comprometido en la vida diaria de sus hijos, que está disponible para ellos y que apoya emocionalmente a su esposa", asegura el Dr. Napier.

De tal manera que no deben seguir siendo dignos de admiración aquellos hombres que ascienden cada vez más en su carrera profesional, que tienen cada vez más bienes y poderío o que se destacan en los negocios a costa de abandonar a su familias. Admirable debe ser aquel hombre que le da prioridad a su principal tarea desde el momento en que procrea un vida: ser padre de sus hijos y cabeza de su familia.

"Mis hijos solo me buscan para que les de dinero"

Muchos son los padres que aseguran con indignación que sus hijos sólo les buscan para que les den dinero. La verdad es que si lo dicen, es porque así es. Pero de lo que no se dan cuenta esos padres, es de la causa de tal proceder.

A pesar de que ha habido un cambio muy favorable en los últimos tiempos y son muchos los padres que ahora participan más activamente en la crianza y educación de los hijos, todavía hay un gran número de familias en las que el padre sigue siendo un "visitante" que pasa muy poco tiempo en la casa o que cuando está, vive tan aislado que es como si no estuviera. Para los niños no es otra cosa que un señor a quien poco ven, que llega cargado de regalos cuando viaja, que entrega los cheques para pagar la pensión del colegio, las clases adicionales y los deportes, que reniega y que regaña si lo molestan, y a quien deben procurar complacer para evitar que se disguste.

En otras palabras, es una persona que poco participa en la vida cotidiana de la familia porque sus ocupaciones profesionales le obligan a trabajar horas tan largas o a viajar tan a menudo que casi nunca está en casa, y que cuando llega temprano hay que procurar no molestarlo porque está agotado y quiere ver las noticias. Durante los fines de semana, como tiene que descansar, reposa frente al televisor o a la computadora, cuando no sale a jugar golf. De tal manera que los ratos que realmente comparte con su familia son contados.

No participan pero exigen

Usualmente estos padres tampoco participan en la mayor parte de decisiones que atañen a los hijos y le delegan todo a la madre porque "ella no hace nada", o es la que sabe qué debe hacerse. Pero a la vez reclaman que no se les tiene en cuenta para muchas de las decisiones que se toman con respecto a los hijos y que no se les informa sobre las dificultades que enfrentan sino cuando ya las situaciones están al borde de un grave conflicto. Sin embargo, si algo sale mal, o si hay cualquier problema en la familia, se enfurecen y culpan a su cónyuge. En efecto, si el niño se enferma, si la empleada doméstica no sirve, si a la niña le va mal en el colegio, si el joven choca el auto, si el pequeño necesita tratamiento médico, si algo se daña o si los gastos de la casa suben, la culpable siempre es la mamá. De tal manera que no es de extrañar que prefieran mantenerlo ajeno a lo que ocurre en casa porque igual no va a ayudar y sí va a regañar.

Es cuestión de darse, no de dar

Los padres en estas circunstancias resienten profundamente que se les reclame por su ausencia, porque lo que están haciendo es trabajar duramente para tener todo el dinero y las comodidades necesarios para darle lo mejor a su familia.

La justificación típica en estos casos es que "quiero que mis hijos tengan todo lo que no tuve yo". Pero valdría la pena que se preguntaran que entienden ellos por "no faltarles nada". Seguramente sus hijos lo van a tener todo: irán a buenos colegios y a las mejores universidades, practicarán todos los deportes, hablarán varios idiomas, conducirán buenos autos, viajarán con frecuencia, es decir tendrán todo lo imaginable, menos lo más importante: un papá. Y al faltarles la presencia de su padre les faltará algo fundamental: ese trato íntimo y continuo entre padre e hijo que es absolutamente indispensable para la estabilidad emocional de los menores y para que se desarrollen como adultos mentalmente sanos y equilibrados.

> *El papel del papá ha sido siempre insustituible, pero ahora lo es más que nunca.*

El papel del papá ha sido siempre insustituible, pero ahora lo es más que nunca. Hoy en día las madres disponen de mucho menos tiempo para estar en el hogar porque muchas de ellas también trabajan fuera de la casa, además de que cuentan con menos ayuda doméstica. Así mismo, hoy hay más peligros y más inseguridad y ésto exige estar más atentos y vigilantes para proteger a los niños.

Existe, nadie lo niega, la necesidad de trabajar para vivir. Es más, el trabajo también llena unas aspiraciones que contribuyen a la realización personal. Pero la familia es una empresa, y el padre es su cabeza; y no hay ninguna empresa que sobreviva porque su dueño le invierte sólo capital.

La crianza es una tarea de dos

Los resultados de una educación compartida son una ventaja para todos: para la mamá que se siente más segura y más tranquila, para el padre que conoce más de cerca y establece vínculos más estrechos con sus hijos: para el matrimonio que se une más, y para los niños que tienen el amor paterno que tanto necesitan. Además, "cuatro ojos ven más que dos" y el intercambio de impresiones entre los dos padres lleva a decisiones más prudentes y acertadas que las que puede adoptar uno de ellos si tiene que decidir y obrar solo en la mayoría de los casos.

En resumen: aunque el padre y la madre tienen cada uno un papel particular, la verdadera eficacia de su labor en la crianza de sus hijos depende de su capacidad para actuar en conjunto. Los dos se complementan y no se sustituyen, porque ambos son diferentes e indispensables. El padre no puede olvidar que es a él, no simplemente su chequera, a quien se necesita en el hogar.

No hay profesión más grata ni mejor remunerada - en términos de dividendos espirituales y afectivos - que la de ser un padre que comparte tanto los momentos felices como los dolorosos, las emociones, los éxitos, las dificultades, las inquietudes y las necesidades de sus hijos. Tampoco hay felicidad mayor que la de tener el cariño, la confianza, la compañía y la admiración de los hijos, y ésto no se puede comprar con dinero.

TRABAJANDO POR LA UNION
DE LA FAMILIA

Una preocupación bastante generalizada en la actualidad es que la familia se está desintegrando y que la unión familiar se acabó. Parece que no solamente cada vez hay más matrimonios desbaratados en los que cada cual está por su cuenta, sino que aún en las familias donde la pareja permanece intacta, cada uno de los miembros anda por su lado y a menudo llevan sus vidas con poco o ningún contacto con sus familiares, incluidos los más cercanos.

No sin razón, la gente se lamenta y añora aquella unión que caracterizó a las familias en el pasado, cuando abuelos, padres, hijos, tíos y primos eran una unidad y la familia completa se reunía no sólo a celebrar las fiestas sino periódicamente a disfrutar de su compañía. Hace algunos años, los miembros de la familia vivían generalmente en la misma comunidad y varias generaciones trabajaban en la misma empresa familiar. Hoy en día, el trabajo es individual y son cada vez más las familias en la que los miembros están separados por una gran distancia física. De tal manera que cada vez son menos las familias que se reúnen con alguna frecuencia en casa de los abuelos, o que pasan vacaciones juntos en la finca familiar como solía hacerse en tiempos pasados.

Las exigencias económicas de la actualidad, que obligan a todos a trabajar en horarios cada vez más prolongados, las distancias cada vez más grandes entre un lugar y otro dentro la misma ciudad, y las miles de ocupaciones en que están comprometidos tanto padres e hijos como los mismos familiares, son todos factores que contribuyen a que efectivamente los miembros de la familia tengan cada vez menos contacto y, por lo mismo, menos vínculos afectivos entre sí.

Esa solidaridad y amistad íntima que pudo haber sido "innata" en las familias de antaño, es cada vez más escasa. Por esto hoy en día es necesario crear y procurar la unión de la familia, porque de lo contrario, a pesar de los lazos sanguíneos, cada cual toma su rumbo y cuando caemos en cuenta, vemos con asombro que los miembros de la familia prácticamente no se conocen entre sí.

Evolución y alejamiento

Sin duda alguna hay varios fenómenos sociales que han contribuido a esta innegable realidad. Por un lado, el paso de la sociedad rural, popular aún a comienzos de la década de los 40, a la sociedad urbana, ha conllevado un cambio definitivo en la organización y el estilo de vida de la familia. En el pasado, la familia era a su vez una unidad de trabajo en la que abuelos, padres e hijos trabajaban conjuntamente en el campo o en la industria familiar. Los hijos no necesitaban salir del hogar a preparase sino que sus mayores los capacitaban en el arte o negocio de la familia.

La familia de la sociedad industrializada actual es muy distinta. Además de ser mucho más pequeña - 2 ó 3 hijos en promedio - ya padres e hijos no trabajan ni producen en conjunto. El avanzado nivel tecnológico exige que los hijos salgan del hogar a prepararse y las nuevas generaciones se capacitan para la producción social e individual. No hay apoyo generacional - distinto al económico - y cada cual trabaja y produce para beneficio propio. Así, por lo general la propiedad y el ingreso ya no son para el grupo familiar sino de cada uno en particular.

Por otro lado, los avances en las comunicaciones y el transporte han hecho que las empresas se expandan y los lugares de trabajo se dispersen, y que muchas personas cambien repetidamente su ciudad de residencia por razones laborales. De tal manera que no es raro encontrar que los miembros de una familia estén residiendo en vecindarios, ciudades o países distintos, o viajando en forma permanente. Esta lejanía física afecta indudablemente la unión entre ellos.

Adicionalmente, las exigencias de preparación y las necesidades creadas por los avances tecnológicos de los últimos tiempos han llevado a que las personas tengan que dedicar cada vez más esfuerzo a estudiar y a trabajar, disponiendo por ende de muy poco tiempo para atender y enriquecer sus relaciones familiares.

Hay que trabajar por la unión

Por todo lo anterior, hoy en día es imperativo que los padres dediquemos mucho esfuerzo tendiente a desarrollar un profundo sentimiento de unidad en la familia, y que promovamos fuertes vínculos afectivos y de amistad entre nuestros hijos y parientes. Si queremos que nuestra familia esté unida no sólo por el parentesco, tenemos que crear una gran conciencia de que todos tenemos que trabajar para que se fortalezcan entre nosotros el amor y la fraternidad.

Hay varias actitudes y conductas de los padres que contribuyen definitivamente a enriquecer la anhelada unidad familiar, que hoy más que nunca es preciso practicar.

Disponer de tiempo suficiente. Para el éxito de cualquier familia que se considere unida es vital que los padres dediquemos buen tiempo y energías a enriquecer nuestra unión. Desafortunadamente, las prioridades de la sociedad de consumo han llevado a que nuestra entrega a la familia se vea obstaculizada por un enemigo taimado: el trabajo y sus exigencias en materia de tiempo. Por eso, debemos estar muy conscientes de que el bienestar del hogar debe tener absoluta prioridad y debe ocupar un primer lugar en nuestra agenda como padres.

> *Unos vínculos fuertes e importantes con la familia no se establecen en pocos minutos.*

Con alguna frecuencia, las demandas laborales de muchas personas son tan altas que se sacrifican las horas de dedicación al hogar para destinarlas a los intereses comerciales o profesionales. El tiempo de convivencia familiar no sólo tiene que ser de buena calidad sino también suficiente en cantidad. Los vínculos fuertes e importantes no se establecen en pocos minutos. Es muy difícil sentirse muy unido y ser buen amigo de personas, a quienes vemos poco y con quienes tenemos un contacto limitado por más que sean los propios padres. Al tener que comentar con otros sus problemas, inquietudes, éxitos e intereses, los hijos no crean los lazos de confianza, de afecto y de solidaridad con su propia familia, que se dan como resultado del diario convivir y permanente compartir. Por el contrario, cuando los padres estamos activa y personalmente involucrados en la vida de los hijos y desarrollamos varias actividades en conjunto como familia, se fortalecen nuestros vínculos.

Procurar oportunidades para reunirse. Los paseos, los juegos, los deportes y las salidas al campo o al parque de toda la familia son ocasiones en las que todo el grupo familiar puede participar y gozar conjuntamente, lo que nos permite conocernos y aprender a disfrutar los unos de los otros.

Una ocasión primordial de reunión familiar es la hora de la comida y por esto padres e hijos debemos cenar diariamente juntos - no para darles una clase de nutrición y modales en la mesa a los niños - sino para disfrutar de un rato juntos dedicados a conversar y a compartir amigablemente los hechos del día.

Compartir actividades domésticas. Si los hijos sienten que son parte valiosa en el cuidado de su casa y que ellos también contribuyen a la organización y operación de su hogar, se fortalecen sus sentimientos de pertenencia a su familia. Para ello, es preciso que los padres les exijamos a los hijos que contribuyan en las tareas del hogar. Además de que cada uno de los niños debe tener una responsabilidad en su casa - como regar las plantas, poner la mesa o cuidar del perro - ciertos eventos deben ser rutinariamente organizados como labor de equipo en la que participen todos los miembros de la familia. Por ejemplo, los preparativos para un viaje o paseo, la instalación de un nuevo equipo para entretención de la familia o la mudanza a una nueva casa, se deben programar y realizar en conjunto. Estas labores, además de que contribuyen al bienestar de todos, hacen que los menores sientan que también aportan algo a su familia y que son parte integral de la misma.

Por otra parte, al contar con la ayuda de los niños, los padres nos sentimos menos sobrecargados de trabajo en la casa y tendremos una mejor disposición y estado de ánimo que se traducirá en un ambiente más amable y atractivo para los hijos.

Participar en los eventos familiares. Con alguna frecuencia los padres somos los que planeamos, costeamos y organizamos las reuniones y celebraciones familiares, sin contar ni promover la participación de los hijos. Los sentimientos de unión familiar también se promueven invitando a los menores a colaborar activamente en la preparación y organización de cualquier celebración, como por ejemplo, el cumpleaños del hermanito, la fiesta de grado de la niña, el aniversario de los abuelos, o la fiesta de Navidad.

Idealmente, cuando se planea un agasajo, debemos reunirnos como familia y programarlo en conjunto, invitando a los niños a opinar y a contribuir. Se les puede encargar, por ejemplo, de decorar la mesa, planear los juegos, hacer las invitaciones o empacar los regalos, de tal manera que todo se distribuya amigablemente entre padres e hijos y todos se sientan parte integral e indispensable en el evento.

Compartir con ellos lo nuestro. Si los padres queremos que nuestros hijos nos compartan los hechos de su vida así como sus sentimientos, inquietudes y experiencias, debemos comenzar por hacerlo nosotros mismos.

Las historias referentes a nuestra infancia o relatos de hechos pasados son siempre del gusto de los hijos. Además, a los niños les interesa saber sobre el trabajo y las actividades de su papá y de su mamá. Al compartirles nuestra vida, los niños se sienten más inclinados a compartir sus intereses y sus experiencias cotidianas con su familia y habrá una mayor cercanía entre todos.

Adicionalmente, en la medida de lo posible hay que invitar a los hijos a participar en las decisiones familiares, algunas veces simplemente con derecho a "voz" y otras con derecho a "voto". Cuando a los hijos no solamente se les escucha su opinión sino que se les anima a darla, se sienten importantes para su grupo familiar y mucho más comprometidos con su familia como tal.

Solidaridad en los momentos difíciles. A menudo los padres no compartimos los hechos dolorosos o difíciles con los hijos y procuramos esconderles todo aquello que puede ser triste o preocupante, con el fin de evitar que sufran. Además de que así no enseñamos a los niños a manejar el dolor y las penas como parte inevitable de la vida, los niños perciben que algo anda mal, se sienten excluidos y más angustiados, y aprendan que ellos no tienen nada que ver en las experiencias difíciles o dolorosas de sus padres.

Recordemos que ser feliz es mucho más que no estar triste. Cuando se les oculta a los niños las calamidades que están atravesando sus padres en un momento dado, y a la vez se les exige, sin ninguna explicación, que estén muy formales, es muy probable que lo hagan por temor pero no por consideración y solidaridad con su familia. Pero si están razonablemente informados de la razón de nuestra angustia o pena, estarán mejor dispuestos a evitarnos más problemas. Así mismo, ante los infortunios que los niños no pueden dominar o a los que poco pueden contribuir, les da tranquilidad saber que pueden colaborar comportándose bien.

Es muy importante que cuando sea posible y aconsejable, compartamos nuestras penas con los hijos pues en los momentos difíciles y dolorosos es cuando más necesitamos del apoyo de nuestros seres queridos. Si los niños están informados nos pueden aportar mucho en términos de proporcionarnos el afecto y la solidaridad que tanto necesitamos.

Respeto a la individualidad y la propiedad. Para que los hijos sean buenos amigos, estén unidos y se colaboren entre sí, los padres a menudo les ordenamos que compartan sus juguetes, su ropa o sus pertenencias o los forzamos a que permitan que sus hermanos menores participen en sus juegos o actividades. Los resultados de estas exigencias son generalmente opuestos a los que se persiguen.

Contrario a lo que se cree, los niños están más dispuestos a compartir y acoger la compañía y participación de sus hermanos si no tienen la preocupación de vivir defendiéndose de sus intromisiones o de ser despojados de sus cosas en aras de que tienen que ser "generosos y hermanables". Por lo tanto, cuando se establece claramente un espacio propio y un derecho inalienable a disponer libremente de sus haberes personales, se fortalecen la camaradería y el compañerismo entre los miembros de la familia. Los hermanos no son así un peligro del cual hay que defenderse, ni una interferencia que hay que combatir, sino compañeros con los que pueden estar en la seguridad de que no los atropellarán.

El mejor legado

Tanto en la familia como en el mundo en general, la independencia y la interdependencia van de la mano. Cada ser humano trata de vivir a la altura de su potencial individual, a la vez que cada uno necesita establecer y proyectar su vida en unión con los demás, especialmente con su familia. Por esta razón uno de los mejores legados que podemos dar a los hijos es un hogar unido y armonioso en el que siempre encuentren amistad, apoyo y colaboración, y un grupo familiar al que siempre puedan recurrir en busca de verdadera compañía, solidaridad y amor.

CAPITULO II

CRECER PARA OBRAR BIEN

De una buena disciplina nace la libertad;

de una buena autoestima nace la voluntad;

y de un buen corazón nacen los actos que nos hacen inmortales.

ANGELA MARULANDA

COMO PROMOVER UNA AUTOESTIMA POSITIVA EN LOS HIJOS

"No hay juicio más importante para una persona ni factor más decisivo en el desarrollo emocional e intelectual del ser humano, que la opinión que tenga sobre sí mismo", afirma el Dr. Nathaniel Branden, reconocida autoridad y experto americano en el tema del desarrollo de la autoestima. La mayoría de los estudiosos de la conducta humana coinciden con sus apreciaciones, asegurando que una autoestima positiva es el pilar de una buena salud mental y un punto de partida para el éxito y la felicidad de las personas.

La autoestima se puede definir como el juicio personal que hacemos sobre el valor de nosotros mismos, el cual implica confianza en sí mismo, seguridad personal y satisfacción con lo que uno es. Una persona con un buen concepto de su valor y calidad personal es una persona que se aprecia por lo que es, no por lo que logre o pueda tener; que reconoce sus cualidades y habilidades, que se respeta y se valora, es decir, que se siente capaz y digna de ser amada y apreciada. Es, de igual forma, una persona que puede reconocer sus fallas e imperfecciones porque la seguridad que le da su buen concepto de sí misma le permite comprender que cualquiera que sean sus limitaciones o errores, sus defectos no le restan calidad como ser humano. En otras palabras, una buena autoestima se basa en un arraigado sentimiento o convicción de que somos no sólo valiosos sino, capaces y competentes para defendernos en la vida. Ambas convicciones deben darse simultáneamente para que haya una buena autoevaluación que se traduzca en lo que se conoce como un gran aprecio, y por ende un buen respeto por sí mismo.

> *Una persona con una buena autoestima se aprecia por lo que es, no por lo que logre o pueda tener; reconoce sus cualidades y habilidades, se respeta y se valora.*

Este sentimiento de autovaloración se forma en las personas como consecuencia del amor que reciben de quienes les rodean, especialmente de sus padres. "Si me aman es porque soy valioso", es la conclusión a la que llegan los niños cuando sus padres y los demás adultos significativos en su vida demuestran un sincero aprecio por ellos.

Puede desarrollarse una "pseudoautoestima"

El que una persona se vea muy segura porque tiene una gran confianza en sus capacidades no necesariamente implica que se sienta verdaderamente valiosa como persona. Puede tratarse de alguien con una "pseudoautoestima", basada en sus capacidades intelectuales, políticas, económicas, físicas o sociales, las cuales pueden verse superadas por las de otros, o suceptibles de flaquear en cualquier momento de su vida. Por ejemplo, hay quienes pierden la seguridad en sí mismos cuando sienten que otros tienen mayores conocimientos o destrezas que ellos, cuando las cosas no les salen como lo esperaban o cuando sus habilidades y capacidades se disminuyen con el paso de los años.

> *Las personas se valoran en la medida en que hayan sido y se hayan sentido valoradas.*

Esto indica que no se trata de una autoestima realmente sólida. Es lo que ocurre cuando, a pesar de lo mucho que los padres los quieren, los hijos no se sienten verdaderamente apreciados por ellos. Por ejemplo, hay niños que perciben claramente que sus padres, pese a lo mucho que los aman, se sienten decepcionados o avergonzados por su manera de ser, por su apariencia personal, o por su dificultad para determinado arte o actividad. Este sentimiento se afianza cuando los padres hacen manifiesto su descontento sobre los defectos, errores, fracasos o limitaciones de sus hijos. Este mismo sentimiento de insatisfacción se transmite a los niños cuando los padres tienen unas expectativas tan altas que los hijos sienten que no dan la medida de lo que se espera de ellos y, por lo mismo, que no funcionan bien ni son valiosos como personas.

Actitudes para fortalecer la autoestima

El concepto de sí mismo se comienza a formar en el ser humano desde el mismo momento de su nacimiento. Buena parte de su autoevaluación es producto de las ideas que desarrolla sobre quién es él para sus padres. Sin embargo, la autoestima no es algo que los padres pueden dar o imponer sobre sus hijos. Tampoco es algo que tiene que ver con la riqueza, la educación, la raza, la clase social, o la ocupación. La autoestima proviene, ante todo, de la calidad de la relación entre padres e hijos, y de lo sano y enriquecedor que sea el ambiente de su hogar. Las personas se valoran en la medida en que hayan sido valoradas. Inicialmente el niño llega a conclusiones sobre sí mismo en parte como producto de sus propias observaciones al ver su desempeño frente al de los demás, y en mayor parte, como resultado de lo que reciba de las personas significativas en su vida. Sin embargo, las actitudes de quienes rodean al niño son más importantes que las capacidades mismas con que haya sido dotado. En resumen, la calidad del ambiente en que se desarrolla el niño, la cantidad de afecto, comprensión, tiempo e interés que perciba y reciba en su hogar son decisivos en el concepto que forme sobre sí mismo.

Hay algunas conductas y actitudes que los padres pueden adoptar para promover un ambiente en el que se estimule y enriquezca la autoestima de los niños, como son:

Centrarse en los puntos fuertes

La misión de los padres incluye servir como confidentes y aliados de sus hijos, alentarlos cuando se sienten descorazonados, intervenir para ayudarlos cuando las amenazas les resulten abrumadoras y proporcionarles las oportunidades para superar los obstáculos y desarrollar todo su potencial humano. Uno de los medios más importantes es ayudarlos a descubrir sus cualidades y sus puntos fuertes, concentrándonos en ellos, reconociéndolos tan a menudo como sea posible y dándoles oportunidad para que los demuestren.

Diferenciar entre la persona y sus actos

Al corregir el comportamiento de los niños es fundamental hacer una clara distinción entre los actos inapropiados y su personalidad, comunicándoles que no nos gustan sus conductas pero que a ellos como personas los amamos y apreciamos, hagan lo que hagan. Por ejemplo, al decirle al hijo "eres un desordenado", se le califica como persona. Pero, al decirle "me molesta que tengas tu cuarto desordenado" se califica lo que está haciendo mal.

No reforzar lo negativo

Una característica de las personas que se sienten inferiores, lo que equivale a decir que tienen una pobre autoestima, es que suelen hablar sobre sus deficiencias con todo el que esté dispuesto a escucharlas. Igual ocurre, a veces, con respecto a algunos hijos porque cuando tienen alguna característica o deficiencia que es muy notoria o desagradable para los padres, se les repite muy a menudo, logrando convencerlos de que son defectuosos y que no pueden hacer mucho para corregirse.

Asumir una actitud respetuosa

Ninguna actitud le confirma más claramente al niño la convicción de que es valioso e importante como persona, que el respeto que le demuestren sus padres por él y por sus percepciones y sentimientos. Respetar a un niño implica, entre otras cosas, hablarle con amabilidad y cortesía aún para reprenderlo; no criticarlo ni regañarlo en forma descortés o hiriente; nunca usar con él términos despectivos o humillantes; y aceptar y permitirle expresar sus emociones, así no estemos de acuerdo con ellas. Un buen principio de respeto es nunca hacerle o decirle a un hijo lo que no se le haría o diría a un sobrino o a un amigo.

Escuchar con interés
Cuando se escucha atentamente a un hijo se le está afirmando que es importante para nosotros, lo que lo lleva a concluir que es valioso como persona. Por el contrario, cuando no se le presta atención a lo que los niños tratan de contarnos, o a sus opiniones y comentarios, se les está diciendo que no nos interesan sus ideas, sentimientos o historias y que por lo tanto ellos tampoco. De esta forma, no sólo se cierran los canales de comunicación con el niño, sino que se le transmite la idea de que es poco importante, lo que menoscaba su concepto de sí mismo.

Disciplinar sin maltratar
Disciplinar no es maltratar, y querer hacerlo no es excusa para desahogar nuestras frustraciones en los menores, y tampoco nos autoriza para reprenderlos de forma desagradable u ofensiva. Sin embargo, no ponerle reglas ni límites en aras de no "traumatizarlo" es otra forma de menoscabar su autoestima. Un niño indisciplinado es rechazado por los demás, y por esto mismo se siente mal. Además los padres son símbolo de orden y justicia y el niño, al no percibir esas cualidades en ellos, se llena de inseguridad: no sabe cómo debe comportarse ni qué se espera de él.

Evitar la sobreprotección
Nada más perjudicial para la autoestima de un niño que las actitudes sobreprotectoras de los padres. Cuando se sobreprotege a un niño se le está diciendo que es incompetente y que por eso debemos ayudarle a hacer y decidir todo. En la medida en que sea posible, de acuerdo con la edad de los niños, se les debe permitir que tomen ciertas decisiones (si se quiere poner los zapatos rojos, o los verdes), que responda y asuma las consecuencias de las elecciones que haya hecho (que sienta frío si decidió no traer abrigo) y que haga solo todo lo que puede hacer solo, así no lo haga tan bien como cuando cuenta con nuestra ayuda.

Promover la calidad humana

La verdadera autoestima, la que no se derrumba ni en los momentos más difíciles, se desprende de la convicción de que somos personas valiosas y que estamos contribuyendo en alguna medida al bienestar del mundo que nos rodea. Es decir, cuando el valor personal florece en los niños como resultado de cultivarle sus sentimientos naturales de generosidad, autenticidad, integridad, honestidad, lealtad, solidaridad, y nobleza, se desarrolla en ellos un sentido de bondad que siempre les servirá como soporte vital. Tales cualidades, lejos de ir desapareciendo con el paso de los años, (como desaparece la fuerza física, la agilidad muscular, la rapidez mental o la juventud) pueden crecer con el tiempo y en esta forma garantizarán que la autoestima tendrá siempre un asidero sólido, fortalecido por las experiencias de la vida.

Estas y otras estrategias son medios que permiten promover en el niño un genuino aprecio por su valor y calidad personal, cualesquiera que sean sus circunstancias personales o sus características físicas o mentales. Hay muchas personas víctimas de las deficientes normas que la sociedad aplica para juzgar la valía de sus miembros. No a todos se les acepta ni se les considera dignos. Se reservan las alabanzas y la admiración para aquellos que desde su nacimiento tuvieron la buena suerte de mostrar las características que más aprecia la sociedad hoy en día, como son la belleza física, la inteligencia y la riqueza. Es un sistema defectuoso y es preciso contrarrestar sus nocivos efectos, cultivando ante todo el buen corazón de las nuevas generaciones. Todos tenemos el poder de promover en nuestros hijos la calidad humana, la fortaleza y el coraje que les ayude a desarrollarse como adultos bondadosos y satisfechos consigo mismos, capaces de hacer grandes aportes a los demás y al mundo que los rodea, apoyados por su seguridad personal.

LO QUE LOS HIJOS QUIEREN
VS. LO QUE LOS HIJOS NECESITAN

Pensar que darle a los hijos toda suerte de cosas y oportunidades es lo fundamental para que sean felices es un grave error en el que se incurre a menudo. Ser padres es una delicada tarea que requiere más sentido común, compromiso y verdadero interés que grandes conocimientos, dinero o disposición para sacrificarnos por nuestros hijos. El éxito de nuestra labor parental depende ante todo de la confianza que tengamos en nosotros mismos, de la actitud con que abordemos la paternidad y de la claridad que tengamos sobre lo que queremos hacer de nuestros hijos y lo que por ende necesitan.

Lo que piden no es lo que necesitan

Sucede que los menores reclaman con mucho mayor interés e insistencia lo que desean que lo que necesitan. A la vez, hoy en día los padres frecuentemente dedicamos más energías y recursos a satisfacer las interminables exigencias de los niños que en lo que realmente requieren para su sano desarrollo físico, moral y emocional. Pocos son los padres que se logran resistir a la presión de comprar los codiciados zapatos de la marca de moda, los últimos juegos de video o los dulces de su preferencia, además de ponerlos en el mayor número de actividades extracurriculares posibles. De tal manera que la tarea ser padres se vuelve no sólo cada vez más costosa sino además extremadamente agotadora.

> *Ser padres es una tarea que requiere más sentido común y compromiso con la familia que grandes conocimientos, dinero o sacrificios.*

Los padres debemos tomar conciencia de que los niños desean diez veces más juguetes, ropa, amistades, ayuda, libertad, televisión etc., que lo que en realidad requieren, y que complacerlos con todo esto es un exceso que los perjudica más de lo que los beneficia.

Lamentablemente en este mundo consumista y competitivo, la necesidad de ocupar un posición socioeconómica destacada está obligando a los padres a trabajar incansablemente todo el día y parte de la noche. De tal manera que para compensar nuestra ausencia del hogar y de sus vidas estamos dispuestos a llenar a los hijos de toda clase de regalos, viajes y oportunidades, tratando de ratificarles nuestro interés por ellos y de procurarles "lo mejor".

Efectos negativos

Esta mal entendida "generosidad" hace que los niños sean cada vez más insaciables, que se anule su creatividad y que se promueva su permanente insatisfacción y desinterés por todo. Hoy más que nunca los niños no tienen vida interior, viven aburridos y, a pesar de todo lo que tienen, se quejan continuamente de que "no tienen nada que hacer".

Adicionalmente, cuando se les dan demasiadas cosas a los hijos se les distorsionan los valores, porque llegan a creer que como se les da todo para ratificarles lo valiosos que son para nosotros, su valor personal reside en la cantidad de bienes que acumulen. Esta es quizás una de las principales razones por las que los valores económicos adquieren cada vez mayor importancia, pues no sólo compran comodidad y estatus, sino que se convierten equivocadamente en el elemento clave para engrandecer y ratificar su valor personal.

Lo que sí necesitan

Contrario a lo que actualmente creen muchos, la función de los padres es dar a nuestros hijos lo que realmente requieren y apenas muy poco de lo que desean. Lo único que verdaderamente necesitan muchos niños hoy en día es más exigencias, más sacrificios y más responsabilidades: en otras palabras, más disciplina. En la medida en que los niños vivan bajo una buena disciplina tendrán la oportunidad de desarrollar una serie de cualidades que son difíciles de lograr en otra forma: puntualidad, control personal, generosidad, solidaridad, coraje, flexibilidad, capacidad de lucha, seriedad, responsabilidad, etc.

Al tener pocas cosas y verse obligado a luchar por obtenerlas, el niño desarrolla capacidades y destrezas fundamentales para su éxito en la vida. Cuando los padres damos muchas cosas o asumimos muchos de sus deberes, los menores no aprenden a pensar, a decidir o a arreglárselas solos.

La labor de los padres debe estar encaminada a procurar que los hijos se desarrollen como adultos rectos, sanos, responsables y autónomos. Para ello es necesario promover el desarrollo de su autonomía y de las cualidades indispensables para desempeñarse exitosamente en la vida, a la vez que apoyarlos en su tarea de emanciparse.

La emancipación es un proceso, no un evento que ocurre espontáneamente algunos años después de adquirir la mayoría de edad. Nuestro deber como padres es asegurarnos de equipar a los hijos con las habilidades, la confianza en sí mismos, la voluntad y los recursos morales que les serán indispensables para desempeñarse autónomamente como adultos.

La oportunidad de actuar responsablemente y de aprender a valerse por sí mismos, resultado de que se satisfagan sus necesidades y se nieguen muchos de sus deseos, transmite a los hijos un importante sentimiento de autosuficiencia que a su vez les permite triunfar en lo que otros fracasan por falta de disciplina y esfuerzo personal.

Lo que los hijos quieren	Lo que los hijos necesitan
Golosinas y gaseosas.	Proteínas y vitaminas mediante alimentos sanos.
Acostarse tarde y levantarse tarde.	Acostarse temprano y levantarse temprano.
Ver mucha TV.	Leer muchos libros.
Privilegios y concesiones.	Tareas y responsabilidades.
Muchas cosas con poco esfuerzo.	Pocas cosas con mucho esfuerzo.
Alboroto, holgazanería y desorden.	Tranquilidad, armonía y organización.
Padres que les den muchos regalos y los "dejen en paz".	Padres que les den pocas cosas y participen mucho en sus vidas.

LA INTELIGENCIA MORAL DE LOS NIÑOS

Desde hace ya algún tiempo los científicos y expertos en la inteligencia humana han determinado que lo que hace a una persona más o menos inteligente no es solamente su capacidad para captar, integrar y procesar mejor los conocimientos, como se dijo durante mucho tiempo. Hoy se habla de muchas clases de inteligencia, entre ellas la inteligencia perceptual, la inteligencia emocional, el "sentido común", y la inteligencia moral, porque se ha visto que todas éstas, más que simplemente un mayor coeficiente intelectual, son definitivas para que las personas logren trascender positivamente en su existencia.

La "inteligencia moral" no es otra cosa que la capacidad de hacer el bien, y es innata en los seres humanos, como lo explica Robert Coles, famoso psiquiatra y profesor de la Universidad de Harvard, en su más reciente publicación (Junio 1997) "La Inteligencia Moral de los Niños". Posiblemente lo más importante de este libro es el hecho de que da una gran importancia a la bondad, una virtud que en los últimos tiempos ha perdido tanto valor como los buenos modales.

Desafortunadamente, a raíz de la crisis de valores que atraviesa la sociedad actual, se ha llegado al extremo de que se considera que ser una persona bondadosa es casi una desventaja, como lo indica el hecho de que ahora los bondadosos son llamados "nerdos", sinónimo de tontos, de quienes todo el mundo se burla y aprovecha. En efecto, desde que el éxito, la felicidad y el progreso se entiendan en términos de acumular bienes, escalar posiciones y cosechar fama y poder, todo lo que no contribuya a tal fin se considera irrelevante e innecesario. Así, el arribismo, la competitividad, la deshonestidad, la ostentación, el individualismo, la agresividad, el protagonismo, etc., han desplazado a la sencillez, la compasión, la rectitud, la generosidad, la solidaridad; en otras palabras, a la bondad.

De tal manera que la formación del caracter en los niños, entendido como aquello dentro de la persona que regula su comportamiento moral y lo mueve a obrar bien - es decir, a ser bueno - ha pasado a un segundo lugar. Lo académico, lo práctico y lo que los habilite para producir dinero es lo que cuenta, y por eso cultivar el buen corazón no parece ser una prioridad en la crianza de las nuevas generaciones.

Esto es evidente cuando se mira qué es lo que los padres procuramos ofrecer a los niños hoy en día. Muchos más esfuerzos y recursos se dedican a fomentar los conocimientos, los deportes, la recreación, los viajes y la belleza física de los niños que a desarrollar sus virtudes espirituales. Además, por estar ocupados en todo lo anterior, los padres estamos pretendiendo que sean los colegios los que lleven la responsabilidad de la formación moral de los alumnos, convencidos de que deben hacerlo debido a los altos costos de las pensiones escolares. Lo irónico es que, a la vez que se pretende que sean los colegios los que formen a los hijos, muchos padres se molestan cuando los profesores los castigan por haber actuado mal.

Lo que parecemos ignorar los padres es que en materia de valores, actitudes y principios, los colegios sólo pueden reforzar, no enseñar nada que no se haya captado y ejemplificado en el hogar. En el colegio se establecen reglas que regulan el comportamiento de los alumnos, y quizás se les habla de la importancia de llevar una vida virtuosa, pero esto no garantiza que quedarán incorporadas a su código de conducta porque los valores correctos no se pueden imponer mediante lecciones, amenazas o castigos.

Los valores, y específicamente la bondad, no se aprenden, los niños los captan y asimilan como resultado de lo que viven en su ambiente familiar. Los padres insistimos verbalmente en la importancia de la generosidad, la amabilidad y la honestidad, pero los hijos con frecuencia son testigos de manifestaciones de envidia, despotismo, hipocresía o injusticia, aún en sus propios hogares.

La única forma en la que los niños pueden incorporar lo que implica tener un "buen corazón" es observando comportamientos que los modelen por parte de las personas que más aman y admiran, es decir de su papá y su mamá. No es cuestión de decirles lo que está bien y lo que está mal. Eso no se aprende con sermones ni regaños. Es vivir haciendo el bien y evitando el mal. Le enseñamos a los hijos a ser buenos cuando para nosotros es más importante dar que recibir, aportar que ganar, servir que ser servido y cosechar satisfacciones que acumular millones.

Finalmente vale la pena mencionar que quienes restan importancia a cultivar el buen corazón de los niños bajo la premisa de que "la bondad no da plata", posiblemente lo hacen porque tienen que comprar con dinero la admiración y aprecio que reciben gratis quienes desinteresadamente se dan a los demás, es decir, quienes son bondadosos.

> *Muchos más esfuerzos se dedican a fomentar los conocimientos, los deportes o la belleza física de los niños que a desarrollar sus virtudes espirituales.*

Es por esto que el famoso científico de Harvard afirma en la conclusión de su libro que tres cosas son fundamentales en la vida: lo primero es ser bondadoso, lo segundo es, ser bondadoso y lo tercero es, ser bondadoso. Recordemos que sólo la bondad es capaz de garantizarnos el auténtico afecto, el auténtico respeto y el auténtico amor que precisamos para enriquecer nuestra condición humana y que requieren nuestros hijos para trascender en su existencia.

¿POR QUE LOS NIÑOS SON, A VECES, "MALOS"?

¿Por qué los niños se convierten en "buenas" o "malas" personas? ¿Qué determina el curso de la personalidad y la conducta de un niño? ¿Cómo puede un joven que crece en un ambiente familiar aparentemente adecuado convertirse en un delincuente común?

Durante muchos años los profesionales en la salud mental han tratado de descifrar la mente criminal y encontrar una razón para las conductas agresivas o "malvadas" de algunos seres humanos. En lo que se refiere a los factores que determinan el comportamiento humano, ha habido dos tendencias entre los estudiosos del tema: unos han sostenido que las personas son ante todo producto del ambiente en que se crían, mientras que otros aseguran que son los factores genéticos los que determinan el resultado final en lo que a personalidad y conducta del individuo se refiere.

Sin embargo, hoy en día hay un consenso bastante generalizado en el sentido de que tanto el medio en que crece como su genética son responsables del desarrollo mental y del comportamiento del individuo. De tal manera que tanto el uno como el otro son determinantes en la conducta y por ende en el destino de una persona. Es decir, que así como un ambiente familiar afectuoso, amable y estable puede prevenir un trastorno en un niño con una gran predisposición genética para llegar a ser una persona perturbada, un menor con muy buenas características genéticas puede llegar a ser un psicópata si se desarrolla en un hogar hostil o privado de estabilidad y del afecto de sus padres.

La negación agrava las cosas

Cuando se trata de encontrar la causa para los actos violentos o criminales de jóvenes que han crecido en un hogar aparentemente normal, a menudo se culpa de ello a sus genes. Pero un niño no se desvía solamente por que sus genes le trazaron ese destino.

La genética no es la única responsable. El primer obstáculo que puede impulsar a un hijo por el mal camino es que, cuando empieza a presentar problemas de carácter o de conducta, los padres no queremos aceptar que algo anda mal, es decir, lo negamos. La negación es un mecanismo de defensa que los seres humanos utilizamos a menudo para protegernos de realidades dolorosas, el cual no sólo oscurece un problema obvio sino que impide que se tomen acciones correctivas. Es más fácil excusar, justificar o restarle importancia a los problemas de comportamiento de un hijo que enfrentarse a él y tener que cuestionarse, por lo cual optamos por esperar a que milagrosamente se corrija, culpando del asunto a su naturaleza o a su suerte.

Criar niños con la garantía de que llegarán a ser personas correctas exige que los padres estemos lo suficientemente comprometidos para dedicarles todo el esfuerzo que precisen.

Por ejemplo, un joven que anda en malas compañías, que le va mal en los estudios, que vive de mal genio, o que frecuentemente tiene conflictos con sus profesores y compañeros es un muchacho con problemas y vulnerable a caer en situaciones aún más serias (drogas, vandalismo, violencia, promiscuidad, delincuencia, etc.). A pesar de que los menores criados en hogares estables y unidos tienen buenas posibilidades de salir adelante como hombres de bien, si los padres no estamos muy alertas, ciertas características innatas de temperamento de un niño y alguna circunstancia difícil, sumadas al malestar general del mundo actual, pueden ser suficientes para poner en camino a un hijo trastornado o delincuente.

La familia es una empresa

Debido al inmenso número de factores que determinan la clase de personas que serán los hijos, no hay una fórmula determinada e infalible que garantice que serán personas correctas y que gozarán de una perfecta salud mental. Sin embargo, a pesar de que todavía no hay nada que los padres podamos hacer en lo que se refiere al aspecto genético de los hijos, lo que concierne al medio en que se desarrollan sí está en nuestras manos.

Para que un hogar ofrezca un ambiente realmente sano y equilibrado, que pueda impedir que los hijos se "dañen", se necesita mucho más que unos padres responsables, que se comprendan y que estén dedicados a proveerle lo mejor a su familia. Criar niños con la garantía de que llegarán a ser personas correctas exige que los padres estemos totalmente involucrados en la vida de ellos para darnos cuenta de todo lo que les ocurra; que estemos lo suficientemente comprometidos para dedicarles todo el esfuerzo que precisen; que seamos lo suficientemente valientes para reconocer nuestras fallas y rectificarlas, lo suficientemente generosos para aceptarlos como son y no como queremos que sean; lo suficientemente honestos para aceptar que no todo lo que hacemos es perfecto; lo suficientemente humildes para buscar y aceptar ayuda cuando se necesite y lo suficientemente interesados en nuestros hijos para darle a la familia una absoluta prioridad.

La familia es la empresa en la que los hijos se forman y por lo mismo es el medio que más influye en su personalidad y conducta. Así como las empresas organizadas con directivos diligentes y comprometidos dan buenos resultados, las familias con padres igualmente consagrados dan buenos frutos. Un mal empresario no es solamente el que hace malos negocios, sino el que no está lo suficientemente atento para evitar que otros los hagan, así como un mal padre no es sólo el que se desentiende de las necesidades de su familia, sino el que no vela hasta el cansancio para protegerlos de circunstancias que los pueden afectar adversamente. Al igual que ninguna empresa triunfa cuando sus dueños le invierten mucho capital pero poca injerencia personal, una familia tampoco puede tener éxito produciendo buenas personas cuando los padres le invierten mucho dinero y trabajo pero insuficiente dedicación al hogar y a cada uno de sus hijos. Recordemos que, si bien los padres no somos los responsables por todo lo malo que hacen los hijos, sí somos los que contamos con todos los recursos para sacarlos triunfalmente adelante.

Cómo hacer que su hijo sea un
perfecto delincuente
(Autor Desconocido)

• Dé a su hijo, desde la infancia, todo lo que desee; así crecerá convencido de que el mundo entero le debe algo.

• Ría cuando diga groserías o haga vulgaridades; creerá que es muy gracioso y lo seguirá haciendo.

• Nunca le dé ninguna formación espiritual. ¡Ya la escogerá cuando sea mayor!

• Recoja todo lo que el niño deje tirado por todas partes; así creerá que todos están a su servicio.

• Deje que su hijo vea y lea cuanta obscenidad, violencia o inmoralidad se le antoje. Al fin y al cabo, todo esto es parte de la realidad de la vida y crecerá sabiendo que todo es normal y natural.

• Discutan e insúltense siempre delante de él. Se irá acostumbrando y, cuando la familia esté destrozada, no se dará ni cuenta.

• Dele todo el dinero que pida, no sea que sospeche que hay que trabajar para conseguirlo y disponerlo.

• No deje de satisfacer todos sus deseos o caprichos. Puede frustrarse o disgustarse.

• Dele siempre la razón: son los profesores, la gente y las leyes los que están en su contra y quieren perjudicarlo.

• ... Y cuando su hijo resulte un desastre, ¡proclame que hizo todo lo que pudo por él!

Una oportunidad para enriquecer la generosidad de los niños

Estamos viviendo una era en la cual cada vez cobra más valor lo práctico, lo funcional, lo productivo (en términos de bienes) y lo cuantificable, y parece ser que por ello no hay mucha cabida para la imaginación, la ingenuidad y la creatividad de los menores. La preocupación actual es, ante todo, desarrollar lo más pronto posible las capacidades intelectuales, las destrezas y las habilidades prácticas de los niños.

Por esto, la leyenda del "Niño Dios", así como las demás fantasías propias del mundo infantil, son vivencias que poco florecen ahora, en parte como resultado de haber llevado a los niños a razonar, a adquirir conocimientos reales, pragmáticos, lógicos y concretos desde su más tierna edad. Desafortunadamente, en todo este proceso parecen estarse perdiendo no solamente la capacidad de soñar y fantasear del niño, sino en buena parte la capacidad afectiva, la ingenuidad y la creatividad propia de los primeros años de vida. Es importante rescatarlas si no queremos verlos el día de mañana convertidos en los hombres-máquinas que nos muestran las sociedades más tecnificadas y desarrolladas.

Qué decir sobre el "Niño Dios"

La llegada del Niño Dios debe significar para los niños no solamente una celebración religiosa muy especial, sino que debe simbolizar y modelar una de las más importantes virtudes humanas: la generosidad, la capacidad de compartir.

Desafortunadamente, la sociedad de consumo y los medios publicitarios a su servicio han convertido a la Navidad en un acontecimiento puramente comercial. En lo que se refiere a los hijos, muchos padres hacen de ésta una ocasión para compensar con mil regalos la atención y afecto que, por sus ocupaciones, no les han podido dar, o para asegurar que los niños tengan tanto o más que los demás. Todas estas actitudes distorsionan los valores del niño y el verdadero sentido de la Navidad.

La llegada del Niño Dios, o la entrega de regalos en Navidad, debe entenderse y explicarse a los menores como una ocasión para compartir y demostrar su afecto a todos los seres queridos. Los regalos tienen por objeto simbolizar y demostrar ese aprecio que sentimos por las personas a quienes los obsequiamos.

Para los católicos, la Navidad tiene además un significado religioso que el niño, si lo estamos formando en esta doctrina, debe conocer. Esta fiesta conmemora el nacimiento del Hijo de Dios y se celebra dando obsequios a los seres queridos para recordar que Dios nos amó tanto que nos dio a su propio Hijo, Jesús, para redimir a la humanidad.

Por tratarse de un acontecimiento tan especial, la Navidad no debe limitarse a un simple intercambio de paquetes. Es importante rescatar todas las tradiciones que acompañan la celebración navideña, como son el pesebre, los villancicos y las novenas, para lo que ya no hay tiempo porque lo importante es comprar y parrandear.

Enseñar a compartir

Teniendo en cuenta el verdadero espíritu Navideño, es bien importante enseñar a los niños a dar, no solamente a recibir. Muchos beneficios se derivan de la generosidad. Por ejemplo, cuando damos de nosotros mismos y ayudamos a los demás, nos ganamos su aprecio y respeto, y esto contribuye a que desarrollemos un alto concepto de nuestro valor personal.

Pero lo más importante es que si se inculcan actitudes filantrópicas a los niños desde pequeños, estarán más orientados hacia el bien común e interesados en contribuir como medio para obtener un sentido de pertenencia a su comunidad. Es pues importante no solamente invitar a los niños a participar activamente en los preparativos navideños sino animarlos a que ellos preparen, consignan o elaboren regalos para sus padres, hermanos y amigos, o cuando menos, si son pequeños, dejarlos seleccionar y ayudar a empacar el regalo que darán a papá y a mamá.

Recordemos finalmente que la Navidad es la época ideal para enriquecer la espiritualidad del niño. Su desarrollo espiritual es el más importante pero a veces el más descuidado. La condición espiritual del niño es el factor determinante de lo que llegará a ser en el futuro, ya que del alma del hombre surgen sus actitudes, y son éstas, y no las aptitudes, las que determinan las cualidades que le abrirán paso para triunfar en la vida.

En resumen, el mejor regalo navideño que podemos dar a nuestros hijos es promover en ellos virtudes espirituales tan esenciales como, las que despiertan la capacidad de dar y de compartir, que no son otra cosa que la semilla de la capacidad de amar.

UNA CARTA AL NIÑO DIOS

A través de esta carta quiero llegar a Ti, pero no como en otros años en que pedía regalos para mi. Esta vez quiero pedirte algo para papá y mamá.

Me he dado cuenta que a veces el mundo de los adultos es complicado y confuso, y la verdad es que a ratos no sé qué quieren decirme ni enseñarme. Me exigen cosas que ellos mismos no hacen, me enseñan cosas que ellos mismos no practican, y me hablan de amor cuando ellos mismos no parecen entenderlo.

Trabajan y corren para lograr muchas cosas pero no tienen tiempo para disfrutarlas. Aseguran que soy lo más importante de sus vidas pero le dedican más esfuerzo a su trabajo y ocupaciones. Dicen quererme mucho pero en aras de educarme a veces me ignoran, me insultan o me maltratan.

Por eso quiero pedirte este año que papá y mamá aprendan a amarte y a amarme, y sepan mostrarme lo que es el verdadero significado de la Navidad, es decir:

Que comprendan, por ejemplo, que disfruto tanto dando como recibiendo.

Que me lleven a compartir un momento de cantos y alegría con quienes no tienen familia.

Que me permitan conseguir un regalo para un niño que no tiene padres que se lo den.

Que me ayuden a preparar un obsequio para un anciano pobre o un mendigo desamparado.

Que me den pocos regalos porque disfruto más cuando recibo poco. Y que sepan que cuando me dan tantas cosas, además de que me saturan, aprendo a medir su amor por lo que me den.

Que no me amenacen asegurándome que Tú me traerás regalos sólo si me comporto bien; los regalos simbolizan Tú amor y éste no me faltará aunque me porte mal.

Que entiendan que gozo más con ellos que con cualquier obsequio. Y que sepan que su interés y atención personal me dicen más que todo lo que me puedan regalar.

Que comprendan que me gusta verlos compartir con los otros no sólo lo que nos sobra sino también lo que nos puede faltar. Y que me ayuden a compartir con los que tienen menos y no a envidiar a los que reciben más.

Por último te pido que les ayudes a enseñarme a Amarte y a amarlos pues sé que el amor alcanza lo que nada más puede lograr.

Angela Marulanda
Diciembre 1987

¿QUE DECIR CON RESPECTO AL NIÑO DIOS?

¿Cómo habrían sido nuestras Navidades en la niñez sin el Niño Dios? Por más de que hubiesen existido regalos, novenas, pólvora, etc., la Navidad habría perdido la mayor parte de su encanto si no estuviese de por medio la llegada mágica de los paquetes que nos traía el Niño Dios. El trabajo de escribirle la carta con todo detalle para que no se fuera a equivocar y asegurarnos que nada se nos olvidaba; los esfuerzos por no dormirnos después de la cena de nochebuena y la misa de media noche para ver si por fin lo podíamos ver en persona; la competencia para ver quién se despertaba primero a la madrugada para comenzar a abrir los regalos; lo obedientes que éramos los días anteriores a la Nochebuena para asegurarnos de que sí nos traería lo que le pedíamos, etc., eran parte vital de la emoción y el encanto de la temporada.

Tan sólo recordar todo el misterio alrededor de la tradicional llegada del Niño Dios en Navidad, y lo importante que fue esta leyenda en nuestra infancia, puede ser suficiente para resolver las dudas que albergan muchos sobre la conveniencia de establecer la misma tradición. Hay padres que cuestionan los beneficios de continuarla, pues piensan que, a pesar de que es divertido y especial para los niños, es un engaño que puede afectar adversamente la confianza de sus hijos en ellos cuando se enteren que les están diciendo mentiras en cuanto al verdadero portador de los regalos.

Es parte del mundo de las fantasías infantiles

Si se tiene en cuenta que los niños antes de los 7 u 8 años de edad no diferencian totalmente entre la fantasía y la realidad, se puede decir que el Niño Dios es otro de los personajes fantásticos que para un pequeño son reales (como Superman, las hadas madrinas, el ratón Mickey, o las tortugas Ninja) pero que a medida que va creciendo y madurando va comprendiendo que son ficticios y que sólo existen en las historias que se tejen alrededor de los mismos.

Aunque efectivamente pueda ser un poco desilusionante irnos dando cuenta de que muchos de los personajes más queridos de nuestros primeros años de vida no existen en el mundo real, éstos pueden cumplir el propósito de simbolizar ciertas virtudes o capacidades importantes que, debido a las limitaciones de los menores para pensar en abstracto, no hay mejor forma de aclararles e inculcarles. La historia del hada madrina de la Cenicienta, por ejemplo, muestra cómo aquellas personas que parecen más desfavorecidas por las circunstancias de su vida, también en un momento dado pueden tener un benefactor o alguien que las proteja y las ayude.

Así mismo, la leyenda del Niño Dios, aún cuando no sea la estricta verdad, puede ser una oportunidad para inculcar en los menores conceptos tan importantes como el amor y la generosidad de Dios para con los hombres, en una forma que está al alcance de su comprensión.

Sin embargo, lograr este cometido depende de cómo se le plantean al niño las fiestas navideñas no sólo con palabras sino con actos. Cuando la temporada de Navidad se aprovecha como un acontecimiento puramente comercial, como una oportunidad para tomar y bailar, o como la gran ocasión que tienen los padres para compensar con regalos su ausencia en el hogar, no sólo no cumple con su objetivo y filosofía, sino que la fantasía del Niño Dios no tiene mayor sentido, y esconder la realidad sobre la misma sí puede interpretarse como una simple mentira inventada por los papás.

Amenazar a los hijos asegurándoles que el Niño Dios no les traerá nada, distorsiona la incondicionalidad del amor paterno.

Por el contrario, cuando desde el comienzo se le explica que la Navidad es una ocasión para compartir y demostrar el afecto por todos los seres queridos, y que el Niño Dios simboliza la generosidad de Dios al traer regalos precisamente para demostrar el aprecio y afecto que tiene por todos los niños del mundo, esta tradición es positiva y ayuda a enriquecer su formación.

El amor incondicional

Otro de los más importantes conceptos que puede ayudar a inculcar la leyenda del Niño Dios es la incondicionalidad del amor de los padres por los hijos.

Para el sano desarrollo y bienestar emocional de los niños es indispensable que ellos se sientan seguros del amor de sus padres y que entiendan que los amamos cualquiera que sean sus características, habilidades o comportamientos. Si bien es importante que los hijos comprendan que a sus padres nos disgusta que se porten mal, es preciso que les quede claro que nuestro afecto es incondicional, que lo que los padres rechazamos es su mala conducta pero no a ellos como personas.

La tradición del Niño Dios es una oportunidad para reforzar esta idea vital para los hijos. El trae regalos para todos los niños de la familia, sean aplicados o desaplicados, ordenados o desorganizados, obedientes o insoportables, amables u hostiles, etc. Esto les dice a los pequeños que el Niño Dios - y así mismo sus padres cuando oportunamente los niños descubran la verdad - los aman y los valoran a todos por lo que son, no por lo que hacen.

Por esta razón, amenazar a los hijos asegurándoles que si no se portan bien el Niño Dios no les traerá nada, (como se hace tan a menudo) es un error que distorsiona la idea de incondicionalidad del amor paterno. Además, de alguna manera se les inculca que deben hacer lo que corresponde no porque sea su deber sino porque les conviene, ya que les puede aportar beneficios tangibles.

Y cuando lo descubren, ¿qué?

Lo que sí puede ser un error es tratar de mantener la leyenda del Niño Dios cuando ya los menores saben que somos sus papás los que traemos los regalos. Hay papás que no queremos que los niños pierdan su inocencia al respecto y nos enredamos en toda suerte de explicaciones o "mentiras piadosas" para justificar por qué los paquetes de los regalos de papá y mamá tienen el mismo empaque de los del Niño Dios, o por qué ellos, el día anterior, vieron en el garaje la bicicleta que les trajo.

Cuando los menores comienzan a hacer preguntas que los padres perciben como un intento de aclarar algo que ya no les parece cierto, es mejor responder con la verdad. Una forma de planteárselo es decirles que se ha hablado del Niño Dios porque es precisamente El quien hace posible que los padres tengamos los recursos para poder comprar los regalos.

También se da el caso de niños que, a pesar de que han descubierto "la verdad", prefieren hacerse los tontos y pretender que siguen siendo inocentes al respecto, precisamente para que se preserve la tradición. Nada malo tiene seguirles la idea; ellos mismos nos harán saber cuándo desean cambiar el rito de la entrega de paquetes y será entonces cuando es hora de hablar abiertamente sobre el particular.

Decir o no la verdad sobre quién es el Niño Dios no es el asunto más importante en lo que se refiere a la Navidad de los niños. Sin embargo, ésta sí es una tradición que, como muchas otras, vale la pena preservar o rescatar para hacer de la Navidad una ocasión muy especial, que ponga de manifiesto la importancia del amor y la generosidad.

SER COMPETENTES Y NO COMPETITIVOS
LOS LLEVA A TRIUNFAR

Las competencias, ideadas desde siglos atrás como una oportunidad para demostrar las habilidades o destrezas de las personas en determinada actividad, han dado lugar a que se genere entre los seres humanos un desmesurado afán por sobresalir y por lograr siempre el primer lugar, a tal punto que hasta en las más triviales contiendas se atropellan los unos a los otros, se violan los principios éticos o morales y se hacen las trampas que sean del caso, con tal de obtener el codiciado honor. La competencia, bien entendida, debe ser, por el contrario, un medio para que las personas se animen a desarrollar al máximo sus capacidades y su potencial, y no necesariamente a que ocupen el primer lugar. Bien sabido es que no siempre los primeros son los mejores.

En el mundo actual, quizás debido al acelerado crecimiento de la población, cada vez es más difícil ocupar una posición destacada, y esto ha generado lo que podemos llamar "el síndrome de la competitividad", una actitud en virtud de la cual es más importante ganar que progresar y las personas están más centradas en derrotar que en triunfar. Es quizás ésta la razón por la que, por ejemplo, no sea raro escuchar que los deportistas utilizan drogas estimulantes ilegales, hacen componendas para lesionar a sus rivales o compran a los árbitros, para asegurar la victoria.

Desventajas de ser competitivos

Muchos padres creen que es importante entrenar a los hijos e inculcarles un espíritu competitivo, convencidos de que tal entrenamiento es indispensable para llevarlos a triunfar en la vida. Sin embargo, ignoran los males a que puede dar lugar tal actitud: una persona competitiva sólo participa en aquellas actividades en las que está segura de que puede ganar, privándose así de desarrollar muchas actividades que podría disfrutar; una persona competitiva está a la caza de las deficiencias o limitaciones de los demás para resaltar su superioridad; una persona competitiva ve en cada uno de los seres humanos que le rodea un potencial enemigo que le puede ganar y por lo tanto le es difícil establecer relaciones sólidas y sinceras con sus semejantes; una persona competitiva no tiene el coraje de ser imperfecta porque reconocer sus fallas es para ella admitir su inferioridad; una persona competitiva no sabe trabajar en equipo porque se centra en cosechar éxitos individuales; una persona competitiva, a menudo es capaz de pasar por encima de muchos de sus principios morales o éticos con tal de lograr el triunfo, pues el fin es tan importante que justifica todos los medios.

Dentro de esta filosofía, el sistema escolar basado en premios, menciones de honor y trofeos por razones académicas y deportivas, está diseñado para fomentar la competitividad entre los alumnos y promover la división y antagonismo entre los grupos estudiantiles. En este ambiente generalmente se deteriora la colaboración, solidaridad y compañerismo entre el alumnado, cualidades que han ido desapareciendo lentamente. Los niños no están aprendiendo a ser generosos, fieles y a contribuir con los demás. Cada vez es más evidente que lo importante para ellos es obtener lo más posible para sí mismos y que sus esfuerzos se centran en ganar o perder, no en progresar.

Ventajas de no ser competitivo

Contrariamente a lo que se cree, una persona no competitiva está mejor preparada para arreglárselas en la sociedad competitiva actual, precisamente porque no está preocupada por lo que otros hacen sino ocupada en lo que le corresponde, y puede así concentrar todas sus energías en lo que se propone lograr. Igualmente, puede desarrollar un espíritu de interés por los demás al verlos como sus amigos y semejantes, no como sus rivales. Una persona no competitiva se proyecta ante todo a través de sus contribuciones a la sociedad y no en virtud de su estatus en la misma.

Una persona no competitiva está mejor preparada para arreglárselas en la sociedad competitiva actual.

El verdadero éxito no reside en el número de trofeos que se logre obtener, sino en el número de satisfacciones que se logre cosechar. La gente generosa e interesada en los demás es apreciada, así como los prepotentes y egoístas son rechazados. Si se cultiva el buen corazón de los hijos, más que sus capacidades o facultades, demostrarán su valor a través de un genuino interés por sus semejantes, de un trato sencillo y humilde con quienes tienen menos, y de un sincero deseo de aportar a su familia, a su comunidad y a su sociedad. Así, su calidad humana les llevará mucho más lejos que una buena cantidad de medallas y honores ganados a expensas hasta de su propia integridad física o moral. Serán mejores personas que harán un mundo mejor.

¿Estamos fomentando la competitividad en nuestros hijos?

• Así sea sólo mentalmente, ¿solemos comparar a nuestros hijos con los demás, no solamente por lo que tienen o lo que logran sino también por la posición que ocupan?

• ¿Cuando otros tienen algo mejor que lo de nuestros hijos, tendemos a subrayar las ventajas de no tener tales privilegios, o las desventajas que tienen en otras áreas?

• ¿Nos interesan y agradan ante todo las actividades o las labores en las que nuestros hijos tienen oportunidades de ganar un premio, una mención o un trofeo?

• Así se hayan desempeñado muy bien en una determinada actividad, ¿nos sentimos molestos o decepcionados cuando a pesar de ello no ocupan un lugar destacado?

• ¿Apoyamos a nuestros hijos cuando evitan participar en actividades o eventos en que saben de antemano que no tienen muchas posibilidades de ganar?

• ¿Tenemos la tendencia a hablar de los éxitos de nuestros hijos y de nuestra familia, procurando mostrar que lo nuestro es mejor que lo de los demás?

• Cuando nuestro hijo (hija) va a participar en cualquier competencia, ¿nos despedimos recordándole o animándole a ganar?

• ¿Estamos atentos a comprarle por lo menos lo mismo que tienen los demás y nos aseguramos de que no tengan menos que sus amigos o sus compañeros?

Ni autoritarios
ni permisivos

Uno de los retos más grandes a que se están enfrentando los padres de hoy es el gran cambio que ha sufrido su estatus en la familia. De una organización familiar en la cual los padres eran una autoridad suprema a la que los hijos obedecían sin cuestionar, hemos pasado a una donde los pequeños demandan igualdad y exigen los mismos derechos y prerrogativas de sus mayores.

Este fenómeno, que se ha llamado democratización de la sociedad, ha afectado la organización de todas sus instituciones. De una estructura de autoridad vertical en la que unos eran superiores y mandaban, y otros eran inferiores y obedecían, se ha pasado a una en que todas las personas, cualquiera que sea su nivel, exigen ser tratadas como iguales.

La familia ha sido una de las instituciones más afectadas por este profundo cambio, fenómeno que además ha ocurrido prácticamente en una sola generación. Casi todos los que hoy somos padres fuimos criados en un ambiente autoritario, en el cual tuvimos que aceptar, sin alegar, la supremacía paterna. Ahora los hijos, desde pequeños, se revelan contra la autoridad de sus padres, cuestionan nuestras decisiones, ignoran nuestras órdenes y exigen una explicación "válida" antes de acatar nuestras instrucciones.

Del autoritarismo al permisivismo

Posiblemente por esta razón, y por la proliferación de teorías en el sentido de que el niño se traumatiza si se le obliga a obedecer, las actitudes permisivas son cada día más comunes. Así, de la tiranía paterna del pasado, hemos pasado a la supremacía de los hijos. El miedo al conflicto, el temor a perder su amor y la culpabilidad que acecha a tantos padres que tienen muy poco tiempo para estar con sus hijos, los lleva a complacerlos antes que a disciplinarlos y enseñarles a cumplir con su deber.

Además de no promover responsabilidad ni autocontrol, estas actitudes permisivas afectan negativamente la estabilidad emocional de los niños porque los menores interpretan la continua complacencia de los padres como una falta de interés en ellos y llegan fácilmente a concluir que son poco apreciados y valiosos como personas. Igualmente, la seguridad de los menores se debilita cuando no saben qué se espera de ellos y cuando perciben a sus padres como débiles e incapaces de ofrecerles la fortaleza, la dirección y la guía que precisan.

No menos perjudiciales para los hijos son las actitudes autoritarias propias del pasado pero que todavía rigen en algunos hogares, o por lo menos, en algunas oportunidades. Tratar a los hijos a gritos, forzarlos a obedecer a golpes, o insultarlos y amenazarlos para que se dobleguen a la voluntad paterna, no puede menos que llenar a los niños de angustia y llevarlos a sentir más temor que amor por sus padres, y a que eventualmente se rebelen contra ellos. Las críticas, la insatisfacción y las exigencias que caracterizan a los padres autoritarios hacen que los hijos se sientan disminuidos, incompetentes e incapaces, además de poco amados.

> *Es preciso rescatar la firmeza, mas no la tiranía del pasado, y aunarla con el respeto y consideración de las nuevas generaciones de padres.*

Otras opciones

Conscientes de lo anterior, los padres de hoy no quieren repetir el autoritarismo y la tiranía a la que estuvieron sometidos en su niñez, y en general tratan de llevar a sus hijos "por las buenas". En consecuencia, procuran hacerse obedecer suplicándole a los hijos que sigan sus instrucciones, pidiéndoles excusas por lo que les ordenan, dándoles interminables explicaciones para que hagan lo que se les indica y finalmente cediendo a las pretensiones de los menores. El resultado es que los niños acaban haciendo sólo lo que les viene en gana.

Lo que ha ocurrido, desafortunadamente, es que la actitud actual de mayor consideración por los hijos ha venido acompañada de una gran debilidad por parte de los padres, quienes, después de mucho rogar, acaban recurriendo a los gritos o castigos tiránicos del pasado para hacerse obedecer, alegando que los niños sólo hacen caso "a las malas". De modo que al combinar la tiranía del autoritarismo del pasado con la debilidad del permisivismo del presente, se ha generado algo así como a una anarquía familiar que se hace evidente en el ámbito social.

Ni un extremo ni el otro

La disyuntiva no está entre ser autoritario o ser permisivo. Es preciso rescatar la firmeza, mas no la tiranía que caracterizó a nuestros antepasados, y aunarla con el respeto y consideración que caracteriza a las nuevas generaciones de padres.

Los padres tenemos que recuperar la posición jerárquica que como jefes nos corresponde en el hogar y hablar con firmeza cuando se trata de educar a los hijos. Así como en el trabajo no corregimos a los subalternos con insultos pero tampoco les rogamos sumisamente que cumplan con nuestras órdenes, ni lo uno ni lo otro debe hacerse con los hijos.

Los padres de hoy ya no podemos seguir siendo seres supremos a quienes se les rinde pleitesía y se les obedece por temor. Tampoco podemos pasar a ser unos peleles que, por miedo al conflicto, permitimos que los hijos nos manejen a su antojo. La tranquilidad familiar no puede obtenerse a cambio de abdicar a la autoridad, y los padres debemos constituir un ejemplo en este sentido.

Es preciso seguir siendo las cabezas de la familia cuyas instrucciones son obedecidas porque se nos respeta. El respeto a la autoridad paterna nace de la admiración, la cual a su vez es producto de una actitud comprensiva y respetuosa a la vez que firme, segura, justa y definida.

*

¿SE DEBE SER ESTRICTO CON LOS HIJOS?

Todo ha cambiado tanto en los últimos tiempos que hasta algunas características que hace poco eran consideradas virtudes, ya no sólo no lo son, sino que
incluso son consideradas como un defecto. Tal es el caso del concepto de ser
estrictos con los hijos.

Hace sólo unos años se consideraba que ser un padre estricto era maravilloso, mientras que hoy muchos lo consideran inaceptable. Quienes eran estrictos con los niños eran admirados y respetados. Hoy, por el contrario, se rechaza al padre estricto porque se interpreta como sinónimo
de ser severo, autoritario, inflexible, incomprensivo,
déspota, dogmático, despectivo o tirano. Se les tilda
además de ser personas que no tienen ninguna consideración para con los hijos y que los mantienen totalmente subyugados a su voluntad.

Una disciplina estructurada asegura el bienestar de los hijos; sin ella los niños crecen confundidos y desorientados.

Pero ser un padre estricto no solamente sigue siendo
una virtud sino que más que nunca es una actitud absolutamente indispensable si se quiere formar hijos sanos y
correctos en un mundo y en una sociedad que atraviesa
una crisis tan seria como la actual.

En primer lugar, es preciso recordar que hace algunos años (antes de que los
padres comenzaran a tenerle miedo a los hijos), cuando los padres mandaban
en el hogar y no los hijos, ser estricto implicaba definir las normas de comportamiento de los menores y obligarlos consistentemente a cumplirlas. El error
del pasado quizás estaba (y sigue estando) no tanto en la imposición de las normas de comportamiento sino en los métodos utilizados para ello, es decir, en
el uso de golpes, insultos, gritos, etc... para controlar la mala conducta de los
niños. Pero eso no es ser estricto, eso es ser tirano.

El primer paso para comprender qué es ser estricto, es entender la diferencia que existe entre la obediencia y la disciplina, pues son dos cosas muy distintas. Ser obediente puede ser someterse sumisamente a la voluntad de otros,
mientras que ser disciplinado es cumplir con el deber por voluntad y decisión
propia. Los golpes, los gritos, las amenazas o las humillaciones son castigos
efectivos para que el niño se subyugue rápidamente a la voluntad de sus

padres, pero sólo surten buen efecto mientras el niño sienta algún temor por sus padres.

Desafortunadamente estos métodos no sólo son una forma de maltrato que deteriora las relaciones entre padres e hijos, sino que son cada vez más ineficaces. Por una parte, dado el miedo que muchos padres le tienen hoy a sus hijos, los niños desde pequeños sienten poca reverencia y respeto por ellos, y por mucho que les griten, a menudo no hacen caso. Por otra, debido a que los niños de hoy consideran que tienen los mismos derechos y atribuciones que sus mayores, controlarlos con métodos violentos suele dar lugar a que los hijos sean igualmente beligerantes y agresivos con sus padres.

Disciplinar (palabra derivada de "discípulo") es enseñar las normas de comportamiento con métodos positivos que no los lesionan y que los llevan a aprender el comportamiento apropiado por convicción y no por temor o por conveniencia. Como todo aprendizaje, la disciplina no se logra de la noche a la mañana y es una forma de vida que se adopta paulatinamente, siempre y cuando los padres estén dispuestos a exigir y a poner límites a la conducta de sus hijos; en otras palabras, a ser estrictos con ellos.

Ser estrictos no es castigar; es enseñar inteligentemente a cumplir con el deber. Esta enseñanza no se logra, como muchos creen hoy en día, con reflexiones y discursos a los menores, suplicándoles que cumplan con las instrucciones que se les imparten, o amenazándolos con toda suerte de castigos, que muchas veces nunca se cumplen. O lo que es peor, ofreciéndoles premios para comprar su buen comportamiento.

Los padres estrictos comprenden que las normas no reprimen, sino que ante todo protegen a los hijos. Una disciplina estructurada y constante asegura el bienestar físico y emocional de los hijos; sin ella los niños crecen confundidos y desorientados.

Los padres estrictos saben además que una norma que no es consistente, es decir que no se hace cumplir constantemente, no es realmente una norma, sino una mentira, un engaño. Esta clase de "normas" (amenazas que nunca se cumplen) hacen que los niños sean víctimas de la incertidumbre y que pierdan la seguridad.

Lo más importante de todo es que los padres estrictos, debido a su solidez, se ganan el profundo aprecio, admiración y respeto de sus hijos, y estos sentimientos son una de las bases más importantes para el sano desarrollo moral y la apropiada conducta social de los hijos.

Los padres estrictos se caracterizan porque . . .

• Comunican lo que esperan de sus hijos en forma muy clara y exacta...

• Hablan con firmeza, sin vacilaciones, y no ruegan ni dan demasiadas explicaciones...

• No piden excusas ("Me perdonas, pero es hora de acostarte") ni piden la opinión de los hijos sobre lo que éstos deben hacer ("¿Qué te parece si te vas a acostar?").

• Enseñan a sus hijos a no esperar nada distinto a lo que ellos mismos se esfuerzan por lograr. Es decir, no les dan nada que no se merezcan y por lo que no hayan luchado con verdadero esfuerzo.

• Exigen mucho más de lo que le dan a los hijos (en cuanto a privilegios se refiere). Les asignan tareas en el hogar y los obligan a cumplirlas.

• Son indiscutiblemente quienes tienen el mando, y no se doblegan ante la mala cara de los hijos, ni les sirven resignadamente.

• Hablan en serio, sin rodeos y no dan segundas oportunidades.

• Son personas disciplinadas y practican lo que predican. Así mismo, cuando corrigen o sancionan a sus hijos lo hacen en forma respetuosa.

Porque yo soy su papa o su mama

Si los bisabuelos estuvieran oyendo lo que pasa hoy en el hogar ya se habrían levantado de sus tumbas aterrados de ver cómo los niños ahora comen a la carta, amenazan a sus padres con no quererlos, les pegan cuando los contrarían y son quienes deciden dónde, cómo y a qué horas estudian, se acuestan, se bañan, etc. No se necesita ser muy viejo para quedarse aterrado al ver cómo los hijos manejan a sus padres "con un dedito" y éstos, desconsolados y confundidos, ceden cuando ya no encuentran más razones para justificar sus demandas, por mínimas que sean.

> *Por suprimir el autoritarismo propio de los padres en el pasado, hemos abolido la autoridad indispensable para la formación de una familia.*

Al vivir bombardeados por toda suerte de teorías respecto a la crianza de los hijos, mezcladas con permanentes sentimientos de culpa y temor a que no nos amen, a la vez que abrumados por la angustia característica de una era en la que la gente dejó de vivir para dedicarse a luchar por sobrevivir, los padres parecen estar totalmente perdidos y la anarquía reina en muchas familias.

Uno de las factores que más ha contribuido al estado actual de las cosas son las teorías que comenzaron a popularizarse a partir de los años setenta y que afirman que la democracia debe hacerse extensiva a la familia y que "los hijos deben gozar de la misma igualdad que sus padres". Esto ha implicado que a los niños se les debe permitir participar activamente en todas las decisiones de la familia y que sus opiniones no sólo deben escucharse sino adoptarse. Y lo que es peor: tales teorías establecen que cuando los niños se comportan mal, los padres deben apelar a su sentido de responsabilidad y justicia, explicándoles la diferencia entre lo que está bien y lo que está mal hasta que logren convencerlos de que cambie su conducta. De acuerdo con estas mismas teorías, bajo ninguna circunstancia se debe castigar a un niño por su mal comportamiento porque se supone que es una actitud represiva y que los puede afectar negativamente, además de que viola la premisa de igualdad sobre la cual se basa la relación democrática. Los resultados de las teorías democráticas han dejado mucho que desear. Los padres han quedado amedrentados, temiéndole a sus hijos, y los pequeños se han convertido en unos tiranos insoportables.

Durante la infancia, y aún durante buena parte de la adolescencia, los hijos idealizan a sus padres y necesitan verlos como seres supremos e infalibles. Una de las necesidades básicas de los menores es la de percibir a sus padres como personas capaces y dispuestas a cuidarlos, a protegerlos y a guiarlos. Pero unos padres que se muestran atemorizados, desconcertados, exhaustos y confundidos, a tal punto que hasta le consultan a los mismos niños qué deben hacer con ellos, no pueden inculcar tal sensación de seguridad indispensable para el sano desarrollo emocional de los menores. Además, los niños son nuevos habitantes de la vida que desconocen su camino y si no se les ponen límites firmes y claros, se atemorizan y se sienten perdidos.

La solución no está en seguir tratando de razonar y convencerlos que sigan las disposiciones de sus bien intencionados padres. Es preciso dejar de dar tantas explicaciones y volver al "porque yo soy su papá", ("o su mamá") - que tanto escuchamos en nuestra infancia - como justificación suficiente cuando demandan nuevas razones procurando burlar nuestras indicaciones.

Uno de los problemas más graves de la familia actual es la crisis de autoridad. Por suprimir el autoritarismo propio de los padres en el pasado, hemos abolido la autoridad indispensable para la formación de una familia. Es hora de dejar de ser tan buenos (léase bobos) y asumir la posición jerárquica que nos corresponde como cabezas del hogar. La autoridad de los padres es indispensable para encontrar la dirección dentro de la cual los hijos deben enmarcar su vida.

El problema, más que de conocimientos, parece ser de sentido común, hoy en día el menos común de los sentidos. Ser un buen padre o una buena madre no depende de la sapiencia sino de la sabiduría, y ésta a su vez emana del corazón, no necesariamente del intelecto. No exige grandes dosis de conocimientos ni de presupuesto, sino de sensibilidad e intuición ante nuestras propias necesidades, las de la familia y las de los hijos. Y una de las principales necesidades es que los padres tengamos la autoridad necesaria en el hogar y la ejerzamos con firmeza y decisión, de manera que establezcamos un ambiente familiar en el que se desarrollen el autocontrol, la disciplina y la responsabilidad que precisan nuestros hijos para triunfar.

❄

La importancia de decir
¡no! a los hijos

Por una parte el deseo de que los hijos "tengan todo lo que yo no pude tener" y por otra el interés de evitar las desagradables consecuencias de no complacerlos (pataletas, llantos, gritos, peleas, etc.) han llevado a que los padres les demos excesivo gusto a los niños, hasta el punto de que raramente se les dice "no" a cualquier cosa que pidan.

Es más fácil decir "sí" y darles gusto que mantenerse firme en una negativa. Parece ser que del autoritarismo y la austeridad del pasado, hemos pasado al otro extremo: un gran permisivismo caracterizado por una complacencia constante a todos los deseos y caprichos de los menores. Por lo tanto, si algo tienen en común hoy en día la mayoría de los niños es su falta de tolerancia a la frustración. Nada se les puede negar, nunca pueden perder, no pueden esperar ni un segundo y ni siquiera pueden aceptar un simple tropiezo, sin formar un gran problema.

La falta de privaciones es perjudicial

Desde luego que, a corto plazo, es más fácil y conveniente asentir. Ceder soluciona el problema inmediato, pero crea otros mayores a largo plazo. Para comenzar, cuando se da gusto al niño para que no se enfade, aprenderá que poniéndose bravo o llorando logrará su voluntad.

Toda la aparente "felicidad" de los niños que lo tienen todo y a quienes casi nunca se les niega un deseo, se derrumba cuando se ven los resultados que ello trae para la formación de su carácter. Está visto que los menores en estas circunstancias no sólo viven frecuentemente inconformes sino que desarrollan hábitos de trabajo muy pobres, son inmaduros, no se esfuerzan y se caracterizan por ser personas mediocres e irresponsables.

Igualmente, los niños criados en estas circunstancias crecen creyéndose con derecho a todo y convencidos de que obtendrán lo que quieran, así trabajen o no para lograrlo, sin ninguna noción de la relación que hay entre el esfuerzo y el éxito.

El mundo que crean para sus hijos los padres que les dan gusto en todo es irreal. Por una parte, al crecer acostumbrados a que "todo les cae del cielo", no estarán preparados para luchar por satisfacer sus propias necesidades cuando posteriormente tengan que hacerlo. Típicamente se convertirán en adultos "buena vida" siempre esperando que la suerte los favorezca y exigiendo que los demás hagan todo por ellos. Es posible que algunos procuren seguir dependiendo de sus padres para todo, o que busquen salidas fáciles (la trampa, el oportunismo, etc.) para lograr lo que quieren.

Valores y actitudes equivocados

La vida en medio de tanta complacencia distorsiona los valores de los niños al llevarlos a concluir que las comodidades y el dinero para adquirirlas son lo primero (y a veces lo único importante) en la vida.

Además, esta extrema "generosidad" de los padres, lejos de promover la gratitud y colaboración de parte de los hijos, lleva a que se vuelvan insaciables, desagradecidos y desconsiderados con sus progenitores. Convencidos de que tienen derecho a que se les complazca, se enfurecen y hasta son groseros si no se hace su voluntad, con lo cual a menudo logran que los padres cedan ante sus demandas. Así, las exigencias de los menores son cada vez mayores y la paternidad se convierte en una labor frustrante e ingrata.

Muy posiblemente estos niños el día de mañana serán adultos inmaduros, egoístas y centrados en sí mismos, que vivirán para acumular bienes, comodidades y dinero. Criarán a sus hijos en igual forma, complaciéndolos excesivamente. En este sentido el materialismo imperante hoy es una "enfermedad hereditaria" que se pasa de una generación a otra a través del ejemplo. El materialismo no es tanto la fijación a las cosas como la fijación a adquirir cosas. Por esto los materialistas nunca están satisfechos. Tan pronto como logran una cosa quieren otra. Y es por eso también que los niños que tienen todo raramente cuidan sus pertenencias, pues lo importante para ellos es obtenerlas, no disfrutarlas.

> *La vida con demasiada complacencia y comodidades distorsiona los valores de los niños.*

Importancia de la frustración

Una de las mejores consecuencias de decir "no" es la adecuada dosis de frustración que les produce a los niños. La frustración, contrario a lo que los expertos aseguraron hace algunos años y a lo que muchos padres todavía creen, no sólo no les hace daño sino que una cierta cantidad es absolutamente esencial para la formación del carácter y la adquisición de las habilidades necesarias para triunfar en la vida.

La principal tarea de los padres es la de procurar que los hijos desarrollen las cualidades, destrezas y valores que les permitan abrirse el camino correcto en la vida. Esto exige que los hijos crezcan en un mundo consistente con la realidad que tendrán que vivir como adultos, la cual incluye, sin lugar a dudas, muchas frustraciones. Cuando se experimentan desde temprana edad, se podrá aprender a tolerarlas y se adquirirá la capacidad para superarlas sin desfallecer.

La frustración permite además que el ser humano desarrolle su creatividad y toda su capacidad de ser recursivo. Así mismo promueve la perseverancia porque lleva a la persona a hacer nuevos intentos y esfuerzos cuando las cosas no resultan como se esperaba. Es evidente que en cualquier campo de la vida, sea profesional, social, académico, marital, etc. las personas mejor equipadas son aquellas para quienes las cosas no han sido "color de rosa".

Pocas explicaciones

Una de las mayores dificultades para negarse a las demandas de los hijos es que hoy en día los menores exigen una explicación "válida y aceptable" para cualquier negativa de parte de sus padres. Tienen una sorprendente habilidad para argumentar las decisiones paternas que no consideran convenientes o apropiadas.

Simultáneamente, uno de los errores más usuales de los padres de hoy es creer que debemos darles explicación o justificación para todo. Las explicaciones muchas veces sobran. Los niños no pueden entender, (ni hay necesidad de que lo hagan) los puntos de vista de los adultos, precisamente porque son niños. Ninguna cantidad de palabras, por concisas, concretas o inteligentes que sean, llevarán a un menor a comprender que su papá tiene razón ante algo que le resulta desagradable para él (que se coma las verduras en lugar del helado). El niño entenderá la forma de pensar y la posición de los adultos cuando sea adulto y no hace falta que lo haga antes.

Además, al tratar de explicar y justificarnos, los padres damos pie a interminables discusiones. Y generalmente, entre más se le explique, con mayor terquedad el niño se aferrará a lo que quiere. Muchas cosas se tienen que hacer simplemente porque los padres así lo dicen, no importa cuánta desdicha les causen. Hay una diferencia radical entre un niño crónicamente desdichado y un niño temporalmente molesto o triste porque sus padres no lo complacen. Recordemos que los niños reaccionarán mal a muchas decisiones paternas que son para su beneficio; ¿a quién de nosotros en la niñez le gustaba tomar sopa en lugar de coca-cola, estudiar en lugar de jugar, o recoger regueros en lugar de mirar TV?

Está comprobado que una de las causas de muchos de los problemas de la juventud actual, es el exceso de comodidades, diversiones, y atenciones con que se están criando los hijos de la actual sociedad de consumo.

Lo que los niños necesitan es unos padres que los cuiden y los disciplinen, no que los complazcan. Nuestra meta no debe ser la de que los hijos comprendan y acepten con gusto nuestras decisiones como padres. Debe ser la de construir las bases necesarias para que eventualmente comprendan que lo más conveniente no es necesariamente lo más divertido, y tengan así criterios sólidos para tomar decisiones adecuadas. Se puede lograr esta meta estableciendo los precedentes apropiados, es decir haciendo lo que sabemos que es correcto a pesar de la infelicidad que ello pueda causarles en un momento dado.

> *Lo importante no es la reacción inmediata de los niños, sino los beneficios que su adecuada formación pueda reportarles.*

Lo importante no es preocuparnos por la reacción inmediata de los niños, sino por la conveniencia de nuestras decisiones para su bienestar a largo plazo, y los beneficios que su adecuada formación pueda reportarles. Nadie ha llegado a ser grande haciendo y teniendo lo que le da la gana.

Recordemos que hay una enorme diferencia entre estar contento y ser feliz. Lo primero es necesariamente temporal y se logra manteniéndonos entretenidos. Lo segundo puede ser eternamente perdurable y representar la diferencia entre gozar la vida y comprender la grandeza de vivir.

❆

¿Es perjudicial pegarle a los hijos?

Que tire la primera piedra el padre o la madre que no haya sentido alguna vez los más profundos deseos de darle una buena tunda a su hijo. Los niños, por mucho que los amemos, pueden ser tan necios, tan insoportables, tan desobedientes que a veces parece que la única forma de controlarlos es con una buena "palmada". Y muchas veces, así se hace en nombre del amor y de su buena educación.

Aún cuando afortunadamente el castigo físico a los menores cada vez es más universalmente condenado, todavía se escucha a algunos padres que afirman que lo que necesita un niño es "una buena golpiza o palmada" o que si se quiere formar un buen muchacho es indispensable darle una tunda de vez en cuando.

> *Al golpear a los niños se les maltrata emocionalmente. Si las palizas son frecuentes, el niño puede convencerse de que no vale nada.*

A pesar de que pegarle a un hijo para disciplinarlo no necesariamente traumatiza o lesiona irremediablemente a los hijos, son más las desventajas que los beneficios que se pueden obtener con este método de disciplina.

Muchas personas no conocen otra opción para disciplinar a los hijos que gritarles o golpearlos. Vale la pena tener en cuenta que la palabra disciplina viene de "discípulo", es decir implica aprender las enseñanzas de su maestro. La disciplina es por lo tanto un proceso de enseñanza mediante el cual se instruye a los hijos sobre las normas de conducta apropiadas y necesarias para seguir el camino apropiado. El objetivo fundamental de la disciplina es producir personas correctas y responsables. Esta enseñanza debe hacerse mediante métodos que fomenten el autocontrol en los hijos y les inviten a seguir las normas establecidas por la sociedad y por los padres porque nos aman, nos admiran y confían en nosotros, no porque nos temen. Recordemos que enseñar no es maltratar, y que golpear es una forma de maltrato.

Mal ejemplo
Quizás lo más perjudicial de pegarle a los niños es el mal ejemplo. Los niños aprenden observando a sus padres e imitando su comportamiento, y cuando los padres los golpeamos les estamos enseñando a que pegarle a otros es una

forma apropiada de resolver conflictos o de dominar a las personas inferiores. En otras palabras, se les incorpora en su código de conducta la información según la cual agredir físicamente a los demás es una alternativa permisible si las circunstancias lo ameritan. Por esto, no es sorprendente que ellos utilicen este mismo método y le peguen a sus hermanos menores o a sus amigos cuando necesiten defenderse o imponerse.

Es una forma de violencia

Los eventos que tienen lugar a nivel familiar son en buena parte responsables de lo que ocurre a nivel social. Y mucha de la violencia que estamos viendo en la sociedad es el resultado de la violencia que se ha vivido y aprendido en el hogar. Golpear en todos los casos es un acto violento porque maltrata a quien se golpea.

Así mismo, hay contradicciones muy grandes entre lo que queremos enseñarle a los hijos y lo que les enseñamos con nuestro ejemplo, como pegarles porque ellos le pegaron hermanito. Es decir, se les pretende inculcar que no está bien golpear a otros, pero los golpeamos para que aprendan a no hacerlo. Además, les enseñamos que esa es una forma apropiada de expresar la rabia con quienes superamos en fuerza y tamaño.

Puede causar lesiones graves

Si los padres nos permitimos golpear a los hijos "cuando se lo merecen" es posible que en algún momento lo hagamos injustamente, producto de la rabia que estamos sintiendo, o que perdamos el control y lo golpeemos demasiado fuerte causándoles una lesión grave. Muchos niños tienen que recibir atención médica u hospitalaria como resultado del descontrol de sus papás en el momento en que los castigan.

El remordimiento y la culpabilidad que se experimentan, cuando un pequeño sufre una herida delicada a consecuencia de un golpe bien intencionado que nosotros le hemos dado, es insoportable. Así que si queremos que nunca "se nos vaya la mano" y le causemos algún daño físico a los hijos, lo mejor es establecer que, por principio, no los sancionamos con agresiones corporales.

Es un abuso

Es fácil reconocer todo lo injusto y abusivo que es golpear a los niños cuando se observa a otros adultos hacerlo. Rara es la persona que no siente un gran desagrado cuando en la calle ve a un mayor pegándole a un niño, precisamente porque en ese momento es evidente cuán indefenso es el menor. Si un mayor golpea a otro éste puede defenderse o buscar protección. Pero un hijo pequeño no puede hacerlo y menos si se trata de su padre o madre.

Hace daño a los hijos y a los padres

Al golpear a los niños, no sólo se les causa dolor, sino que se les maltrata emocionalmente. Si las palizas o palmadas son frecuentes, el niño puede llegar a convencerse de que si merece ser lastimado es porque no vale nada, y esto hace que se convierta en una persona insegura, resentida y atemorizada, con un pobre concepto de sí misma. A la vez, cuando le pegamos al hijo y lo vemos llorar con verdadero dolor o sentimiento, el remordimiento nos hace sentir mal por lo que tratamos de compensar el daño proferido dándole algún premio o privilegio. Esto le causa un gran desconcierto y confusión al hijo, quien no entiende por qué lo castigan por comportarse mal, pero en seguida lo premian sin razón.

Deteriora la relación padre-hijo

Cuando los padres utilizan el castigo físico para educar a sus hijos, se van generando en los niños sentimientos de desprecio y de resentimiento hacia ellos, los cuales se mezclan con los sentimientos de amor. Estos sentimientos dificultan la tarea de los padres porque los niños no aceptan con gusto la guía de un padre por quien sienten miedo y rencor, a la vez que amor.

El doctor M. Gorot, famoso neuropsiquiatra francés y experto en la materia, asegura que "el niño odia a quienes le tiranizan, especialmente si son aquellos de quienes ellos espera apoyo y orientación". En otras palabras, el niño no se opone a la enseñanza, lo que rechaza es el método y la manipulación.

"A mi también me golpearon"

Uno de los argumentos frecuentes de quienes aún defienden la teoría de que golpear a los hijos puede ser apropiado y provechoso es que ellos mismos fueron castigados físicamente cuando niños y gracias a ello se convirtieron en adultos responsables.

Sin embargo, cuando se le pide a un adulto que recuerde una ocasión de su niñez en que fue golpeado por sus padres, generalmente lo que más recuerda es lo humillado, lo resentido y lo atropellado que se sintió. Además, así sea sólo una nalgada, en todos los casos es un acto violento, y en un mundo cargado de violencia, como el actual, está por de más educar a los hijos con métodos que ejemplifiquen tal comportamiento.

Igualmente, cuando los padres golpean a sus hijos se puede establecer en los niños una indeseable relación entre el amor y la violencia, que posteriormente se traduce en que se dejan maltratar de las personas que los aman porque creen que eso es parte de su afecto. Corroboran lo anterior los estudios realizados entre mujeres que son maltratadas por sus esposos, cuyas conclusiones indican que ellas son hijas de padres violentos que las maltrataron de niñas y por lo mismo aceptan los golpes como una conducta apropiada de parte de quienes las aman.

Amar no es maltratar

Una creencia errónea que es en buena parte la responsable de los malos tratos que damos a los hijos es el convencimiento de que ellos son nuestra propiedad y por lo tanto tenemos derecho a hacerles todo lo que se nos da la gana, incluyendo lastimarlos.

Las bofetadas, nalgadas o pellizcos son una forma de castigo efectivo que produce resultados inmediatos, ya que los niños generalmente obedecen ante el peligro de ser agredidos. Es un método disciplinario fácil, pero endeble, porque es más sencillo sacar la mano y pegarle a un niño desafiante, que hablarle con firmeza y tomar las medidas correctivas del caso.

No golpear a los hijos es difícil y exige mayor autocontrol y madurez de parte de los padres. Se necesita coraje para no darle una palmada a un pequeño cuando parece estarla pidiendo. Pero es preciso recordar que lo que el menor busca es el límite, y éste también se puede imponer con sanciones que no tengan riesgo de hacerles daño. No salir de la casa, no ir a jugar con el amigo, no tener derecho a mirar el programa de televisión, o retirarles cualquier otro privilegio, son opciones más adecuadas para enseñarles el comportamiento apropiado.

Golpear a los niños es un abuso y un atropello a su integridad. Nuestra labor como padres no es la de domesticar sino la de educar a los hijos, y la disciplina debe ser una enseñanza para tal fin. Este proceso debe cumplirse con métodos que respeten la dignidad y la integridad de los hijos, y golpearlos no es uno de ellos.

Mucho más se logra con el amor que con el dolor. De seguro que fue el amor de nuestros padres y no las palizas que nos pudieron haber dado, las que nos llevaron a desarrollar todo lo positivo que hay en nosotros. Como adultos debemos guiar a nuestros hijos con sabiduría, amor y firmeza, y educarlos dentro de los parámetros acordes con nuestros principios; y con seguridad que uno de ellos es condenar la violencia. De esta forma, ayudaremos a que la vida sea más armónica y amable, no solamente para ellos, sino para el mundo que los rodea.

Lo desventajoso de golpear a los hijos es que ...

• No promueve remordimiento. . . sino que crea resentimiento.

• No promueve respeto . . . sino desprecio.

• No promueve admiración . . . sino temor.

• No promueve deseos de enmendarse . . . sino deseos de vengarse.

• No promueve colaboración . . . sino hostilidad.

• No forma personas amables y correctas . . . sino personas amargadas y violentas.

LOS PREMIOS COMO METODO
DE DISCIPLINA

Los premios y los regalos son un método utilizado con frecuencia, y favorito de muchos padres, para procurar que los hijos se porten bien. A pesar de que este sistema para lograr que mejoren en sus estudios, para que modifiquen una conducta inapropiada o simplemente para que obedezcan, puede ser temporalmente efectivo, tiene grandes desventajas a mediano y a largo plazo.

Los premios son una sutil forma de chantaje mediante la cual se les establece a los menores que los padres estamos dispuestos a pagar por su buen comportamiento. En otras palabras, que el cumplimiento de su deber no debe ser gratuito sino que los padres lo tenemos que comprar.

Esto es exactamente lo que se les está diciendo a los hijos cuando ofrecemos comprarles una bicicleta si se dejan de comer las uñas, un helado si se dejan poner la vacuna, un juego de video si pasan el año sin problemas, o un carro si los admiten en la universidad. Así, si el regalo o premio son los suficientemente atractivos para el muchacho, cumple con nuestros deseos ante todo por ganar lo prometido.

Consecuencias perjudiciales

Además de la grave distorsión de principios que se establece en el niño, hay muchas otras consecuencias negativas del sistema de premios como método de disciplina. Una de ellas es que se da pie a que los niños se acostumbren a que sólo hacen las cosas por interés y que su colaboración siempre debe ser remunerada. Así, no es raro que con el tiempo los menores sólo hagan las cosas cuando se les den premios o regalos y que cada vez que se les solicite algo exijan alguna retribución.

Los premios igualmente pueden ser "inflacionarios". Si la retribución ofrecida o prometida ya no es lo suficientemente atractiva, hay que ir escalando en valor y en tamaño hasta encontrar uno que mueva al menor a actuar o a cambiar. Así mismo, es necesario ir subiendo el monto del premio para lograr el mismo resultado. La primera semana, es posible que la niña mantenga su habitación ordenada por el interés de ver una película o que la lleven a comer un helado. Pero a la semana siguiente, es posible que exija tres películas o un viaje al exterior si los padres quieren ver nuevamente su habitación organizada.

Además, los premios con frecuencia producen tan sólo un cambio temporal y los niños regresan al comportamiento o hábito inadecuado cierto tiempo después de que han logrado el regalo deseado, a menos de que se perpetúe el chantaje y se prometa despojarlo del artículo si las calificaciones vuelven a bajar o las uñas a desaparecer.

Los premios, no permiten que el niño asuma responsabilidades, pues se le enseña que él no tiene que ser responsable a menos que se le remunere por serlo.

Los premios, así mismo, no permiten que el niño asuma responsabilidades, pues con ellos se le enseña que él no tiene que ser responsable a menos que se le remunere por serlo. En estos casos son los padres quienes tienen la responsabilidad de los actos y las conductas de los hijos porque son ellos quienes tienen el poder o la autoridad para administrar los regalos que los deben mover a actuar.

No menos grave es el hecho de que con este sistema los niños aprenden que el buen comportamiento y el cumplimiento de las obligaciones son una forma de manipular para lograr nuevos juguetes, permisos, privilegios, etc.

Premios como reconocimiento

Desde luego que un regalo espontáneo dado ocasionalmente como reconocimiento a un buen acto, a un progreso destacado o a un determinado logro del niño puede ser muy adecuado y estimulante para los menores. Invitarlo a celebrar con un helado la condecoración que logró en el colegio o darle alguna cosa para indicar nuestra complacencia con su éxito en el campeonato deportivo, es algo muy distinto a los premios que se ofrecen anticipadamente y a condición de que se obtenga lo que nosotros esperamos.

Sin embargo, casi siempre la mejor recompensa para los niños es un sincero reconocimiento verbal de los padres. Cualquier frase estimulante que describa sencilla y sinceramente lo contentos que nos sentimos ante su progreso, ante su buena conducta o ante su ayuda y su colaboración, llega más profundamente y hace más bien que muchos regalos.

Las consecuencias sí enseñan

Una modificación substancial en la conducta o el comportamiento inadecuados de los niños y un decidido cumplimiento de su deber, más que con premios, se logra haciéndoles asumir y pagar las consecuencias de sus acciones o sus omisiones. Seguramente un niño hará un gran esfuerzo por dejar de orinarse en su cama (a menos de que haya un problema médico que lo impida) el día en que tenga que pasar la noche con sábanas mojadas, una pijama húmeda y mal oliente y al día siguiente tenga que ayudar a cambiar su cama; mejorará sus calificaciones el día que tenga que retirase del grupo de baile o no volver a ver su programa favorito de televisión para dedicar más tiempo a sus estudios; mantendrá su habitación ordenada el día que no pueda salir con sus amigas porque no tiene tiempo para limpiar y recoger todo su reguero antes de que vengan a buscarla; y se dejará vacunar tranquilo cuando no pueda ir a la casa de su amigo porque es peligroso que se contagie de la enfermedad contra la cual no se ha dejado vacunar.

Las consecuencias que trae su incumplimiento o su mal comportamiento deben ser conocidas por el niño anticipadamente y no se deben plantear como castigo impuesto por sus padres sino como una alternativa que ocurrirá si no cumple con lo que debe hacer. En esta forma son los menores los responsables de sus actos y quienes deciden su suerte dependiendo de si eligen o no cumplir con sus obligaciones.

> *No debemos comprar el buen comportamiento de los niños sino promoverlo, a base de hacerlos responder por sus actos.*

En resumen, es preciso tener en cuenta que no debemos comprar el buen comportamiento de los niños sino promoverlo, llevándolos a desarrollar un gran sentido de responsabilidad y un código de conducta que obedezca, no a los beneficios que pueden obtener con su conducta, sino a lo mucho que pueden llegar a ser como personas. Comprar cosas a los niños no les formará el carácter; disciplinarlos para que se autocontrolen y cumplan con su deber sí lo hará. Ayudarlos a que desarrollen un buen carácter a base de corregirlos con las sanciones correspondientes es lo mejor que podemos hacer por ellos. Recordemos que ser buenos padres no es cuestión de darles muchas cosas, sino de darnos nosotros como personas.

Los premios . . .

• Son una forma de manipular el comportamiento de los niños y lograr que se porten bien temporalmente.

• Llevan a los niños a actuar motivados únicamente por lo que pueden obtener.

• Promueven el egocentrismo porque así los menores sólo actúan para beneficio personal.

• Son una forma de manipular que lleva a que el buen comportamiento dependa de la retribución ofrecida.

• Mueven al niño a obedecer por conveniencia y no por convicción.

• El cumplimiento del deber se vuelve un medio desagradable para lograr un fin agradable como es un premio.

• Son producto del interés de los padres para que los hijos cumplan con nuestras expectativas.

• Son una forma de chantaje.

COMO LOGRAR QUE LOS HIJOS
SEAN RESPONSABLES

Quizá porque no se tiene mucha claridad sobre lo que realmente implica ser una persona responsable, es que a menudo los esfuerzos de los padres por lograr que los hijos desarrollen un alto sentido de responsabilidad son en vano.

En efecto, muchos consideran que un niño es responsable porque hace sus tareas, arregla su habitación o se come todo lo que se le sirve, lo que quiere decir que es un niño obediente mas no necesariamente que tomará decisiones responsables. Este es el caso de los niños a quienes siempre se les dice todo lo que deben y no deben hacer, y por lo tanto tienen pocas oportunidades para ejercitar su buen juicio, evaluar sus opciones y desarrollar criterios propios que los lleven a actuar porque así lo deciden y no porque se les impone.

> *Cuando los hijos no tienen que pagar por las consecuencias de sus decisiones, no aprenden de ellas.*

Ser responsable es mucho más que eso. La "respons-abilidad" o habilidad para responder, no es otra cosa que el proceso de escoger una conducta y responder por las consecuencias de tal decisión. Como seres humanos estamos permanentemente enfrentados a escoger qué hacer o no hacer, y cómo hacerlo. Es nuestra actitud frente a las consecuencias de tales decisiones la que determina si somos o no personas responsables.

Que los niños respondan

Los niños no nacen con un sentido de responsabilidad innato. Tampoco lo adquieren automáticamente con el paso de los años. La responsabilidad se logra poco a poco; y como todas las demás habilidades, debe practicarse para llegar a dominarse. Ninguna persona desarrolla una habilidad simplemente mirando a otros hacer las cosas por ella. Muchas horas de recibir información sobre cómo escribir a máquina o cómo conducir un auto no nos hacen diestros en la materia. Aprendemos cuando lo practicamos y cuando experimentamos las cosas personalmente.

Lo mismo ocurre con la responsabilidad. Es una habilidad que debe ejercitarse para dominarse. Y si los hijos no son responsables es precisamente porque sus padres respondemos más de la cuenta por sus acciones y sus omisiones. Cuando un menor decide dejar sus juguetes tirados es la madre, o quien lo está cuidando, la que sale corriendo a recuperarlos; cuando la niña olvida llevar abrigo al paseo, son el padre o la madre quienes se privan de su chaqueta para que la pequeña no tenga frío; o cuando el joven decide dejar su bicicleta en la calle y se la roban, son sus abuelos quienes la reponen. De tal manera que, cuando los hijos no tienen que pagar las consecuencias de sus decisiones, no aprenden de ellas.

Aprender a tomar decisiones

Tan importante como permitirles responder por los resultados de sus acciones, es promover que los niños aprendan a tomar decisiones. Cuando un niño no puede escoger la conducta a seguir sino que siempre debe hacer lo que se le ordene, mal puede exigírsele que sea responsable de las consecuencias de tales acciones.

Por ello, para promover un fuerte sentido de responsabilidad en los hijos hay que comenzar por desarrollar su capacidad de decisión. Desde pequeños se debe dar oportunidad a los niños para que elijan y decidan, dentro de ciertos parámetros preestablecidos por los padres (de acuerdo con su edad y circunstancias). Por ejemplo, para ejercitar la capacidad de decisión del niño a los 4 años, se le debe dar a escoger si quiere pan o tostadas para el desayuno, o si ponerse los zapatos rojos o los azules para salir al parque. A los 8 años se le debe permitir que decida si nos acompaña o no al mercado, o si quiere pertenecer al equipo de fútbol o al de volleyball de su colegio. A los 16 se le debe permitir que decida a qué horas apaga la luz de su habitación o qué materias electivas tomará en el nuevo año escolar, y así sucesivamente.

Motivados por un honesto deseo de que las cosas salgan bien, muchos padres decidimos todo por ellos, impidiendo que desarrollen criterios propios de selección. De esta forma no sólo debilitamos la confianza en sí mismos y en sus capacidades sino que empobrecemos el desarrollo de su sentido de responsabilidad. ¿Por qué van a responder por aquello que no fueron ellos quienes lo eligieron?

Cuando un menor está aprendiendo es posible que las cosas no le salgan tan bien como si lo hiciera de acuerdo con nuestras instrucciones, pero su maestría y dominio del asunto sólo mejorará si las practica y es él quien cosecha las consecuencias de una buena o mala decisión.

El ejemplo es definitivo

La responsabilidad no sólo hay que darla y permitir experimentarla, sino además modelarla. Si se desea que los hijos sean responsables, es preciso que los padres demuestren y observen una conducta igualmente responsable en todas sus acciones y decisiones.

El viejo adagio de "haz lo que yo digo más no lo que yo hago" perdió toda vigencia. Los menores de hoy no solamente imitan a sus padres sino que llegan al extremo - que no debe tolerarse - de exigir sus mismos derechos. Debemos establecer claramente que los padres, como personas con mayor jerarquía en la familia, tenemos privilegios de los cuales ellos no pueden gozar, como por ejemplo conducir un auto o acostarnos a altas horas de la noche. Pero lo que no podemos exigirles es que observen modales y principios que nosotros mismos no observamos. Difícil es que un padre obligue a su hijo a que asista puntualmente al colegio si él mismo no cumple con su asistencia al trabajo; o exigirle que llegue a tiempo cuando la madre a menudo llega tarde a su casa sin avisar que se demorará, o pretender que los hijos conduzcan el auto con cuidado cuando el padre lo hace embriagado.

Si tenemos en cuenta que los seres humanos se interesan y responden ante todo por lo que es valioso para ellos, la responsabilidad es también producto de un código sólido y estructurado de principios sociales, éticos y morales. De tal manera que la responsabilidad surge, se alimenta y se orienta por los valores que el niño capta en su hogar y en su comunidad.

Qué tanto aprenda el niño los valores que los padres desean inculcarle depende en gran parte de su relación con ellos. Los valores no se pueden imponer ni enseñar teóricamente. Los valores se captan y se vuelven parte de la vida de un hijo en virtud del afecto que lo une y la identificación que persigue con unos padres a quienes ama y admira. Si los padres hemos logrado desarrollar un gran vínculo de amor y de respeto con los hijos, muy posiblemente serán nuestros valores, entre ellos la responsabilidad, los que incorporarán y practicarán.

> *Los valores se captan y se vuelven parte de la vida de los hijos en virtud del afecto que los une con unos padres a quienes aman y admiran.*

CAPÍTULO III
CRECER ANTE LOS
PROBLEMAS COTIDIANOS

Los niños nunca se han destacado

por escuchar lo que les dicen sus padres;

pero nunca han dejado de tratar de imitarlos.

JAMES BALDWIN

LOS HOMBRES SI LLORAN

No es simplemente casualidad que aproximadamente el 70% de los suicidas, el 75% de los drogadictos y alcohólicos y el 85% de los criminales y antisociales pertenezcan al sexo masculino. Podría creerse que la madre naturaleza dotó a los hombres de una mayor capacidad destructiva que a las mujeres. Pero no es así. No es que la constitución o los impulsos innatos del "sexo fuerte" los hagan de hecho más propensos a la violencia o a la autodestrucción.

> *Las emociones y sentimientos negativos pierden su poder destructivo si se aceptan y expresan.*

Es una regla básica del comportamiento humano que todo acto violento está precedido por un sentimiento negativo, sea ira, intenso dolor, frustración, miedo, etc. Ocurre que las emociones negativas no expresadas producen un estado de opresión interna que aumenta a medida que se reprimen los sentimientos y pueden llevar al individuo a explotar descontroladamente con actos destructivos, llegando a extremos como el de herir mortalmente, sea con palabras o con acciones, a otros o incluso a sí mismo.

Pero los sentimientos negativos pierden su poder destructivo si se procesan, y para ello es necesario aceptarlos, validarlos y expresarlos. Y es ahí precisamente donde está el gran problema para el sexo masculino. La expectativa social de que "los hombres no lloran" que se les impone desde la niñez, va en contra de la naturaleza misma. Los hombres, al igual que las mujeres, están dotados de los órganos y la capacidad para derramar lágrimas. Llorar no es otra cosa que la respuesta física a un profundo sentimiento de dolor, de tristeza, de frustración y hasta de alegría, que se invalida en los hombres en aras de que el ideal masculino es macho y valiente, y por lo tanto no se expresa con llanto.

De tal manera que la mayoría de los hombres pasan su vida negando sus sentimientos de tristeza, dolor, compasión o aflicción, y pretendiendo que nada les afecta, para evitar que se les salgan las lágrimas, llegando a un punto en el que no sólo son incapaces de expresarlos, sino que ni siquiera puedan identificarlos.

La represión trae problemas

Debido a que los sentimientos de dolor o tristeza son emociones humanas, todos los seres humanos necesariamente las experimentamos. Las experiencias que vivimos alimentan nuestra mente y nuestro corazón en la misma forma en que los alimentos que consumimos alimentan nuestro cuerpo. Así como los alimentos son procesados por el sistema digestivo seleccionando los que el cuerpo necesita para nutrirse y eliminando aquellos que ya no cumplen ninguna finalidad, cuando sentimos alguna aflicción se puede decir que las lágrimas son la forma de eliminar la presión emocional que nos produce un determinado evento doloroso. En la misma forma en que la incapacidad de eliminar los desechos de los alimentos nos puede enfermar físicamente, la incapacidad de llorar nos puede alterar o enfermar mentalmente.

Los expertos en la conducta humana aseguran que en la mayor parte de los trastornos mentales está presente un estado de confusión del individuo, provocado, entre otros, por su incapacidad para validar y procesar profundas emociones que le afectan. Esta necesidad de convencerse de que siente algo distinto a lo que de verdad lo aflige, lo lleva a establecer y a vivir como reales una serie de creencias sobre sí mismo y los demás que no corresponden con la realidad y pueden provocar su desequilibrio psíquico y emocional.

Al bloquear y negar su aflicción, los hombres se inhabilitan para aceptar y expresar otros sentimientos como la ternura, el afecto o la compasión.

La alternativa para no expresar sus sentimientos de tristeza, sobre todo cuando son intensos, lleva a muchos hombres a racionalizar los eventos penosos tratando de convencerse que no tienen importancia. Así, los sentimientos reprimidos les producen una gran tensión emocional que muchos tratan de aliviar dopándose con el alcohol o la droga, y así lo manifiestan cuando se emborrachan para "ahogar sus penas".

Pero los sentimientos y emociones, sobre todo aquellos más fuertes y profundos, no se pueden desconectar súbitamente y por lo general sólo se logran diversificar. De tal manera que al no poder expresar el dolor o la tristeza con llanto, cuando los hombres están abatidos por una pena y no están bajo los efectos de algún narcótico, están furiosos, porque expresando rabia (una de las pocas emociones negativas que sí le está permitida al sexo masculino) desahogan su dolor. Por esto, un hombre afectado por un gran sufrimiento generalmente vive de muy mal genio.

Finalmente, como si fuera poco, al bloquear y obligarse a negar su aflicción, los hombres se inhabilitan también para aceptar, procesar y expresar otros sentimientos considerados poco "viriles" como son la ternura, el afecto o la compasión, y por eso mismo parecen fríos y distantes, muchas veces hasta con sus seres más queridos. De esta manera se alimenta esa actitud apática que caracteriza al hombre adulto y que se suma a esa indiferencia, propia de la era de la tecnología, donde lo que vale es lo práctico, lo tangible, lo productivo, es decir el hombre deshumanizado.

Vale la pena redefinir qué quiere decir macho, para entenderlo no como un hombre incapaz de conmoverse ante el dolor, sino como aquel que tiene la valentía de expresar lo que siente, diga lo que diga la sociedad. Lo que necesitamos son hombres que puedan sentir compasión por los que sufren, piedad por los desdichados y caridad por los desvalidos, para que luchen por el bienestar de todos sus congéneres. Y es esta la clase de "hombres machos" que los padres debemos aportar a nuestra sociedad.

CUANDO LOS NIÑOS ESTAN FURIOSOS

El manejo de un niño furioso puede ser desconcertante, exasperante y agobiante para los padres. En efecto, uno de los principales problemas que tenemos para manejar la rabia de los niños son los propios sentimientos de furia que automáticamente afloran en nosotros cuando los niños se ponen bravos.

Una razón para esta dificultad es que desde la infancia no se nos enseñó a aceptar la rabia como un sentimiento normal y que hace parte de nuestra condición humana. Por el contrario, generalmente se nos dijo que no debíamos estar de mal humor, que no había razón para ello, o que con eso no solucionábamos nada, estableciendo así que si nos sentíamos furiosos éramos malas personas o por lo menos inadecuadas. Por eso, a menudo nos sentimos culpables cuando estamos de mal humor o cuando expresamos nuestro disgusto.

Sería más fácil manejar la hostilidad y la furia de los niños si comenzamos por cambiar este absurdo concepto. Todos los sentimientos humanos son válidos como tales y, al negar o impedir la expresión de aquellos que causan desagrado, como la rabia, se da pie a nuevos y más serios problemas.

Expresan la rabia indirectamente

Cuando un niño teme expresar su mal genio directamente encuentra otros medios, por lo general inapropiados, para manifestar su hostilidad. Por ejemplo, la rabia del niño con sus padres puede ser expresada mediante agresiones a sus hermanos o a sus compañeros, o canalizada pisoteando los valores de sus padres y haciendo exactamente lo que más les puede molestar (no estudiar, fumar, usar malas palabras, etc.).

También hay menores que vuelcan sus sentimientos de furia contra sí mismos convirtiéndolos en asma, vómitos, dolores de cabeza, continuos accidentes o temores exagerados. La depresión es otra señal indirecta y suele ser el resultado de fuertes sentimientos de rabia no expresados hacia otros o hacia una situación, seguida de culpabilidad con respecto a tal persona y culminada con la represión de todas estas emociones indeseadas. Este proceso es inconsciente pero extremadamente dañino para quien lo experimenta.

Si un niño utiliza cualquiera de estos medios indirectos para expresar sus sentimientos hostiles, es indicativo de que no se siente libre para expresarlos directamente. Es preciso que los padres dirijamos entonces nuestras energías a buscar mecanismos aceptables para ayudarle a manifestar y manejar positivamente sus emociones negativas.

La meta no debe de ser la de reprimir o destruir los sentimientos de mal genio en los niños o en nosotros mismos, sino la de aceptarlos y canalizarlos en forma constructiva.

Para responder efectivamente a la furia de los niños es importante averiguar qué está generando tal sentimiento. La rabia puede ser un mecanismo de defensa para evitar sentimientos dolorosos; puede ser indicativo de que el niño se siente celoso, angustiado o frustrado; o puede también ser producto de sentimientos de ansiedad o angustia frente a situaciones que están fuera de su control.

Igualmente, la rabia puede ser resultado de la incapacidad para identificar y expresar otros sentimientos que se consideran "inapropiados". El miedo, la culpabilidad, el rechazo, la injusticia, el dolor o la humillación, son emociones que a menudo se convierten en furia que se descarga contra quienes nos rodean.

Aceptar y validar las emociones

Saber que la rabia cubre una emoción anterior permite aclarar este sentimiento y tomar medidas de acción para modificar la situación que la está produciendo. Por esto, en primer lugar es necesario aceptar y validar los sentimientos de rabia en los niños.

En otras palabras, lo primero es "darles permiso" de estar bravos y escuchar atentamente qué generó sus sentimientos: la frustración de no poder salir, el dolor de perder su juguete, la humillación de sentirse rechazado por sus amigos, la angustia de no estar preparado para el examen, o la tristeza por la muerte de su abuelo, etc.

La tendencia más generalizada de los padres cuando los hijos se ponen bravos es la de reprenderles porque se sientan así, o la de tratar de despojarlos del sentimiento

La tendencia de los padres cuando los hijos se ponen bravos es la de reprenderles porque se sientan así.

demostrándoles que su furia no es razonable o de nada servirá y que por lo mismo no deben sentirla, con lo cual se empeoran las cosas. A pesar de que no compartamos sus motivos para ponerse bravo, este sentimiento es válido para él y como tal hay que respetárselo.

Lo que hay que controlar no es la emoción, sino los actos hostiles de los niños, como reacción a sentirse furiosos, pero sin rechazar su sentimiento como tal. Es decir, se debe impedir que el niño le pegue a su hermano porque le rompió su juguete, pero no exigirle que no esté bravo con el pequeño porque lo hizo por accidente. El que no haya sido a propósito no hace menos doloroso para el niño el hecho de haber perdido el juguete.

> *Cuando los niños están bravos, debemos actuar movidos por un honesto interés de protegerlos y de enseñarles, no de manipularlos.*

Debemos tener en cuenta que hay muchas razones para que los niños se sientan bravos. Ejercer la paternidad implica necesariamente frustrar muchas veces a los niños. Lo que es bueno y apropiado para ellos es, por lo general, lo más desagradable o doloroso (estudiar, acostarse temprano, ordenar sus cosas, hacer tareas, etc.), lo cual lleva a que se sientan frustrados y bravos cuando deben seguir las instrucciones de los padres.

Si en lugar de razonar y reprender al niño tratamos de ponernos en su lugar y comprendemos que es desagradable para él, por ejemplo, tener que acostarse en lugar de mirar TV, al menos no tendrá que defenderse y podrá comenzar a procesar su rabia. Esto no quiere decir que le permitamos hacer lo que le dé la gana, sino simplemente sentir lo que siente.

El mal genio para manipular

Un caso distinto es el de los niños que usan la rabia para lograr lo que quieren y manipular a sus padres y a quienes les rodean. Hay menores que desde muy pequeños "son muy malhumorados", y a menudo se asegura que son así porque "... son igualitos a su papá".

Pero el mal genio no es una característica de personalidad que se hereda. Simplemente es una actitud que los niños copian de su padre o de su madre porque se dan cuenta de que, con su mal genio, logran controlar a los demás y que se haga su voluntad. Cuando el niño sabe que a él también sus rabietas le sirven para que los mayores le complazcan, lo sigue haciendo y para muchos se convierte en una conducta casi permanente.

En estos casos, lo más importante es comprender que el menor está tratando de manipularnos con su mal genio y que no debemos ceder para evitar que se disguste. Tenerle miedo a los hijos porque se ponen bravos es una limitación para educarlos, y si lo que queremos es su bienestar, no debemos complacerlos. Cuando el menor se dé cuenta de que no puede manejarnos con sus rabietas posiblemente dejará de hacerlo.

Expresarse sin hacer daño

Es importante enseñar a los niños la diferencia entre la rabia y la agresión. La rabia es un estado emocional temporal que se debe aceptar, mientras que la agresión es un intento de maltratar a alguien o a algo, lo cuál en ningún caso debe ser permisible. Es preciso establecerle muy claramente que la expresión de sus sentimientos de rabia nunca debe hacerle daño a nadie ni a nada.

Además, se puede enseñar a los niños formas aceptables para manifestar y desahogar su furia cuando la sienten. Patear un cojín viejo (a manera de "punching bag"), gritar con toda la fuerza en un lugar cerrado para no molestar a los demás, o pintar una figura que describa lo bravos que se sienten, son algunas ideas para ayudar al niño a que exprese sus emociones antagónicas sin lesionar a otros ni a sí mismo.

Cuando los niños están bravos, nuestras acciones deben estar motivadas por un honesto interés de protegerlos y de enseñarles, y no por un deseo de manipularlos para nuestra conveniencia o tranquilidad.

Es preciso tener en cuenta que comprender y aceptar sentimientos desagradables como la rabia no agrava las situaciones, sino que simplemente permite que se descubran y, así mismo, que se puedan manejar. Al trabajar constructivamente todos los sentimientos y emociones de los niños, aún aquellos que se consideran negativos, se les ayuda a apreciarse con todas sus ventajas y desventajas y en esta forma se fortalece su seguridad y su confianza en sí mismos, pilares de su salud emocional.

¿Por que los niños dicen mentiras?

Contadas son las personas de quienes se puede decir que virtualmente nunca dicen una mentira. Y aunque los adultos utilizamos a menudo lo que llamamos "mentiras blancas" para disculparnos cuando no queremos quedar mal, para salirnos de algún compromiso, y hasta para evadir una responsabilidad, nos enfurecemos con los hijos cuando nos dicen alguna mentira, por pequeña que sea.

Quizás porque lo tomamos como una ofensa personal e inmediatamente los juzgamos como personas deshonestas, los padres por lo general reaccionamos con mucha rabia cuando alguno de los hijos nos falta a la verdad. Las mentiras no necesariamente son una falta grave o "un pecado", pero sí un síntoma de que algo anda mal. Algunas de ellas son más bien intrascendentes, y otras lo que requieren es que nosotros hagamos algunos cambios en nuestra propia conducta o en la forma como abordamos el problema. Sin embargo, cuando un niño miente a menudo y sin necesidad, es preciso ir un poco más allá para atacar la causa y no el síntoma. Como hay muchas razones por las cuales los niños dicen mentiras, las medidas correctivas varían de acuerdo con cada caso.

No distinguen la verdad de la mentira
Para los niños menores de 5 ó 6 años de edad, la verdad no existe como tal. Ellos perciben los hechos de la vida y el mundo que los rodea en forma muy distinta a los adultos, y dicen por eso muchas cosas que para nosotros pueden ser una mentira pero para ellos no lo son.

Durante los años de infancia, la capacidad de soñar y de fantasear de los niños les hace adjudicarle poderes mágicos a cosas que no los tienen, así como creer que todo lo que ven o imaginan es realidad. De tal manera que cuando un pequeño asegura, por ejemplo, que vio al perro del vecino sacar sus alas y volar, o que fue su amigo quien dejó sus juguetes regados (cuando en realidad estaba jugando solo), puede estar diciendo la verdad, ya que tanto el perro como el amigo pueden ser imaginarios. Más que reprenderlo, hay que entender que todavía no tiene la capacidad de diferenciar lo que es realidad de lo que es producto de su imaginación.

Fantasías y sueños

Muchas veces los niños dicen mentiras, sobre todo como producto de sus fantasías sobre lo que sueñan con hacer o lograr. Aun cuando puede ocurrir en todas las edades, suele ser especialmente frecuente entre los 6 y 9 años de edad. En esta etapa los heroismos y las exageraciones para impresionar a los demás son parte del comportamiento cotidiano de los niños. "Yo metí 5 goles en el partido" (en un partido que terminó 2 a 1), o "atrapé un cucarrón más grande que mi mano y no me dio miedo", son historias típicas en esta etapa de la vida. Decirle al niño en estos casos que no sea mentiroso no le hará cambiar su conducta, pero sí lo hará sentirse mal. Lo importante es hacerle saber que comprendemos que lo que nos está contando es lo que le gustaría que hubiese ocurrido en la realidad, pero cuidándonos de no utilizar un lenguaje o una actitud que lo enjuicie o lo menosprecie.

Llamar la atención

Cuando los niños dicen mentiras a sabiendas de que los van a pillar, la razón no es otra que llamar la atención de su padres o superiores. Si los niños se sienten ignorados o que no se les reconoce por sus buenos actos, es posible que, inconscientemente, decidan hacer algo malo como decir una mentira, para lograr que les presten la atención que requieren. Para ellos es preferible recibir atención negativa (aun cuando sea un regaño) que pasar inadvertidos.

En estos casos la mejor forma de ayudar al niño es no dejándonos impresionar por la mentira, ni preguntándole por qué la dice, sino dando por hecho que sabemos que no dice la verdad, sin insultarlo ni despreciarlo. Encontrar una forma de darle la atención que precisa pero de una manera positiva, es decir señalándole algo que haya hecho bien, subrayándole algunas de sus cualidades, enfatizando sus habilidades, expresándole lo mucho que lo amamos, o pasando un rato con él, nos garantiza mucho más éxito que castigarlo o regañarlo por mentiroso.

Mal ejemplo de los padres

Muchas veces los niños mienten por que han sido enseñados a hacerlo por nosotros mismos. "Si esa llamada es para mí, digan que no estoy", es una de las "mentiras blancas o piadosas" que, a menudo, los padres pedimos a los hijos, so pretexto de que necesitamos una disculpa para evitar algo que no queremos hacer. Esta es la mejor manera de enseñarles que mentir es una forma para salir de algún aprieto o de eludir alguna responsabilidad.

Es muy difícil que los hijos sean honestos cuando los padres hacemos que se cuelen en una fila para entrar primero al teatro, que mientan sobre su edad para pagar mitad del valor de un boleto aéreo, o que le digan a la profesora que estábamos enfermos el día de la reunión del colegio porque nos dio pereza asistir. Los hijos copian los comportamientos y establecen su código moral de acuerdo con el ejemplo que los padres les damos. Así, cuando mentimos delante de los niños o les decimos que lo hagan por nosotros, les enseñamos a decir mentiras como un comportamiento apropiado en ciertas situaciones, y lo harán cuando también consideren que su condición lo justifica.

Miedo al castigo y demasiadas prohibiciones

Una razón más que con frecuencia lleva a los niños a decir mentiras es que los padres o profesores seamos excesivamente severos o crueles en las sanciones que les imponemos. El niño no va a querer decir la verdad cuando sabe que hacerlo puede acarrearle en problemas muy graves. Si por el contrario, sabe que su padre o superior lo reprenderá en forma razonable y no lo maltratará, es posible que tenga mayores incentivos para no faltar a la verdad.

Cuando mentimos delante de los niños o les decimos que lo hagan por nosotros, les enseñamos que decir mentiras está bien en ciertas situaciones.

Los hijos también suelen mentir cuando los padres les imponemos demasiadas prohibiciones. Cuando así ocurre, los niños posiblemente consideran que no tienen más remedio que decir mentiras para poder hacer algo de lo que sí pueden hacer compañeros o amigos. Por el contrario, cuando se les da el espacio y la libertad de actuar, dentro de normas y límites razonables, aprenden a responder por sus actos y se dan cuenta de que es importante ganarse nuestra confianza.

Baja autoestima e inseguridad

Más preocupante es el caso de aquellos niños que dicen mentiras con bastante frecuencia y aparentemente sin ninguna razón. Esta es la situación típica de niños o personas muy inseguras, que mienten porque se sienten inferiores y quieren convencer a los demás de que no son tan poca cosa como ellos mismos consideran que son. Es decir, estos niños no son otra cosa que niños que tratan de vender una buena imagen de sí mismos y engrandecerse ante los ojos de los demás, precisamente por las dudas tan grandes que tienen sobre su propio valor personal. Los niños con problemas de aprendizaje o con alguna limitación, quienes por lo general se sienten inadecuados, son un ejemplo típico de esto.

En estos casos, lo más apropiado no es vivir regañándolos y calificándolos de deshonestos y tramposos, porque lo único que así lograremos será confirmar su creencia de que son inaceptables y perpetuar el círculo vicioso de su inseguridad. Centrarnos en lo positivo que sí tienen, en sus fortalezas, y apreciar todo lo maravilloso que hay detrás de su falta de seguridad, los llevará a quererse como son y a no tener la necesidad de mentir para darse importancia.

Todos los seres humanos venimos dotados de muchas cualidades pero también podemos desarrollar muchos defectos. Los niños necesitan que les ayudemos a desarrollar lo mejor de sí mismos. Para ello es indispensable que perciban a los adultos, sobre todo a sus padres, como personas que los aman y aceptan, que están interesados en su bienestar, y que les ponen límites y normas sin denigrar su imagen ni menospreciar su personalidad. Cuando les damos buen ejemplo y nos concentramos en sus cualidades, fortalezas, virtudes y habilidades, es muy posible que crezcan y florezcan como personas buenas, correctas y honestas.

> *Los niños que mienten a menudo y sin razón, son niños que tratan de vender una buena imagen de sí mismos y de engrandecerse ante los demás.*

Para evitar las mentiras es preciso....

• No reaccionar impulsivamente cuando descubrimos que el niño ha dicho una mentira. Decir una mentira inofensiva no lo convierte en un "mitómano". La desconfianza y las reacciones exageradas sí lo pueden llevar a seguir mintiendo.

• No tratar de "cogerlos en la mentira". Cuando sabemos que el niño ha dicho algo que no es cierto, no se le debe preguntar "¿qué estabas haciendo?". Hay que decirle simplemente que lo vimos haciendo algo indebido y establecerle la sanción que tendrá por ello.

• Demostrar mucho aprecio cuando el niño ha dicho la verdad (a sabiendas del problema que le acarreará), enfatizando lo mucho que nos agrada su honestidad, no obstante lo que nos disguste lo que ha dicho o lo que ha hecho a escondidas.

• No atacar al niño, pero sí su conducta. ("Me molesta o me disgusta que me digas mentiras" en lugar de "eres un mentiroso"). El niño cree lo que los padres le dicen, y al estar convencido de que él es mentiroso, lo seguirá haciendo porque cree que no tiene remedio.

QUE HACER CON LAS PELEAS DE LOS HIJOS

Uno de los problemas más exasperantes para todos los padres son los conflictos y las hostilidades entre sus hijos, lo que desafortunadamente es un problema inevitable. Como cada uno de los niños desea el cariño y la atención exclusiva de sus padres, al verse forzados a compartirlos se generan continuos disgustos porque se sienten rivales. Además, la convivencia continua con otras personas naturalmente trae conflictos con ellas.

Los altercados entre los hijos son perfectamente normales y sus relaciones no pueden ser de una perfecta armonía, como lo desearíamos los padres. Lo peor es que, con nuestras amenazas y castigos para que no peleen, lo que logramos es que escondan sus verdaderos sentimientos pero sigan buscando agredirse.

Cuando los hijos empiezan a pelear, los padres por lo general comenzamos por suplicarles que no lo hagan; luego los reprendemos; luego los amenazamos; y por último tomamos partido alternando entre uno y otro, para acabar uniéndonos a la gritería y agregarle un miembro más al conflicto.

En las familias con varios hijos es inevitable que los hermanos peleen y es imposible eliminarlas del todo. Pero hay actitudes y medidas que los padres podemos tomar para ayudar a que nuestros hijos tengan mejores relaciones con sus hermanos y vivan lo más armónicamente posible.

Tratarlos con igualdad pero no como iguales

Los padres no podemos amar a todos los hijos de la misma forma, ni debemos tratar de hacerlo, pues cada uno es diferente. Los hijos son como las plantas de un jardín: todas son plantas pero todas son diferentes, y aunque todas necesitan mucho cuidado para florecer, cada una necesita una cantidad distinta de agua, sol y luz. Todos los hijos necesitan amor pero como son personas diferentes, cada uno lo necesita en una forma distinta para que verdaderamente cultive su corazón.

Como padres debemos reconocer este hecho fundamental y asegurarnos de que cada hijo reciba la clase de afecto, atención y estímulo que necesita en su caso particular. Cuando un niño se da cuenta de que sus padres le responden como individuo, adquiere seguridad y autoestima al ser valorado por sus características únicas, y no tiene la necesidad de agredir a los demás para sentirse especial.

Así mismo, es preciso tener en cuenta que por lo general nuestra personalidad compagina mejor con un hijo que con el otro. Nuestra tendencia como padres, sin embargo, es la de empeñarnos en cambiar al niño con quien tenemos menos "química" y tratar de forzarlo a ser como el hermano con quien sí nos llevamos bien, con lo que promovemos más rebeldía y resistencia del primero. Obviamente, esto también lleva a que las relaciones entre ellos se deterioren y tengan más conflictos.

Una forma de mejorar las relaciones con el "hijo problema" es dejando de considerarlo como tal, aceptándolo como una persona diferente y concentrándonos en sus aspectos positivos y su potencial. Al construir así una relación con base en estos activos, el hijo se siente apreciado tal cual es y dará lo mejor de sí mismo.

Es muy útil, por ejemplo, enseñarle a cada niño las ventajas de su posición en la familia - mayor, menor, intermedio, único hombre, única mujer - y hablar sobre los aspectos positivos de su edad o la etapa que viven en determinado momento. Al entender muchas de sus conductas y al sentirse reconciliados consigo mismos no cosecharán tantas rivalidades con los demás.

No compararlos ni obligarlos a compartir

Pocas cosas crean tanto resentimiento como comparar a los hijos. Lo hacemos generalmente para hacerles ver lo negativo de su comportamiento e intentando motivarlos a imitar a aquel que tiene todas las cualidades y atributos. Lejos de esto, cuando los comparamos sembramos antipatía y hostilidad entre ellos, que posteriormente desembocarán en un conflicto.

Una forma indirecta de comparar a los hijos es comentar orgullosamente sobre los éxitos o cualidades de uno en particular, ignorando a los demás en su presencia. Los hijos que no reciben ningún elogio se sienten menospreciados y buscarán la oportunidad de "vengarse" del hermano que si recibe aceptación.

Otro error frecuente es pretender de alguna manera que todos los hijos sean iguales y desalentar los talentos individuales. Los niños no se deben obligar a vestir igual, a tener los mismos amigos e intereses ni a compartir "hermanablemente" todas sus cosas. Cada uno debe tener la libertad de compartir o no lo que le pertenece. De esta forma, es posible que se respeten más y tengan mejores relaciones.

Obligarlos a estar juntos es otra forma de invitarlos a pelear. Los niños necesitan tiempo para estar y jugar solos o con sus propios amigos sin la interferencia de sus hermanos. Cuando se les obliga a incluir a sus hermanos menores en sus actividades, lo hacen de mala gana y pronto empiezan las peleas. Por el contrario, si se les deja estar aparte a ratos, estarán mejor dispuestos a compartir la compañía de sus hermanos en otros momentos. Por lo general, entre más se les permita a los hijos separarse e individualizarse, más unidos serán, mientras que si se les obliga a estar juntos y a compartirlo todo, mayor será su rivalidad.

Qué hacer cuando pelean

Es inevitable que los hermanos peleen y sientan celos unos de otros. Después de todo, cada uno quiere, a toda costa, tener un lugar privilegiado con sus padres. Hay medidas y conductas que, aún cuando no eliminan los celos y los altercados, sí disminuyen la frecuencia de los conflictos y ayudan a los padres a poderlos manejar de forma más positiva.

No intervenir

En principio, las peleas entre hermanos deben ser un problema de ellos, que deben enfrentar ellos solos. Muchas veces los niños pelean para llamar la atención de sus padres. Cuando por las buenas no logran que se les tenga en cuenta, ellos saben que no es sino darle un empujón al hermanito o tirar del pelo a su hermana para que papá suspenda las noticias o mamá deje el teléfono y le presten atención, aunque sea negativa.

Entre más se les permita a los hijos separarse e individualizarse más unidos serán.

Por esto, una forma para evitar que los niños peleen es no intervenir, ya que cuando así lo hacemos les reaseguramos que peleando logran la atención que buscan y por lo tanto lo seguirán haciendo. Además, cuando los dejamos resolver sus conflictos a solas aprenden a arreglárselas en situaciones en las que estén en una posición de inferioridad, así como a lograr acuerdos y a aceptar derrotas.

Si el problema no es tan grave que amerite nuestra intervención, lo mejor es mantenernos al margen. Si buscan nuestro apoyo hay que establecerles que esperamos que ellos mismos arreglen sus diferencias.

En lo posible, los padres debemos limitarnos a establecerles claramente los límites y las normas que deben regir sus peleas, y velar por su estricto cumplimiento. Por ejemplo, no está permitido golpearse o maltratarse con palabras vulgares, no se pueden tirar objetos, etc…

No buscar al culpable ni tomar partido

Usualmente nuestra primera reacción, cuando se presenta una pelea, es averiguar quién tuvo la culpa. La respuesta es obvia: para el uno fue culpa del otro y viceversa. Lo único que de seguro lograremos con esto es dar lugar a que los hijos aprendan a culpar a su hermano o a dar quejas para protegerse. Se ayuda más a los niños si los padres utilizamos nuestras energías para motivarlos a buscar una solución y no a un culpable.

> *Se ayuda más a los niños si los padres los motivamos a buscar una solución y no a un culpable.*

Tampoco es buena idea tomar partido en las peleas entre los hijos, lo que hacemos cuando respaldamos a uno. Nuestra tendencia es la de proteger a los más pequeños o a los más indefensos, y por eso generalmente nos ponemos de su lado. En esta forma los menores aprenden a aprovecharse de su situación y a hacerle a sus hermanos todo lo que se les antoje porque saben que su papá o su mamá los sacarán exentos del problema. Si un menor se mete en una pelea con un hermano mayor porque, por ejemplo, le toma las cosas sin su consentimiento, es bueno que se gane la reprimenda del mayor y aprenda a asumir las consecuencias de sus actos.

Otras veces son los hijos mayores los que atacan a los menores sin ninguna razón aparente. Por lo general el motivo desconocido de estos ataques son los celos. El mayor resiente los privilegios y atenciones especiales que recibe el hermanito y posiblemente no encuentra una forma más positiva de exteriorizarlo que atacándolo. Si este tipo de conflictos se presenta con frecuencia, lo más indicado es procurar darle un poco más de atención y mayor interés al hijo, que evidentemente se está sintiendo relegado a un segundo plano.

Sancionar

La mejor sanción para los niños que no pueden solucionar sus argumentos y siguen peleando es exigirles que se separen y que ni siquiera tengan derecho a hablarse por un tiempo determinado. Aunque los niños nos rueguen para que les permitamos reunirse de nuevo antes de que transcurra el tiempo establecido, es importante no ceder a sus súplicas. Así aprenderán que si no pueden relacionarse en términos amables, no podrán estar juntos por un tiempo.

El mejor antídoto: una buena autoestima

Al tener buenas relaciones consigo mismos, los niños proyectan este bienestar en sus relaciones con los demás. Por eso, procurar que los hijos tengan un buen concepto de sí mismos, que se valoren y que se aprecien, es la mejor forma para lograr que tengan buenas relaciones entre ellos. Si se sienten bien y satisfechos con lo que son, valorados y valiosos como son, no necesitarán mortificar o maltratar a sus hermanos para lograr ganar una posición destacada en la familia.

Una manera de hacer que los hijos sientan que son valiosos, es que cada uno de los padres le dedique un tiempo exclusivo a cada uno de ellos, sin hablar con los demás ni aceptar interrupciones de ninguna clase, incluído el teléfono. Los niños tendrán así la oportunidad de sentirse muy especiales. De esta forma no tienen que recurrir a mortificar a sus hermanos para airar el resentimiento de sentirse ignorados por sus padres.

El niño que está convencido de que es valioso no se siente amenazado por las cualidades de sus hermanos y por lo tanto no tiene que atacarlos. Puede compartir el afecto de sus padres porque está seguro de que tiene un lugar importante y único en nuestro corazón. Cuando cultivamos el amor por ellos, estamos cultivando el amor de ellos por los demás.

Desafortunadamente, no hay una fórmula mágica para lograr que los hijos tengan relaciones siempre cordiales y armoniosas. Atacarlos, prohibirles que peleen o sermonearlos sobre la importancia del amor fraternal, es un desgaste inútil de nuestras energías. Los conflictos también tienen aspectos positivos: con las peleas, los hijos tienen oportunidad de discutir sus diferencias, imponer sus criterios o llegar a acuerdos como hermanos. Además, la amistad también se forma al compás de las desavenencias.

Finalmente hay que tener en cuenta que lo mejor que podemos hacer por las relaciones entre los hijos es trabajar para que superen los obstáculos que dificultan su unión de manera que, cuando se necesiten, el camino esté libre de escollos y puedan abrazarse solidariamente como tanto lo deseamos.

Para enriquecer la relación entre los hijos es recomendable que los padres....

...evitemos las comparaciones, las preferencias o los favoritismos, tan frecuentes con los menores.

...respetemos y hagamos respetar la propiedad de los hijos sobre sus pertenencias, invitándolos pero no forzándolos a compartirlas.

...en lo posible, dejemos a los niños resolver sus conflictos a solas, interviniendo sólo si es preciso para establecer algunas normas de obligada observación durante las mismas (no golpearse, no maltratarse, etc.).

...no obliguemos a los mayores a responsabilizarse por sus hermanos menores. Tengamos muy presente que son hermanos, no padres substitutos.

...confiemos en la capacidad de los hijos para encontrar una solución a sus conflictos, evitando intervenir para encontrar al culpable o apoyar al más débil.

...tratemos a los hijos con igualdad pero no como iguales.

CUANDO LOS NIÑOS TIENEN MIEDO

Las máscaras, las brujas, los fantasmas, la oscuridad, los insectos, etc., se pueden convertir en terribles monstruos y asustar a los niños, especialmente a aquellos que son por lo general más miedosos. Además de la angustia propia de sentirse atemorizados ante una situación dada, los niños muchas veces tienen que enfrentar las burlas y reproches de sus compañeros, sus hermanos y hasta de los padres o mayores, lo que hace la situación aún más penosa para ellos.

Para ayudar a los niños a superar el miedo es preciso tener en cuenta que éste es una emoción resultante de sentirnos inseguros, amenazados o incapaces de enfrentar posibles peligros o situaciones que pueden hacernos daño. Cuando alguien se siente asustado es porque realmente cree que tiene el riesgo de sufrir una lesión o experiencia nociva para su bienestar.

Por lo general, cuando un menor se muestra temeroso, sobre todo si se trata de un hombre, se le reprocha y se le insiste que no debe sentirse así y que tiene que ser valiente. Sin embargo, cuando se le invalidan a los niños los sentimientos de miedo o temor, éstos no desaparecen, aunque finjan calma para complacer a sus padres o recobrar su imagen como personas valientes. Por el contrario, lo que se logra reprendiéndolo es que el niño afiance su angustia, a la que se suman profundos sentimientos de inferioridad por ser, además, un cobarde ante los ojos de los demás.

Miedo por abandono

Hay muchas razones que pueden ser la causa de los temores de un niño. El miedo a la oscuridad, por ejemplo, puede ser producto de una experiencia desagradable que el pequeño vincule con la misma. Pero también puede esconder una sensación de inseguridad, característica de los niños que no se sienten seguros del amor de sus padres. Entrar en un lugar sin luz representa para ellos estar solos y sin ningún control sobre el medio que los rodea, lo cual es muy asustador para un menor que se siente desamparado y que no cuenta con la protección paterna que requiere.

Sin embargo, es posible verificar si el niño simplemente le tiene aprehensión a la oscuridad o si su temor es al abandono. Si después de que varias veces se ha intentado acompañarlo con calma y serenidad, validándole sus sentimientos, conversándole tranquilamente y asegurándole que siempre estaremos listos para protegerlo contra cualquier peligro, su miedo no cede normalmente, es preciso reconocer que éste puede tener raíces más profundas. Su angustia no se relaciona con un determinado lugar oscuro sino con su propio temor a estar desprotegido.

El niño que se siente desamparado o mal atendido no se libra de sus miedos con razonamientos o regaños. Quizás la intimidación pueda lograr que entre solo a un lugar oscuro, pero no soluciona definitivamente su problema. Por el contrario, una dosis alta de amor paterno, expresada en términos de compañía, de atención y de interés incondicional en él o ella, es lo que más le puede ayudar a restablecer la confianza y el coraje que necesita para vencer el fantasma de la oscuridad.

Miedo por amenazas

Los padres nos valemos de muchos métodos para lograr que los hijos obedezcan, entre ellos la amenaza, que es uno de los más utilizados quizá porque erróneamente se cree que es menos perjudicial que castigarlos, golpearlos o gritarlos. Pero amenazarlos con personajes ficticios o reales (el coco, el ogro, el diablo, las brujas o hasta el mismo Dios), puede afectar profundamente la seguridad de los niños.

Además de ser muy cruel, este método es muy perjudicial para su estabilidad y sano desarrollo emocional. Para su bienestar, los niños necesitan sentirse seguros y libres de amenazas; en otras palabras, necesitan sentir que viven en un ambiente amable y que están protegidos contra todo peligro. Y esto no es lo que se les comunica cuando los mayores les afirmamos que vamos a invocar a personajes que les pueden hacer daño, para controlarlos.

Padres temerosos o sobreprotectores

La ansiedad y las inseguridades de los propios padres son con mucha frecuencia la causa principal para que los pequeños sean asustadizos y temerosos. En efecto, muchos padres contagian su aprensión a los hijos y los hacen vivir continuamente agobiados por el miedo cuando ellos mismos le tienen pánico a muchas cosas o cuando asumen a menudo una actitud fatalista y sobreprotectora. Esto hace que los niños perciban el mundo como un lugar lleno de terribles peligros.

Si se intimida al niño para que se enfrente a lo que teme es posible que lo haga contra su voluntad pero a precio de su propia y callada agonía.

Si los padres les advertimos continuamente a los niños que no salgan porque se enfrían, que no coman mucho porque se indigestan, que no corran porque se caen y se "abren la cabeza", que no jueguen con el palo porque se sacan un ojo, etc., llenamos al niño de angustias. Hay que tener ciertas precauciones y hacer algunas recomendaciones, pero no se debe centrar la atención en los aspectos negativos y los peligros de la vida, porque acabamos convirtiendo su existencia en un infierno.

Lo que no los ayuda

Cuando un niño es temeroso y se asusta con facilidad, lo más importante es no reprocharle por ser así. Si se le intimida para que se enfrente a aquello que teme o se le reta para que demuestre valentía, es posible que lo haga contra su voluntad motivado por el miedo al castigo o para defender su reputación, pero a precio de su propia y callada agonía.

El resultado puede ser que el niño comience a expresar sus sentimientos reprimidos a través de una marcada agresividad, una pérdida inexplicable del apetito, súbitas alteraciones del sueño o cualquier otra forma indirecta con la que se hacen manifiestas sus inquietudes internas que siguen sin resolverse.

Cómo ayudarlos

Para dejar de sentir miedo es necesario poder procesar el sentimiento, es decir, identificarlo, sentirlo y expresarlo. De tal manera que cuando un niño está atemorizado lo mejor es permitirle que diga qué lo está asustando y validarle lo que siente como verdadero para él, haciéndole ver que es natural y que todos los seres humanos en uno u otro momento experimentamos algún temor.

Si no tienen que dedicar sus energías a defenderse de los demás y acallar sus temores a la fuerza, los niños pueden concentrarse en evaluar tranquilamente la verdadera posibilidad de peligro y establecer formas efectivas de defenderse cuando se trata de una amenaza real.

Eliminar los miedos de un menor asustadizo no es un proceso rápido ni se logra mediante razonamientos, presiones o consejos. La mejor forma de ayudar a largo plazo a un niño temeroso a superar su "cobardía" es llevándolo a desarrollar los recursos y a confiar en las capacidades que todos los humanos tenemos para defendernos, así como presentarle el mundo que lo rodea como un lugar amable y con la protección que requiere para sobrevivir sanamente.

Cuando el pequeño está asustado es aconsejable...

...abrazarlo, tomarlo de la mano o hacerle cualquier otra caricia que le reconforte. Esta clase de contacto físico generalmente les ayuda a sentirse seguros y a recobrar la serenidad.

...evitar a toda costa reprenderlo o insistirle que no debe sentir miedo. Por el contrario, se debe procurar que perciba que comprendemos sus temores y que todos, a veces, nos sentimos asustados.

...no tratar de racionalizar sus temores dándole toda suerte de explicaciones y asegurándole que no hay nada que temer. Es más efectivo lidiar nuestros propios temores para poder actuar en forma tranquila y serena que le transmita al niño que nada malo le va a ocurrir.

...ser muy pacientes y no ponernos bravos cuando el niño insiste en que está asustado. Nuestra ansiedad por calmarlo pronto lo único que logra es aumentar su angustia y sus temores.

...no procurar cambiar lo que siente el niño sino cambiar la situación. En lugar de forzarlo a aceptar una cosa o situación que le asusta, demostrémosle comprensión y respeto por sus angustias e investiguemos qué razón puede estar llevando al niño a sentirse atemorizado.

...recordar que el afecto, las caricias, las palabras amables y la garantía de nuestro apoyo incondicional ante todas sus dificultades son los mejores antídotos contra los temores de los niños y a la vez los mejores ingredientes para fortalecer su seguridad y confianza en sus capacidades para defenderse.

LOS NIÑOS "INSOPORTABLES"

Un niño de carácter muy fuerte, exigente, que quiere ser permanentemente el centro de atención, que se frustra fácilmente y que a menudo no hace caso, es un hijo que sus padres generalmente consideran "insoportable". El reto que enfrentamos los padres de estos niños es el de subordinarlos sin desalentarlos, y llevarlos a obedecer sin lesionarlos física ni emocionalmente.

Pero lo que fácilmente puede ocurrir es que los padres que estamos en esta situación nos exasperamos con las demandas y desobediencia de estos hijos y manejamos la situación en forma muy emocional, empeorando las cosas, deteriorando nuestra relación y maltratando al menor.

El problema central de un menor "insoportable" es que tiene demasiada atención y por lo mismo exige demasiado. Esta circunstancia da pie a que se cree un círculo vicioso: acostumbrado a ser excesivamente complacido por el padre o la madre, hace exageradas demandas a los mismos, quienes inicialmente tratan de darle gusto para que no se contraríe y los deje tranquilos. Pero cuando sus exigencias van escalando, los padres comienzan a rogarle que colabore y se porte bien, cosa que el niño ignora. Como el menor continúa portándose cada vez peor para hacer que los padres cedan a sus demandas, ellos acaban perdiendo el control y le gritan o lo castigan asegurándole que los va a enloquecer, que son imposibles, que con ellos nada se puede "por las buenas", etc. Una vez que los padres recuperan la calma se sienten tan culpables por la forma como reaccionaron en su estado de desesperación, que tratan de congraciarse con el niño siendo nuevamente demasiado tolerantes, e iniciando otra vez el mismo ciclo.

Definir la jerarquía

Lo anterior va llevando a que el niño gane cada vez más terreno y sea cada vez más poderoso hasta llegar al punto de que es él o ella quien manda en la casa. Por eso, el primer paso para comenzar a solucionar los problemas con un niño de carácter difícil y demandante es el de definir muy claramente la jerarquía familiar.

Cada vez son más los padres que se quejan de que sus hijos son inmanejables y excesivamente voluntariosos e impositivos. Quizás lo que ocurre es que cada vez son más los hogares en los que los padres les tienen miedo a los niños y son éstos últimos quienes tienen el mando en su familia.

El niño inseguro trata de compensar su inestabilidad exigiendo cada vez más atención.

La jerarquía de la familia se ha ido perdiendo. La pareja ya no suele ser el eje central de la organización familiar sino que esta posición la ocupan muchas veces los hijos. Por tal razón, la familia es naturalmente inestable e incapaz de darle al niño la base sólida que requiere para desarrollarse percibiendo la seguridad que requiere para su tranquilidad y estabilidad emocional. El niño inseguro trata de compensar su inestabilidad pidiendo a gritos cada vez más atención. Y entre más atención reciba, más atención exige y más se deteriorará su comportamiento.

Los adultos deben ser las personas superiores de la familia y el centro del hogar. Son los hijos quienes deben girar alrededor de sus padres y no a la inversa. El Dr. John Rosemond, reconocido psicólogo americano, insiste en que el problema más serio en la familia actual es que los padres le ponen más atención a sus hijos que a su relación matrimonial, cuando debería ser todo lo contrario. Al centrar la atención en la pareja, es el niño quien debe atender a sus padres y quien tiene que ir al ritmo que ellos le indican. Esta actitud define la jerarquía, fortalece el respeto y despoja poco a poco al niño de su egocentrismo, a la vez que incrementa su disponibilidad para colaborar y lo lleva a desarrollar seguridad emocional en él mismo como resultado de no depender de la atención de sus padres para todo.

Disciplina clara, firme y consistente

La mayoría de los niños voluntariosos no son así por razones genéticas o por algún defecto de nacimiento, sino porque algunos de sus rasgos de temperamento hacen que tengan un carácter más difícil y sus padres se sienten tan intimidados por su personalidad que, por temor al conflicto, son excesivamente complacientes, inconsistentes y poco claros en su disciplina.

Entre más voluntarioso sea el niño, más necesita de límites muy bien definidos, consistentes y firmes. Para ello es recomendable que los padres comiencen por establecer y explicar a los hijos en forma muy clara, sin dudas, ruegos, ni vacilaciones, lo que se espera de ellos y el comportamiento que deben observar, así como las consecuencias que afrontarán si no hacen lo que se les ordena.

Como las reacciones emocionales y las exigencias de los niños voluntariosos son excesivas, las medidas disciplinarias también deben aplicarse en forma muy estricta con ellos, es decir, en ningún caso se debe ceder ni hacer ningún tipo de concesiones. La consistencia en los límites y normas disciplinarias implica que el padre o la madre actúe e imponga la sanción, prevista con anterioridad, tan pronto como el niño se porte mal. Por ninguna razón se le debe dar segundas oportunidades al niño, ni entrar en discusiones sobre lo apropiado o inapropiado de tal medida disciplinaria.

Ser firme y consistente exige además no dar muchas explicaciones. No hay necesidad de justificar ni explicar a los niños nuestros puntos de vista, porque ellos por lo general no podrán entenderlos (v.g. la importancia de comer verduras en lugar de chicles). Por mucho que se les hable, nuestras opiniones no serán comprendidas por el niño porque es un niño. Y cuando los padres tratan de explicar sus posiciones a lo que dan lugar es a que se entablen largas discusiones, que generalmente acaban en peleas porque el niño se concentra en defender su punto de vista. Por ello la única razón que siempre es válida e irrefutable es que las cosas son así porque el padre lo dice.

Igualmente, actitudes como los premios, las amenazas, los ruegos y las súplicas denotan una gran falta de firmeza que el niño aprovecha para tomarse el poder.

La consistencia implica mantenerse firme en sus disposiciones así el niño se siga resistiendo a ellas. El niño voluntarioso no cederá de un día para otro a las demandas del padre , y se necesita perseverar sin ceder para que el menor finalmente decida colaborar.

Hacer lo que toca, pase lo que pase

Para ejercer una disciplina efectiva es además importante tratar de conservar la calma en todo momento. Cuando el padre se enfurece y se descontrola, automáticamente es el niño quien lo controla, logrando así su cometido. Y como los niños voluntariosos son tan propensos a actuar muy emocionalmente, necesitan, más que ninguno, a un adulto tranquilo para dominarlos y hacerlos cumplir con su deber.

La tarea de los padres no es la de lograr que los niños acepten y comprendan todas nuestras decisiones mientras son niños. Debe ser la de construir las bases y darles las herramientas para que eventualmente se autocontrolen y opten por actuar correctamente. Y esto se logra sentando un precedente claro y haciendo lo que se considera correcto y apropiado para el hijo, por grande que sea la pena o el disgusto que le provoque.

En resumen, lo más grave de un niño con las características típicas de "insoportable" es la cantidad de poder que con su comportamiento va adquiriendo. Así que lo que es imperativo es que los padres recuperen ese poder para poder controlarlo. Ningún padre puede estar en una posición de servicio y sumisión a sus hijos y a la vez promover el desarrollo de su autocontrol. Al no ceder a sus exigencias el menor se verá forzado, lenta pero seguramente, a responder por su comportamiento y a controlar sus emociones.

La mayoría de los padres de niños "insoportables" aseguran que criar a sus hijos es la tarea más dura y difícil de la vida. Pero no tiene que serlo si somos los padres quienes tenemos el mando y si nos centramos en lograr que el niño acepte nuestra autoridad y no a la inversa.

¿Tiene usted un hijo "insoportable"?

• Su hijo o hija, ¿llora, grita o hace una pataleta cada vez que no se le da gusto en lo que quiere?

• ¿Se enfrenta con usted y permanentemente desafía su autoridad?

• ¿Le gusta ser centro de atención y se enfurece si no se la prestan?

• ¿Es agresivo con los hermanos y se pone celoso por la atención que ellos reciben?

• ¿A menudo hace cosas para provocar o fastidiar a sus hermanos o a sus padres?

• ¿Exige ser siempre el primero y que sus demandas se satisfagan inmediatamente?

• ¿Es poco colaborador, a menos de que sea para su beneficio?

• ¿Sus reacciones emocionales son exageradas y muy frecuentes?

• ¿Tiene poca tolerancia a la frustración y no acepta perder ni que se le diga "no"?

¿POR QUE ROBAN LOS NIÑOS?

No es raro que un niño aparezca eventualmente con cosas que no le pertenecen. A veces el deseo de tener algo es tan fuerte y la tentación es tan grande que simplemente lo llevan sin permiso de su dueño. Si esto es algo esporádico posiblemente no se trata de nada serio y basta con una reflexión de los padres y con hacer que devuelva lo que tomó - sin humillarlo - para que el hecho no vuelva a ocurrir.

¿Por qué roban?

El grado de consciencia de los niños respecto a la seriedad de su infracción cuando toman algo ajeno, depende desde luego de su edad y de su capacidad para comprender el concepto de honestidad. La comprensión de las normas morales requiere de cierto grado de madurez y desarrollo moral, que generalmente no se tiene hasta que no se ha llegado a la edad del "uso de razón", es decir los 7 años, que bien pueden ser 8 ó 9 para niños más inmaduros.

Los pequeños (menores de 5 años) a menudo se apropian de lo que no les pertenece porque no han aprendido a diferenciar bien entre lo "tuyo" y lo "mío". El problema no es otro que de falta de madurez. En estas edades los menores simplemente toman todo lo que les gusta asegurando que les pertenece porque así lo desean. En este caso no deben ser castigados sino simplemente se les debe aclarar que no les pertenece y obligarlos a que lo devuelvan.

La consciencia sólo comienza a tomar forma a partir de los 6 ó 7 años de edad, y aún en esta edad no distinguen definitivamente entre el bien y el mal, por lo cual requieren mucho apoyo de los padres y claridad sobre lo que se espera de ellos. En general los niños después de los 7 años comprenden las normas y saben qué se espera de ellos, pero actúan más por miedo al castigo que porque tengan criterios morales muy sólidos a los cuales se acojan.

Entre los 8 y los 12 años, robar y otras conductas "delictivas" (como hacer trampa o agredir) pueden ser más frecuentes. Una razón para ello es el deseo de los niños de superar a sus compañeros porque se sienten inferiores a ellos. En este caso el problema indica falta de seguridad y de autoestima más que ninguna otra cosa.

Para los adolescentes, quienes ya deben saber claramente lo que está bien y lo que está mal, robar puede ser una emocionante aventura o una forma de lograr la admiración de sus compañeros por su valentía al desafiar las normas morales, lo que suele ocurrir cuando tienen un concepto muy pobre de sí mismos. También puede ser una expresión de su rebeldía contra la autoridad o una forma inconsciente de desafiar a sus padres.

Un síntoma de algo más serio

Cuando un menor, que tiene uso de razón, roba en más de una ocasión, no se trata simplemente de un pecado sino de algo mucho más serio. El robo o el hurto pueden ser trastornos de conducta y no perversiones o corrupciones en su personalidad. Son por el contrario síntomas de un conflicto serio, profundo y delicado que no puede corregirse mediante regaños o castigos, y que tampoco cabe dentro del simple marco del bien y del mal.

Muchos niños roban, así como algunos pelean agresivamente, otros no rinden en los estudios y unos cuantos se mojan en la cama pasados los 6 años. Son síntomas, y no problemas en sí, de que algo anda mal y el subyacente problema es el que hay que descubrir para solucionarlo en forma definitiva.

El robo también puede ser una forma de rebelarse contra unos padres muy autoritarios y punitivos. Al sentirse incapaces de enfrentarlos, dado el gran temor que sienten por ellos, los niños sacan inconscientemente su resentimiento haciendo algo en contra de lo que es más importante para sus papás, es decir, violando sus principios morales.

> *El robo puede ser un síntoma de un conflicto serio, que no cabe dentro del simple marco del bien y del mal.*

Necesidad de amor

Con más frecuencia el robo repetido es un ciego deseo de ser amado. Cuando un niño se siente falto de afecto paterno, recurre al robo como forma inconsciente de pedir amor y atención. Esto es especialmente válido en niños cuyos padres pasan poco tiempo con ellos y compensan su ausencia llenándolos de regalos. Las cosas se convierten así en sustitutos del amor paterno, y cuando los menores sienten que necesitan afecto, recurren a tomar lo que no les pertenece para satisfacerlo. No saben por qué lo hacen, simplemente sienten el impulso de hacerlo. En este caso, el objeto robado no es necesariamente algo que desean o necesitan, y muchas veces no lo conservan, pero lo toman para compensar el vacío y el desamor del cual se sienten víctimas.

Así mismo, aun cuando en la adolescencia robar puede ser producto de un rechazo temporal de las normas paternas debido a su deseo de rebelarse para forjar su propia identidad, el robo frecuente y cuantioso puede ser un indicativo de que el joven está en problemas serios. Entre los síntomas de alerta que enumeran los expertos en drogadicción al referirse a los jóvenes, figura el robo de dinero u objetos de valor como una señal de que el muchacho está usando droga y necesita medios para adquirirla.

Qué pueden hacer los padres

Cuando nos enteramos de que el hijo está robando, los padres típicamente reaccionamos con preguntas tales como: "¿No sabes que robar es pecado?", "¿Acaso nos has visto robar alguna vez?", o "¿Después de todo lo que hemos hecho por ti y nos pagas así?".

Estas preguntas no solucionan nada, pero sí pueden empeorar las cosas. Generalmente el hijo no tiene consciencia de sus motivaciones. Sermonearlo y darle a entender que es un ladrón lo convence de que es una mala persona, lo que posiblemente lo lleva a seguir incurriendo en las mismas o en peores conductas. Como regla de oro, cualquier medida que ataque al niño, física o emocionalmente, es inapropiada y debe evitarse.

Como regla de oro, cualquier medida que hiera al niño, física o emocionalmente, es inapropiada y debe evitarse.

Un primer paso es ayudarlo a comprender el daño que ha causado a quien se ha visto despojado de su propiedad, y analizar la situación para encontrar el problema que le llevó a hacerlo. Por vergonzoso que sea, en todos los casos se debe obligar al hijo a que devuelva lo robado o lo reponga si lo ha consumido, perdido o destruido. Es imperativo ser firme al respecto y no aceptar justificaciones.

Adicionalmente se le deben explicar al hijo las consecuencias del robo, como son la vergüenza pública y la posibilidad de ser castigado o arrestado.

Si el niño niega que ha robado y el padre está totalmente seguro de que sí lo ha hecho, tampoco es buena idea insistirle en que confiese su falta y armarle una gran discusión. Expresarle firmemente que debe devolver lo robado, y manifestarle con respeto el disgusto que nos causa su acción, es mucho más efectivo. Al no atacarlo no tiene que defenderse y puede reflexionar sobre sus actos y, darse cuenta de que debe rectificarlos.

El ejemplo es vital

Finalmente, es importante tener en cuenta que la conciencia de los niños se va forjando como producto de lo que le enseñan y modelan los padres sobre lo que está bien o mal. Estos principios se van incorporando al sistema de valores de los hijos a medida que crecen. Nuestros controles internos como adultos fueron originalmente externos; en el curso de crecer y madurar, y a medida que nos identificamos con nuestros padres (o maestros), y aprendemos sobre las consecuencias de nuestros actos, adoptamos las normas y prohibiciones de nuestra religión y de nuestra sociedad.

Los padres debemos comprender que los niños menores de 10 ó 12 años no han tenido todavía el tiempo o la experiencia que les permitan establecer sus propios controles internos, y debemos hacer todo lo necesario para ofrecerles la ayuda externa que necesitan, comenzando por un ejemplo intachable.

A pesar de lo que prediquen, algunos padres le trasmiten a los niños la idea de que lo importante no es ser honesto sino parecerlo, y que lo imperativo es no dejarse pillar. Poca rectitud se le enseña al hijo cuando se le advierte que mienta sobre su edad porque hemos pagado la mitad del boleto aéreo para llevarlo de vacaciones; o cuando aprovechándose de las congestiones de un espectáculo público, camuflamos a los niños para no pagar por su entrada; o cuando nos llevamos las toallas, sábanas o almohadas de los hoteles; o cuando adulteramos los contadores de servicios para pagar menos o el espidómetro del auto para venderlo a un mejor precio.

Y si además los padres damos buenas razones para justificar nuestra deshonestidad, le enseñamos al hijo que el fin justifica los medios y que sí hay una buena causa se puede violar cualquier principio moral.

No es suficiente cuidarnos de observar un comportamiento moralmente impecable que sirva de modelo a los hijos. Cuando, por ejemplo, los hijos nos ven frecuentar amigos y saludar afectuosamente a personas cuya participación en estafas al erario público, robos o desfalcos en empresas privadas, o en cualquier otro acto ilegal, es de conocimiento público, pueden pensar que si apreciamos y acogemos a quienes son deshonestos no hay nada de malo en ello. Nuestra función no es la de insultar o castigar a estas personas, pero sí debemos aclararle a los hijos con palabras y con hechos que no compartimos sus mismos principios y que por lo mismo no estamos interesados en cultivar nuestra amistad con ellas.

Una buena relación es fundamental

Sin embargo, para que los hijos sigan el ejemplo de sus padres es fundamental establecer una buena relación con ellos, porque los niños copian los comportamientos de quienes admiran, y se identificarán con sus padres y sus principios solamente si así lo hacen. Una conducta intachable de parte de los padres, acompañada de mucho amor e interés por los hijos, es la mejor contribución que podemos hacer a su formación moral.

> *Una conducta intachable de parte de los padres, es la mejor contribución a su formación moral.*

Es imperativo recordar que los niños no roban por maldad, ni por vicio, ni por corrupción, sino generalmente por desdicha. Las leyes morales de los adultos no son válidas para un niño con problemas emocionales y él sólo las podrá aprender y aplicar cuando se libre de su necesidad inconsciente de robar. Pero hay que ayudarlos y no juzgarlos. Recordemos que lo importante no es que los niños sean un modelo de virtudes sino que desarrollen la madurez emocional, la solidez moral y las convicciones que los lleven a ser adultos virtuosos e incorruptibles.

LO NIÑOS ANTE LA MUERTE

Equivocadamente, muchos adultos consideran que no se les debe hablar a los niños sobre la muerte ni se les debe informar sobre la pérdida de personas muy allegadas a ellos, pues la infancia debe ser una etapa "feliz", es decir libre de esta clase de experiencias dolorosas. Esta expectativa es irreal. Siempre es posible que a algunos menores les toque vivir la pérdida de un ser querido a temprana edad, o simplemente que los niños sientan curiosidad por el tema y hagan preguntas al respecto.

Esconderle a un niño la realidad de la muerte y pretender librarlo de su dolor es iluso. No se protege a los niños ocultándoles la verdad, sino compartiendo información y experiencias con ellos para que aprendan a aceptar y a manejar los hechos de su vida, y la muerte como parte de ella.

No se protege a los niños ocultándoles la verdad, sino compartiendo con ellos experiencias que les enseñen a aceptar y a manejar los hechos dolorosos de la vida.

Los niños se sienten más seguros cuando se les explican las cosas y cuando los adultos que les rodean comparten abiertamente sus sentimientos y penas. Por eso, cuando los padres hablan en susurros y tratan de esconder la muerte de personas muy allegadas a la familia, los niños perciben que algo anda mal y se sienten confundidos, ansiosos y angustiados. Un menor posiblemente concluirá que la muerte debe ser algo terrible puesto que sus propios padres no se atreven ni a hablar sobre ella. Además, por principio cualquier cosa que se les esconde es más angustiante y confusa que lo que se discute abiertamente con ellos.

Por otro lado, una actitud de pánico y descontrol frente a la pérdida de un ser querido también puede ser perjudicial. La información sobre la muerte no tiene por qué ser desastrosa ni dramática. Si los padres enfrentan la muerte con miedo y desesperación, los niños así la percibirán. La muerte debe presentarse a los menores como una realidad, dolorosa para quienes quedan vivos, pero no como una pena absolutamente insoportable.

¿Qué decir?

Todas las preguntas e inquietudes de los menores respecto a la muerte deben contestarse con calma, claridad y veracidad. Por doloroso que sea, hay que aclararles que la muerte de una persona significa que nunca jamás volveremos a verla, porque ella ya no está viva, no respira, no se mueve, no escucha, no habla, ni tampoco duerme. Para explicarles claramente esta idea es bueno compararlo con la muerte de algún animal que ellos hayan presenciado (un perro, un pajarito, etc.).

También es importante aclararle a los menores que algunas personas mueren jóvenes debido a un accidente o una enfermedad, pero que la mayoría mueren cuando están viejas. Los niños deben saber que la muerte de una persona joven es una posibilidad mas no una probabilidad. Se le puede asegurar al niño que sus padres creen y esperan vivir muchos años y disfrutar de la vida con ellos por mucho tiempo, contribuyendo así a que crea en su propia longevidad y mire el futuro con optimismo. Sin embargo con la situación de violencia e inseguridad que vivimos actualmente, puede ser importante explicarles quién cuidaría de ellos en el improbable evento de que sus padres murieran antes de que ellos fuesen mayores de edad.

Muy inapropiado y perjudicial es mentirle a los niños y asegurarles que su abuelo o su mascota está durmiendo, se fue para otro lugar o partió para un largo viaje, cuando en realidad ha muerto. Por un lado esto lleva irremediablemente a que los menores pierdan la confianza en el padre que les dio esta información falsa, ya que algún día se enterarán que no fue verdad. Por otro, les puede llevar a desarrollar temores cuando sus padres hablan de salir de viaje o de ir a dormir, porque han visto que quienes lo han hecho nunca regresan.

Importante hacer el duelo

Los padres en general se sienten muy tranquilos cuando, ante la muerte de un miembro de la familia, el niño reacciona sin mucha tristeza, no habla ni pregunta mayor cosa al respecto y continúa alegre y tranquilo. Por el contrario, se angustian con el niño que llora, se porta mal, se ve deprimido y actúa retraído o agresivo. Pero el niño que aparentemente no está sufriendo con un evento doloroso es el que debe preocuparnos, pues su actitud indica que no está haciendo un proceso de duelo.

La muerte de una mascota suele ser el primer contacto de un niño con la muerte y, por dolorosa que sea, puede ser una experiencia formativa. Cuando esto ocurre, lo peor que puede hacerse es reemplazar la mascota inmediatamente con otra igual con la esperanza de que el niño no note la diferencia, o asegurarle que se la llevaron temporalmente a otro lugar. Lo más correcto es, por el contrario, permitir que el niño exprese todo su dolor para que así llore su pérdida. Los médicos, psicólogos y demás expertos en la conducta aseguran que no elaborar un duelo es muy perjudicial para la salud física y mental de las personas.

Usualmente un entierro, o cualquier otro ritual por el estilo, ayuda a los niños a elaborar ese duelo, en otras palabras a sentir, aceptar y expresar los intensos sentimientos de tristeza propios de cuando se pierde a alguien o algo que es valioso y apreciado por nosotros.

Con mucha frecuencia, la pena y el dolor por las pérdidas irremediables son manejadas por los adultos tratando de convencerse y de aparentar que no ha pasado nada o que aunque haya pasado "somos valientes" y por esto mismo seguimos adelante tranquilos y como si nada.

De los hombres, más que de las mujeres, se espera que sean "machos" y que no lloren ni expresen ningún dolor. No es raro, por lo tanto, que sean precisamente los hombres quienes con mayor frecuencia recurren al trago o a cualquier otra droga para "ahogar sus penas", es decir, para huir del dolor que les embarga pero que no pueden aceptar ni manifestar.

Expresar sentimientos de dolor no quiere decir que somos cobardes o débiles, e ignorarlos y pretender que no existen tampoco quiere decir que somos valientes o fuertes. Por el contrario, al reprimir estos sentimientos para no dejarlos ver, siguen allí "atascados" y es muy difícil encontrar la paz y conformidad necesarias para abrazar la vida con alegría. Las heridas del corazón, como las del cuerpo, no se curan ignorándolas y cubriéndolas para no verlas.

> *Las heridas del corazón, como las del cuerpo, no se curan ignorándolas y cubriéndolas para no verlas.*

Es importante tener en cuenta que ayudamos a los niños a hacer sus duelos cuando compartimos nuestros propios sentimientos de dolor con ellos y no tememos expresar nuestra tristeza. Es saludable para los niños no solamente llorar sus penas sino ver a sus padres llorar las propias. Además, compartir los sentimientos une a la familia y contribuye al proceso de recuperación.

Al manejar la pena de una muerte, aceptando su impacto tanto físico como emocional y espiritual, ayudamos a los niños a integrar sus sentimientos con los hechos de la vida, a aceptar las penas como se aceptan las dichas y a ver la muerte como una parte de la vida. Nuestra capacidad para lograr esto depende inevitablemente de la forma como nosotros mismos nos enfrentemos al dolor, de nuestra disponibilidad para aceptar las pérdidas, de nuestro coraje para seguir adelante con optimismo y de nuestra autenticidad para ser capaces de expresar lo que sentimos. Así, en la medida en que los adultos enfrentamos la vida y la muerte con dignidad, los niños aprenderán a hacerlo.

Cuando los niños han sufrido una pérdida grande...

• El proceso de duelo tiene cinco etapas que por lo general, aunque no siempre, se cumplen sucesivamente: negación, rabia, negociación, depresión y aceptación. Cuando un niño ha sufrido una gran pérdida su comportamiento se verá afectado por la etapa de duelo en que se encuentre.

• No se debe incitarlos para que se olviden de la pena y sigan adelante antes de completar su proceso de duelo. Cada persona tiene su propio ritmo para procesar las pérdidas importantes en su vida.

• Es importante decirles, que está bien sentirse tristes, furiosos o deprimidos. De lo contrario pretenderán que han aceptado la pérdida antes de que realmente lo hayan hecho.

• Se les debe permitir que los niños expresen sus sentimientos negativos y asegurarles que llorar no está mal ni significa que son unos cobardes, sino que son humanos.

• Cuando huyen de su pena y aparentan que nada ha pasado, hay que ayudarlos a aceptarla hablándoles sobre el difunto, sobre nuestro propio dolor y sobre lo duro que debe ser para ellos puesto que prefieren ignorarla.

• Recordemos que el sufrimiento es, ante todo, producto de nuestra incapacidad para aceptar el dolor.

LA TELEVISION PUEDE ENVENENAR
A LOS NIÑOS

¿Puede haber algo más absurdo que invitar a nuestra propia casa a pandilleros, prostitutas, asesinos, guerrilleros o narcotraficantes, a divertir a nuestros hijos contándoles los más azarosos episodios de sus vidas? Y aunque parezca increíble, esos son los personajes que están entreteniendo a los niños en su propio hogar a través de la "pantalla chica". Es sorprendente ver cómo los padres, que protegemos con esmero la integridad física de los niños, dejamos su integridad moral a merced de todos los "venenos" que les trae la TV, explicados y representados con lujo de detalles y a todo color.

> *Los niños están aprendiendo cómo comportarse y qué es lo importante en la vida a través de lo que les modelan los ídolos de la televisión.*

Tan peligrosa como la violencia y atrocidades que les muestran las películas, las novelas y los noticieros, es la tergiversación de los valores que lenta pero seguramente va logrando la TV, al insistir en el culto a la belleza física, el poderío de la riqueza, lo grandioso de la opulencia, lo divertido de los vicios, la comodidad de los preservativos, lo fascinante del amor libre, lo "chévere" de la obscenidad y la vulgaridad, y lo admirable de la astucia y la deshonestidad. Todo esto es especialmente grave para la audiencia de menores de edad que no tienen los criterios y la madurez para evaluar la credibilidad y validez de lo que se les está presentando.

Son alarmantes las secuelas que lo anterior está dejando en los niños. El consumismo de los menores ha sido escandalosamente alimentado por la publicidad y sus permanentes mensajes para motivarlos a comprar toda suerte de cosas innecesarias. La mujer ha sido reducida a un simple objeto sexual que se utiliza continuamente para todo propósito, desde para vender cualquier clase de producto hasta para seducir al enemigo. La rectitud y la bondad han quedado eliminadas por el creciente prestigio asignado a la audacia y la arrogancia como cualidades para alcanzar el éxito, gracias al modelo que plantean los protagonistas de la mayoría de las series y novelas. El individualismo y el facilismo han demeritado la importancia de la generosidad y del esfuerzo unido para el bien común, en virtud de la insistencia de las propagandas en que todo se puede lograr con dinero y que lo fundamental es el placer individual. La necesidad de estar permanentemente contentos y divertidos, como lo aseguran la publicidad y la trama de muchas comedias, ha contribuido a reducir la vida interior y la tolerancia a la frustración de las nuevas generaciones. La desconfianza y el miedo a nuestros semejantes, sembrados por la continua presentación de historias de la más cruda violencia y maldad, han adormecido la compasión y la solidaridad humana del corazón de nuestros hijos. La burla y el desprecio a la autoridad, producto de la ridiculización de que son objeto los adultos y sus creencias, tal como lo muestran los enlatados y dramatizados, han menoscabado el respeto y la devoción que merecen los padres. La familiarización con la muerte y el dolor humano como resultado de los crímenes y accidentes mortales presentados constantemente por las películas y los noticieros han llevado a los jóvenes a insensibilizarse ante la miseria de sus semejantes y a establecer que matar o morir pueden ser soluciones fáciles y factibles.

Lo que es más grave es que, hace algunos años la televisión representaba nuestras vidas, pero hoy en día las personas tratan de copiar la vida que representa la televisión. Y los niños están aprendiendo cómo comportarse y qué es lo importante en la vida a través de lo que les modelan los personajes con quienes comparten la mayor parte de su tiempo libre, es decir los ídolos de la televisión. En una cultura en la que la TV enaltece la vulgaridad y la ambición de Madonna, la opulencia y frivolidad de Michael Jackson, la decadencia y la vulgaridad de los Aterciopelados o la degeneración y la irreverencia de Dennise Rodman, para mencionar sólo unos pocos, son ellos quienes servirán de ejemplo para alimentar la formación moral y el alma de los niños. Y estos venenos sólo se pueden contrarrestar con el compromiso y decisión de los padres para eliminar el libre acceso de los menores a todo lo que pueda lesionar su desarrollo moral, entre ellos y en primer lugar a la televisión. Por el bien de los niños, es urgente limitar los programas a su disposición a aquellos que muestren y proclamen, ante todo, lo bello y lo positivo del mundo que nos rodea. Recordemos que es del alma de donde se desprenden los principios que gobernarán sus actos, y son éstos y no los conocimientos académicos, los que harán de ellos unas buenas personas, determinando su destino y por ende el nuestro.

¿QUE HACER CON LA TELEVISION?

A pesar de que es evidente que el uso indiscriminado de la televisión le está haciendo mucho daño a los hijos, el problema es que los padres no sabemos qué hacer para contrarrestar sus nefastos efectos. Nos consta que muchos de los programas que miran los menores los llenan de angustia, ansiedad y miedos, o les enseñan valores definitivamente contrarios a los principios que les queremos inculcar, pero nos sentimos incapaces de modificar la situación. Botar los televisores al cesto de la basura, o prohibir a los hijos que vuelvan a mirarlos, es tan absurdo como imposible, entre otras razones porque la TV es una realidad del mundo moderno y por lo mismo abolirla definitivamente suena tan ilógico como suprimir la luz eléctrica en nuestras casas.

A pesar de que los medios radiales y escritos publican muchos de los mismos hechos de los que presenta la televisión, los efectos de esta última tienen alcances muy superiores porque se trata de un medio audiovisual, que representa los eventos con una serie de ayudas (movimiento, sonido, color, tercera dimensión) que la convierten en una realidad capaz de involucrar a cualquiera. Y esto es precisamente lo que la hace tanto más peligrosa para los menores de edad. La televisión hace posible que los niños ahora capten y se enteren de una serie de situaciones o hechos alarmantes, sin apreciar ni comprender el contexto en que se desarrollan, ni sus implicaciones. En otras palabras, pone a su alcance una información que los menores, por su inmadurez, no pueden evaluar en cuanto su validez y credibilidad, y que además puede ser traumática porque su impacto es superior al que están capacitados para manejar.

Si produce dinero se presenta

En su importante libro sobre el tema "La violencia en los medios de comunicación" la doctora Madeleine Levine, Ph.D. anota que lo grave de la televisión es que, desafortunadamente, las personas a quienes se les ha confiado el trabajo de entretenernos e informarnos sobre los hechos del mundo a través de este medio son a la vez las mismas cuyo trabajo es lograr que veamos mucha televisión. Y el objetivo que rige la decisión de qué se presenta es ante todo el dinero que produzca, lo cual depende del "rating" que logren porque los anunciadores pautan su propaganda en los espacios que tienen mayor sintonía. No importa su contenido, sino simplemente que sean una vitrina muy concurrida para sus productos.

De tal manera que, disculpándose en que lo que muestran (promiscuidad sexual, uso de drogas y alcohol, asesinatos, guerrilla, etc.) es la realidad que vive el mundo actual, la TV presenta cada vez más escenas violentas, macabras e inmorales, a sabiendas de que éstas son solamente *una* realidad, muy dolorosa y perjudicial, pero no una forma de vida generalizada ni una alternativa apropiada, como lo está estableciendo en las mentes de nuestros hijos.

Otros efectos perjudiciales

Sin embargo, si tenemos en cuenta los estragos que la televisión está produciendo en las nuevas generaciones, será más fácil tomar las decisiones del caso. No se trata de eliminarla del todo, pero sí de implantar una serie de medidas para evitar que siga haciendo daño a nuestros hijos.

> *Mirar más de 8 horas semanales de TV puede atrofiar la creatividad de los niños y tener efectos negativos en el aprendizaje.*

Los efectos negativos de la TV no sólo se deben a lo que los niños ven, sino al excesivo número de horas que le dedican. Para muchos, la TV se ha convertido en un hábito, casi un vicio, al que destinan más tiempo que a cualquier otra actividad (estudiar, leer, jugar, etc.). Investigaciones recientes sobre el tema han mostrado que mirar más de 8 horas semanales de TV contribuye decididamente a atrofiar la creatividad de los niños y puede tener efectos negativos en el desarrollo del aprendizaje.

Además, por pasar tantas horas frente al televisor, los niños no tienen tiempo para relacionarse con sus semejantes, lo que puede dejarles un vacío afectivo que los conduzca eventualmente a huir del mismo a través de la droga, el alcohol o, en el peor de los casos, el suicidio. Finalmente, la saturación de avisos publicitarios está permitiendo que la imaginación de los menores televidentes sea manipulada por las grandes corporaciones y que sus sueños se hayan reducido a simples deseos de comprar y adquirir cosas.

La obligación de protegerlos del peligro

Es preciso tener muy presente que una de las principales obligaciones de los padres es proteger a los hijos contra todo aquello que les pueda perjudicar física, mental o moralmente, y el uso indiscriminado de la TV los está perjudicando. Si la finalidad de la TV se supone ser la de informar, educar y entretener sanamente a los televidentes, es nuestro deber determinar cuáles programas cumplen tal propósito. La televisión también tiene cosas muy buenas y debe ser una actividad a disposición de la familia para divertirse, educarse e informarse, lo que implica aprender a ver determinados programas, no a mirar sin ninguna discriminación lo que presenta. Esto requiere que los padres de familia estudiemos con cuidado, por anticipado, la programación semanal y decidamos qué programas son apropiados y cuánto tiempo podrán dedicarles.

Quitar la tentación

Sin embargo, pretender que los niños miren solamente lo que están autorizados, sobre todo después de que han estado acostumbrados a hacerlo sin ninguna restricción, requerirá que nos ideemos un mecanismo que les impida el libre acceso a estos aparatos. Así como una pistola, que puede ser útil en una casa para protegernos de los ladrones, no se puede dejar al alcance de un menor, dados los daños que puede causarle, un televisor tampoco debe dejársele a su disposición.

Esperar que los hijos dejen de mirar toda la basura que les gusta porque son obedientes, es como esperar que se sienten permanentemente frente una bandeja de su helado favorito y sólo se coman una pequeña porción al día, acatando las órdenes de sus padres. Dado lo grave que se han puesto las cosas con una programación cada vez más indecente, violenta e inmoral, por el bien de nuestros hijos va a ser necesario, además, limitar el número de televisores en la casa (uno o máximo dos), y tener una forma de impedir que los puedan encender sin autorización.

Así como una pistola, no se puede dejar al alcance de un menor, un televisor tampoco debe dejársele a su disposición.

Es cierto que los padres no podemos defender a los hijos de todo lo que vean en otras casas o de todo lo que los pueda perjudicar. Pero por lo menos protejámoslos de lo que sí está a nuestro alcance. No parece tarea fácil, pero será mucho más sencilla si tenemos en cuenta que para su bienestar y felicidad lo que los hijos necesitan es crecer en un ambiente sano, armonioso y estable, que no es propiamente el que ofrece la mayor parte de lo que presenta la televisión. De su salud mental y solidez moral dependerá que se conviertan en hombres de bien y vivan mucho más satisfechos que quienes pasan la mitad de su vida envenenándose y embobándose frente a un televisor.

CAPITULO IV
CRECER EN LA INFANCIA

No hay nada mejor, ni más fuerte,

ni más sano, ni más útil para el porvenir de una persona

que haberla llenado de buenos recuerdos durante su infancia.

F. DOSTOIEVSKI

EL VINCULO CON SU MADRE ES
VITAL PARA LOS BEBES

Los lazos de unión que forma el bebé con su madre desde el momento de su nacimiento, en virtud del amor y atención que recibe de ella, son tan decisivos para su bienestar físico, mental y emocional que los niños privados de suficiente amor materno pueden verse seriamente lesionados.

"El amor materno es... una garantía de vida o muerte para el niño que acaba de nacer", aseguró Eva Giberti, famosa psicóloga argentina al referirse a las conclusiones a las que llegaron hace 50 años los expertos que estudiaron las causas de la inexplicable muerte de cientos de niños huérfanos, físicamente sanos y bien atendidos en los mejores orfanatos de Europa y de Estados Unidos, poco después de la II Guerra Mundial.

Los estudios adelantados entonces alrededor de este abrumador fenómeno de muerte infantil demostraron que los bebés privados bruscamente de la madre y de su amor en los primeros años de vida padecían de lo que entonces llamaron "depresión anaclítica". Se estableció que los niños que se encontraban en asilos donde sus necesidades de alimentación, abrigo, sueño, atención médica y demás se satisfacían en forma adecuada, al no recibir atención individualizada por parte de su madre o alguien que hiciera las veces de figura materna estable, sufrían traumatismos irreparables, eran niños física y emocionalmente atrasados e inmaduros y hasta corrían el peligro de morir simplemente por sentirse afectivamente abandonados. El descubrimiento fue aterrador: la falta de amor materno podía llegar a matar a un niño.

El trascendental papel de la madre en la vida de sus hijos ha sido ampliamente reconocido. Sin embargo, sólo en los últimos tiempos se ha considerado la importancia que tiene en la vida y el desarrollo del hijo, la calidad del vínculo afectivo que forme con su madre desde sus primeras horas de nacido.

Es así como las teorías de John Bowlby, famoso etiologista inglés, a pesar de haber sido expuestas hace varias décadas, han cobrado gran importancia en los últimos tiempos. En 1936 este experto se interesó en los trastornos propios de los menores que eran criados en instituciones y quienes mostraban una variedad de problemas emocionales, incluyendo la incapacidad de formar relaciones íntimas y perdurables con sus semejantes. Anotó que tales niños no podían amar precisamente porque no habían tenido la oportunidad de desarrollar lazos afectivos con una figura materna en sus primeros años de vida, y que estos síntomas se repetían también en niños que crecían en hogares intactos pero sufrían separaciones prolongadas de sus madres o padres, o en aquellos cuyos padres estaban físicamente presentes pero emocionalmente ausentes.

Mecanismos para garantizar la supervivencia

Las observaciones de Bowlby llevaron a los estudiosos del tema a concluir que no se puede entender el desarrollo humano sin tener muy en cuenta la calidad del vínculo de unión entre la madre y el hijo. Su teoría etiológica sobre este vínculo establece que parte esencial del plan de desarrollo evolutivo del ser humano es que el bebé se apegue a una figura materna.

A causa de la incapacidad material de un bebé para satisfacer por sí mismo necesidades vitales que le garanticen su supervivencia, la posibilidad de ser abandonado es necesariamente la amenaza más seria a su vida. Según Bowlby, esta necesidad es tan real que el ser humano viene biológicamente dotado de una serie de comportamientos y respuestas innatas cuya función es la de promover y mantener fuertes vínculos de unión con sus padres. En otras palabras, para obtener la protección necesaria, los niños vienen biológicamente provistos de medios para procurarse la proximidad con su madre u otro adulto a cargo de su cuidado.

Llorar, sonreír, balbucear, agarrar, chupar, son algunos de estos mecanismos del bebé, que se conocen como "comportamientos de vinculación o apego". En efecto, el llanto del bebé es generalmente atendido por su madre o padre y hace que ellos lo miren y se le aproximen; de igual manera cuando el bebé sonríe o balbucea, la madre le da su atención e interactúa con él, todo lo cual va creando lazos de unión entre los dos, asegurándole al pequeño ese contacto que le es vital.

La salud mental del hijo se basa en los primeros vínculos con su madre.

Si las señales y comportamientos del bebé para vincularse son parte del plan biológico para su desarrollo socio-emocional, éste es mejor cuando la madre responde apropiadamente a sus llamados. De tal manera que corrobora una vez más que la atención de la madre tiene una influencia definitiva en el comportamiento y desarrollo de sus hijos.

Tres tipos de niños

Los estudios adelantados al respecto han concluido que básicamente se pueden distinguir tres tipos diferentes de comportamientos infantiles, resultantes de diferentes patrones de respuesta de las madres.

Por una parte, están los bebés cuyas madres responden consistente y rápidamente a sus llamados y que son acariciados por ellas cuando lo demandan. Estos niños forman sólidos vínculos de unión con sus madres, y contrario a lo que se cree, lloran poco, muestran buena confianza en sí mismos y son relativamente independientes a la edad de un año. Como resultado de lo anterior, el niño desarrolla la idea de que su madre es una persona accesible y que le responde, y tiene poco miedo a perderla por lo que los momentos de separación le resultan menos dolorosos. Sus reencuentros con la madre son positivos con abiertas manifestaciones de emoción por parte del pequeño. Igualmente, se determinó que los niños en estas circunstancias son más tranquilos ante situaciones y personas desconocidas ya que su confianza en la disponibilidad de sus madres les aseguran que la encontrarán para brindarles apoyo y consuelo cuando lo necesitan, lo que a su vez los hace más colaboradores y obedientes.

En el extremo opuesto están aquellas madres que generalmente ignoran las señales de llamado, que son poco tiernas y afectuosas o que tienen muy poco contacto físico con sus hijos pequeños. El resultado es que los vínculos de unión madre-hijo son pobres e inseguros. Si bien estos menores se apegan irremediablemente a sus madres, debido a la pobreza de su vínculo, son generalmente retraídos, asociables y huraños. Puesto que perciben a su madre como inaccesible y distante, no esperan su apoyo ni respuesta ante sus señales, lo que los hace desconfiados y reticentes ante nuevas situaciones. Típicamente, se sienten angustiados ante las separaciones pero no lo manifiestan y cuando se reúnen nuevamente con ella suelen ser poco expresivos y más bien distantes. Esta respuesta se ha interpretado como un mecanismo de defensa, porque a pesar de que el niño desea desesperadamente el contacto con la madre, siente miedo de acercarse y expresarle la rabia que le produce su indiferencia, precisamente porque teme ser rechazado o abandonado por ella.

El tercer grupo lo constituyen aquellos menores hijos de madres que responden, quizás cálidamente, pero sólo algunas veces y no cuando el pequeño lo pide y lo necesita. Cuando la madre es inconsistente en sus respuestas, así sea cariñosa y afectiva, los vínculos de unión madre-hijo son inseguros y temerosos. Esto lleva a que los pequeños generalmente exijan demasiada atención, sean dependientes y ansiosos, y lloren a menudo y con angustia como resultado de su necesidad de asegurarse una respuesta ante la incertidumbre de si serán o no atendidos por su madre. Las separaciones les resultan extremadamente dolorosas y en sus reencuentros con mamá generalmente lloran y se aferran a ella con desesperación. Son por lo general niños poco colaboradores y que exigen la atención permanente de la madre.

La presencia de la madre es vital

Todo lo anterior ha llevado a concluir que los menores necesitan percibir que pueden confiar en su madre como una persona accesible y que les responde en caso de necesidad, es decir como una base segura a partir de la cual se explora el mundo y a la cual se regresa o se recurre cuando se sienten amenazados. Esos primeros vínculos de unión madre-hijo son trascendentales en su aprendizaje y su conocimiento del mundo. Sólo los niños con un sólido apego a su madre o a una figura substituta que la reemplace cuando está ausente, están libres para descubrir sus alrededores y el efecto que el entorno puede tener sobre ellos, lo cual a su vez facilita un sano desarrollo intelectual y cognitivo.

Es difícil que una persona distinta a su mamá o a su papá pueda brindar a un bebé la atención, la ternura, y el cariño que le son indispensables. El ejercicio de la maternidad es esencial durante los primeros años de la vida del hijo puesto que su salud mental se basa en esas primeras vinculaciones entre la madre y el hijo. De ahí la importancia de que las madres hagan todo lo posible - y algo de lo imposible - para disponer del tiempo necesario durante por lo menos los dos o tres primeros años de sus hijos, y dedicarse primordialmente a su cuidado. De no ser esto posible, es imperativo buscar personas u organizaciones profesionales que le garanticen la atención individual y personal que precisa su bebé cuando ellas no están, ya que de ello depende en buena parte su futuro.

En la sociedad actual agobiada por problemas de desintegración familiar, en muchos casos producto de los trastornos emocionales y de la incapacidad de las personas para mantener relaciones interpersonales sanas, perdurables y estables, es preciso hacer lo que sea necesario por asegurarnos de que los primeros vínculos con nuestros hijos tengan bases sólidas y positivas. Recordemos que nada es tan valioso para un hijo como que se le brinde el cuidado y consagración personal de quienes hemos asumido la responsabilidad de traerlo al mundo.

JUGAR ES FUNDAMENTAL
PARA LOS NIÑOS

Aunque parezca increíble, hoy en día los niños de las clases más favorecidas ya no pueden jugar, no por las limitaciones económicas de su familia, como puede ser el caso de los menores de clases de bajos ingresos, sino porque se les han organizado tantas actividades recreativas, deportivas y educativas que ya no tienen el tiempo para divertirse libremente.

Una sociedad cada vez más industrializada y tecnificada en la que es necesario que sus miembros desarrollen cada vez mayores conocimientos y habilidades para estar a tono con las invenciones y exigencias de tales avances,

> *Las horas libres de los niños dejaron de ser un rato de expansión para convertirse en una carrera maratónica contra el reloj.*

es quizás una de las principales razones por las que los niños de hoy dispongan cada vez de menos tiempo para jugar libre y tranquilamente. Los padres, con la mejor intención, creen que inscribiéndolos en todas las llamadas "actividades extracurriculares" y poniéndolos en cuantas clases hay, les están dando mayores oportunidades y preparándolos para el futuro. Pero en realidad, lejos de favorecerlos se les puede estar perjudicando.

Las horas libres que tenían los niños después del colegio dejaron de ser un rato de expansión y descanso para convertirse en una carrera maratónica, en la que se les acosa, regaña y empuja para que alcancen a cumplir con su atiborrado horario. Este agobiante estilo de vida es una de las principales razones por la que muchos niños están sufriendo de estrés y de toda suerte de afecciones resultantes de tal condición.

Además, como ahora los juegos y deportes infantiles son organizados y controlados por los adultos, los niños ya no pueden escoger qué quieren jugar y qué debe hacer cada cual. De tal manera que las actividades deportivas en que antes participaban con entusiasmo han perdido su interés y se vuelven a menudo una pesada y desagradable imposición. Los colegios, los clubes y hasta los barrios tienen ahora entrenadores o adultos a cargo de recrear a los niños, que dirigen las actividades, en las que los menores participan muy a su pesar.

Pero tal vez el peor perjuicio de mantener a los niños tan ocupados, es que se les está robando un tiempo precioso y preciso para jugar. En su afán para que los hijos tengan mayores conocimientos y habilidades, se les está privando del espacio necesario para desarrollar su creatividad, soñar, fantasear, imitar, reír y gozar a través de sus juegos. Muchas veces desde los 6 meses de edad ya empiezan las clases, que van desde gimnasia para bebés, y natación para estimular la coordinación motora, hasta idiomas para que puedan entrar al colegio bilingüe, tenis para que no se queden atrás, karate para que sepan defenderse, baile para que dejen la timidez, música para que tengan buena voz, patinaje, magia, modelaje, etc.

Importancia del juego libre

Hay muchos adultos que ignoran que la actividad esencial y central de la niñez es precisamente la de jugar libremente. El juego libre tiene contribuciones muy importantes al sano desarrollo personal y social de las personas, tanto que los historiadores y antropólogos han encontrado que el juego fue una actividad común en las sociedades más antiguas y primitivas.

El juego se puede definir como una serie de actividades voluntarias que divierten y se ejecutan sin razón u objetivo específico alguno distinto al de distraerse y pasar un rato agradable.

Durante los primeros años, el juego del niño se limita al simple manipuleo de objetos, partes de su cuerpo o juguetes, pasando luego a la exploración de las propiedades únicas de los mismos, para más tarde entrar en los juegos imaginarios más complejos que exigen comportamientos más elaborados y mediante los cuales se da rienda suelta a la imaginación y creatividad de los menores.

Está comprobado que el juego libre es vital para el sano desarrollo físico y emocional de los niños, y entre sus ventajas se han destacado las siguientes:

El juego ejercita habilidades que el niño necesita dominar para convertirse en un adulto competente. Es una experiencia multidimensional que involucra todo el equipo perceptual, motor, sensorial y cognitivo del niño. Además, a través del juego los niños exploran sus ambientes, aprenden actividades esenciales para desarrollar habilidades sociales, las pueden practicar y, en general, fortalecen todas las facultades que les permiten desarrollar su potencial.

Muchos juegos, especialmente los que involucran exploración, son un vehículo de estimulación cognitiva. Jean Piaget fue uno de los primeros en anotar cómo a través del juego los niños hacen descubrimientos motrices y sensoriales en cuanto a tamaños y formas, dirección y rumbo, texturas y peso de los objetos que manipulan. Al realizar tales juegos los niños manejan, identifican, ordenan, clasifican, comparan y miden objetos. Cuando construyen y destruyen castillos, fuertes, casas, cuevas y otros espacios, los menores aprenden sobre el peso, altura, volumen y resistencia de los objetos utilizados.

El juego prepara a los niños para la vida pero en sus propios términos. Cuando juegan se experimentan a sí mismos como los dirigentes activos en sus ambientes. En la familia y en el colegio, se les indica u ordena a los menores lo que deben hacer de acuerdo con las normas preestablecidas. Pero en el mundo del juego son ellos quienes libremente deciden cómo y qué hacer.

El juego ofrece oportunidades para ensayar roles de adulto en un proceso llamado socialización anticipatoria. Cuando juegan a la casa, al colegio, a la tienda o al médico, los niños ensayan roles como padres, como esposos, como comerciantes o como profesionales. A través de estos juegos los niños exploran y pueden comprender parte del mundo de los adultos. Y es mediante estos juegos y fantasías que los niños comienzan a comprender cosas que de otra forma seguirían siendo muy confusas, tales como los cambios temperamentales de los adultos, las dificultades en las relaciones interpersonales y la importancia de tener en cuenta las opiniones y las necesidades de los demás.

Una cantidad suficiente de juego libre durante la infancia es trascendental para desarrollar la personalidad y las relaciones sociales de los niños.

El juego ayuda a desarrollar una personalidad equilibrada y sanas relaciones interpersonales. Varios estudios recientes han demostrado que una cantidad suficiente de juego libre durante la infancia es trascendental para el desarrollo de la personalidad y las relaciones sociales de los niños. Se ha podido comprobar que los niños que tienen más oportunidades de jugar libremente con sus compañeros desarrollan mejores relaciones interpersonales, son más populares y tienen más facilidad para asumir diferentes roles en la vida, porque a través de los juegos los menores aprenden a respetar turnos, a resolver amigablemente las diferencias con otros, a comprender la importancia de colaborar, a trabajar en grupo, así como a establecer las bases y condiciones para sus propias relaciones interpersonales.

El juego enseña a los niños la importancia de divertirse y de tener sentido del humor. Es decir, prepara a los niños para convertirse en adultos capaces de gozar, de reírse y de disfrutar ratos de expansión informal. Un juego libre muchas veces ofrece la oportunidad para reírnos de nuestras propias fallas, reconocer nuestros errores y gozar con nuestras limitaciones.

El juego permite a los niños expresar y aprender a manejar sentimientos de temor, miedo e inseguridad. A través del juego los niños pueden expresar sin miedo aquellos sentimientos o pensamientos que les producen angustia y ansiedad. En muchos juegos los menores tienen oportunidad de enfrentarse a tales temores, expresar su rabia o dolor con los mayores sin riesgo a ser censurados por ellos y, a través de sus episodios imaginarios, confrontar tales angustias o emociones y, muchas veces, superarlas.

Lo mejor es enemigo de lo bueno

Desafortunadamente, durante los últimos años se han colocado infinidad de obstáculos al deseo innato de los niños para expresar su imaginación y crecer a través del juego libre. Muchos adultos, convencidos de que lo único importante es lo productivo y lo que da rendimientos tangibles, tienden a ver el juego de los niños como algo trivial o como una "perdedera de tiempo". Sin embargo, sí los estimulan y apoyan para que se sienten frente a un televisor y así "no molesten". De tal manera que los menores pasan sus horas libres sentados pasivamente frente a imágenes frías, distantes y generalmente nocivas, con lo cual su imaginación se atrofia y con ella su creatividad, su curiosidad, y su capacidad de soñar y de gozar activamente.

Igualmente, hoy en día en lugar de permitir a los niños que tengan oportunidades para hacer y crear sus propios juguetes (un caballo con un palo de escoba, un telescopio con un rollo de papel, etc.), se les llena de juguetes producidos masivamente que hacen de todo (pitan, caminan, encienden luces) y les permiten poca imaginación, además de que exigen que se usen en una forma única y determinada.

Contrario a lo que cabría esperarse, los niños de hoy se quejan más que nunca de estar aburridos y de que no tienen "nada que hacer". Demasiados juguetes y actividades están anulando la habilidad de los menores para conocerse, disfrutar de estar solos y entretenerse creativamente. Además, los niños no están pudiendo decidir qué hacer precisamente porque se ven sofocados y aturdidos por el exceso de opciones a su disposición y por su incapacidad para pensar cómo divertirse, ya que la mayor parte de su tiempo están ocupados en múltiples actividades, clases, entrenamientos, etc.

En resumen, parece que por darles a los hijos las oportunidades que nosotros no tuvimos, les estamos dejando de dar lo más maravilloso que sí tuvimos: el tiempo y espacio necesarios para jugar a nuestras anchas. Recordemos que lo mejor es enemigo de lo bueno, y devolvámosles a los hijos la oportunidad de vivir una niñez plena, libre de ansiedades, de angustias y de afanes.

Nuestra función como padres es la de procurar que los niños desarrollen las capacidades, destrezas y habilidades que les lleven a ser adultos capaces de valerse por sí mismos y de labrar su propia felicidad, y para ello es fundamental que puedan jugar libremente.

LOS CELOS ANTE LA LLEGADA
DEL BEBE

¿Qué tal que viviéramos en una sociedad bigámica y un buen día nuestro cónyuge nos anunciara que, como está tan contento con nosotros y somos tan maravillosas, va a conseguir una segunda esposa? ¿Y que además nos dijera que la tendremos que querer y cuidar mucho porque es más indefensa que nosotros? Sólo imaginarse lo que tal noticia provocaría en nosotros debe ser suficiente para darnos cuenta de que la llegada de un hermanito, con el que nuestros hijos tendrán que compartir el cariño y la atención de papá y mamá, es un evento bastante trascendental para ellos.

El nacimiento de otro bebé siempre trae implicaciones tanto positivas como negativas para sus hermanos, y por esto mismo es un suceso que genera varias emociones ambivalentes e intensas en ellos. Por un lado, los niños se sienten desplazados por el nuevo miembro de la familia y angustiados ante la posibilidad de que sus padres no los sigan amando. Por otro, debido a que se consideran relegados a un segundo plano por toda la familia y amistades, sienten mucha rabia contra sus padres por traer a un intruso que no les parece nada divertido, pues no sabe caminar, ni jugar, ni hablar y lo único que hace es dormir y llorar.

Implicaciones para los hermanos

Los primeros meses son muy difíciles sobre todo para los hermanos pequeños, quienes por ser todavía muy dependientes de sus padres, se sienten especialmente amenazados con la llegada del bebé. Los menores suelen manifestar sus emociones y angustias en diversas formas. A veces lo hacen abiertamente, diciendo que no les gusta el hermanito y proponiendo regalarlo o devolverlo. Otros expresan su descontento más indirectamente, llorando, haciendo pataletas o armando alboroto en todo momento para ganarse nuevamente la atención constante de sus papás.

Para los hijos primogénitos, la llegada de su primer hermanito es un evento especialmente grave, pues hasta el momento él o ella han sido el único dueño y señor de su casa y de sus padres. Además, a raíz de la llegada del bebé surge una presión sobre el primogénito para que se vuelva "grandecito" e independiente y se le exige que comience a hacer solo cosas para las cuales antes tenía la ayuda o el apoyo de los mayores.

Por esto, es muy frecuente que cuando nace un segundo hijo, el mayor o aquel que hasta ese momento era el chiquito de la familia, tenga problemas para dormir, llore por todo, sea especialmente terco y rebelde, o se vuelva más exigente que nunca, aún desde el momento en que percibe que su mamá está embarazada. También es usual que los niños pequeños reaccionen con conductas regresivas, es decir hablando a media lengua, mojándose en la cama, chupándose el dedo y pidiendo el tetero y el chupo, como cuando eran más pequeños. Inconscientemente los niños en estas circunstancias reaccionan así intentando recibir las atenciones, los cuidados y el afecto de que está disfrutando el nuevo bebé.

¿Qué pueden hacer los padres?

Es importante comprender lo difícil que puede ser este momento para los hermanos mayores, quienes comparten la emoción de la llegada del hermanito y sienten algún afecto por él pero simultáneamente experimentan sentimientos antagónicos porque consideran que el recién llegado les está usurpando su lugar en el hogar y en el corazón de sus padres.

> *Este es un momento muy difícil para los hermanos mayores, a quienes el recién nacido les está usurpando su lugar en el corazón de sus padres.*

Sin embargo, hay que pensar que irremediablemente la vida trae consigo sufrimientos y dificultades, y por más que los padres tratemos de evitarles cualquier molestia a los hijos, tendrán que pasar por experiencias dolorosas y difíciles como parte normal del proceso de vivir. De tal manera que lo mejor es entender que la llegada del hermanito puede constituir la primera situación complicada y desventajosa que tenga que experimentar el mayor, y por eso puede ser una oportunidad para comenzar a prepararse para lidiar con las frustraciones y contrariedades que serán parte normal de su existencia. Si lo tomamos como una experiencia de aprendizaje para los niños, será más fácil manejar la angustia y el dolor que nos produce ver a los hijos mortificados por situaciones inevitables.

Actitudes y medidas para manejar la situación

Hay algunas medidas y actitudes que podemos adoptar para hacer más fácil este momento para los niños, y por ende para nosotros, como son:

Validar y expresar sentimientos

Irremediablemente los niños sienten celos con la llegada de un hermanito, de tal manera que asegurarles que no tienen por qué estar así y que nosotros los queremos a todos igual, no hace que estos sentimientos desaparezcan mágicamente. La mejor forma de ayudarles a superar la inseguridad que les provoca el tener que compartir a sus padres es asegurándoles que comprendemos que ésta situación es difícil para ellos, que está bien sentirse tristes o furiosos a ratos, y que a pesar de lo que sientan, los seguiremos queriendo. Esta seguridad les libra de la angustia de perder a sus padres y les ayuda a sentirse más tranquilos consigo mismos.

> *Tanto papá como mamá deben seguir disponiendo de tiempo para dedicarle a los hermanos mayores.*

Igualmente, es positivo hablar a los niños sobre sus rabias y temores, con lo cual se les permite verbalizar sus sentimientos y así mismo desahogarse. Con los niños pequeños (menores de 7 años) es especialmente efectivo contarles cuentos en los que los protagonistas de la historia estén viviendo una situación similar y se hable sobre los sentimientos antagónicos que experimentan, ya que esto ayuda al pequeño a comprender que lo que siente no está mal ni es incorrecto sentirlo.

Tiempo a solas

Es fundamental demostrar, con hechos, a los hijos primogénitos que ellos no van a ser ignorados. Tanto el papá como la mamá deben seguir disponiendo de algún tiempo para dedicarse exclusivamente a los mayores sin la interferencia del bebé. De ser posible, es preciso continuar con las salidas al parque, las idas a comer helado con el mayor solo, y ratos para dedicarnos a jugar tranquilamente con él o ella como lo hacíamos antes.

Paciencia

Por mucho esfuerzo que hagan los padres, el recién nacido implica necesariamente menos atención para los otros hijos, precisamente en el momento en que más necesitan saber que ellos siguen siendo importantes y amados por papá y mamá.

Su conducta, por lo tanto, suele empeorar en forma notoria y es necesario llenarse de paciencia y, por un tiempo, tolerar algunas cosas que usualmente no deben aceptarse, como por ejemplo darle la comida a pesar de que ya esté comiendo solo, arrullarlo al dormir así ya no se estuviera haciendo, etc. Si el niño ve que sus padres lo aman, inclusive cuando está contrariado, recobrará su confianza y se convencerá de que el amor alcanza para todos.

Garantizarles nuestro amor
Tratar de convencer a los hijos mayores de que a ellos se les ama más que al bebé es un esfuerzo tan inútil como iluso porque irremediablemente el bebé requiere mayores cuidados y esto para los hermanos significa más amor. Lo que se debe procurar es que los hijos se den cuenta de que hay suficiente amor para todos y que cada uno es amado de una manera diferente pero especial. Explicarles, por ejemplo, que cada vez que nace un hijo nace en nosotros otro corazón para quererlo, y que el corazón que tenemos para él o ella no tendrá que compartirlo con nadie es una forma de asegurarles que nuestro amor por ellos no ha disminuido ni disminuirá.

Darle prioridad al mayor, cuando sea posible, también es una buena idea. Por ejemplo, servirle al hijo mayor su leche antes de darle el tetero al bebé cuando ambos la reclaman a un mismo tiempo, les ayudará a darse cuenta de que no siempre quedarán relegados a un segundo plano.

Otra cosa que alivia a los hermanos mayores es contarles historias sobre lo mucho que los atendíamos y todo lo que jugábamos con ellos cuando eran bebés, pues les agrada enterarse que sus padres tuvimos con ellos las mismas deferencias que ahora tenemos con su hermano o hermana.

Desarrollar una buena relación
Los padres podemos contribuir a desarrollar una relación satisfactoria entre los hermanos y el bebé mostrándoles cómo ellos mismos son importantes para su hermanito. Comentarle acerca de "cómo ríe el bebé cuando tú le haces muecas", o cómo le gusta que le jueguen, le muestra a los niños que también son importantes para su hermanito. De esta manera los padres y el hermano mayor pueden disfrutar juntos los logros del pequeño y compartir momentos de placer y de diversión como consecuencia de su llegada al hogar.

Hacer pocos cambios
Si hay demasiados cambios en la vida de los hermanos mayores a raíz de la llegada del bebé, la experiencia va a ser más complicada para ellos. En lo

posible, se debe evitar poner al hijo mayor en un jardín maternal o preescolar justo al mismo tiempo en que nace su hermanito, sacarlo de su habitación o quitarle su cama para cederla al pequeño, o retirarlo de algunas actividades (clases, deportes, etc.) a partir del momento en que llega el bebé. Si los mayores sienten que pierden muchos privilegios, como resultado del nacimiento de su hermano, va a ser difícil que lo puedan acoger con gusto.

También hay cosas positivas

Pero no todo es negativo cuando llega un bebé. Es frecuente también que el primogénito demuestre un interés y un afecto sincero por su hermanito. Estos sentimientos son la base para las relaciones entre los hermanos, quienes pronto se convierten en sus aliados y en sus compañeros de juego, siendo así una fuente de distracción y de alegría para ellos. Además, los mayores son el punto de apoyo de sus hermanos menores cuando los pequeños enfrentan nuevas situaciones, y de quienes derivan la seguridad que necesitan en esos momentos.

Hay condiciones familiares que son especialmente favorables ante esta situación, como el hecho de que el primogénito tenga una relación muy estrecha y afectiva con su papá antes del nacimiento del bebé. Los pequeños en estas circunstancias aprenden, con la ayuda de sus padres, a sentir un gran interés y a reflexionar sobre los sentimientos y deseos de su hermano o hermana menor, mientras que desarrollan una relación de afecto con ellos que perdurará en el futuro.

En resumen, lo mejor que podemos hacer en estas circunstancias es ser lo más comprensivos posibles con los hermanos mayores y apoyarlos mientras superan lo que debe ser sólo una situación temporal, hasta que logren comprender que la llegada del bebé no implicará ser abandonados por sus padres y que, aunque también amen a su hermanito, nadie podrá ocupar el lugar especial que ellos tienen en el corazón de su papá y su mamá.

Si el hermano es agresivo con el bebé, los padres pueden . . .

...en forma firme, amable y cariñosa, defender al bebé de la agresividad de los hermanos. Explicarle que no permitirán que nadie le haga daño al bebé como tampoco permitirían que nadie se lo haga a ellos.

...encaminar los deseos de agresión del hermano hacia objetos con los cuales pueda desahogarse sin hacerle daño a nadie (por ejemplo, darle patadas a un cojín que se tiene para este propósito).

...aceptar los sentimientos de rabia y de celos del niño a la vez que ponerle un límite a sus acciones. (Por ejemplo, "comprendo que quisieras que el bebé desapareciera, pero no puedes maltratarlo").

...no maltratar al mayor por ser agresivo con el hermanito. De esta forma, se confirma que el bebé es el culpable de sus desgracias.

...no obligar al niño a querer al hermanito. Forzar los sentimientos siempre genera rechazo.

LOS NIÑOS QUE NO DEJAN DORMIR

Los problemas de sueño en los niños parecen haberse agudizado en los últimos tiempos. Muchos padres se quejan hoy en día de que su hijo no se quiere dormir a una hora razonable, que se despierta varias veces en la noche, tiene problemas de sueño o, lo que es más común, que se pasa a la cama matrimonial.

Son muchas las razones que pueden inducir a un niño a poner problemas durante la noche: es muy nervioso y le da miedo dormir solo; estuvo enfermo y después de que se recuperó, no quiere volver a su cama; llora por las noches y puede despertar a su hermanito o a los vecinos, o su papá estuvo de viaje y a él le quedó gustando acostarse en la cama con su mamá.

Una de las razones que están contribuyendo a que esto se haya vuelto un problema cada vez mayor, puede ser el ambiente de temor e inseguridad en que se están desarrollando los niños de hoy. No sólo perciben la angustia de sus padres, sino que muy a menudo son testigos de noticias y de hechos pavorosos, además de que ven películas violentas y de terror. Un niño sometido a tal información, que se siente permanentemente amenazado en su integridad personal, difícilmente puede acostarse a dormir tranquilo.

Lograr que los niños se vayan a dormir y que lo sigan haciendo toda la noche puede ser una de las tareas más pesadas y exasperantes de la vida cotidiana de los padres. Hay algunos afortunados cuyos niños se duermen en el momento en que sus cabezas tocan la almohada y no despiertan sino hasta el día siguiente. Pero hay muchos otros que desde la infancia tienen dificultades para conciliar el sueño, se despiertan varias veces en la noche o se pasan casi todos los días a la cama de sus padres.

Medidas para superar el problema

Para quienes tienen un hijo que presenta dificultades en la noche, es muy importante tener en cuenta que en algunos casos la incapacidad para dormir puede ser una incapacidad real, no simplemente malacrianza o necedad.

Por lo general, es más fácil que un niño se duerma durante los primeros meses de vida que en los años subsiguientes. Una vez que ha cumplido 90 días de nacido, es apropiado establecer horarios estructurados para el bebé en cuanto a sus horas de comer y de dormir. Con los bebés que tienen dificultades para conciliar el sueño, un medio muy exitoso es arrullarlos un rato. La tranquilidad que les produce el movimiento rítmico y el canto apacible de un adulto afectuoso casi siempre hacen el milagro.

A medida que el pequeño crece, él mismo encuentra otros medios para ayudarse a dormir. Chuparse el dedo, mecerse en su cuna, acariciarse con una cobija u observar el juguete móvil colgante son algunas de las técnicas que les ayudan en este propósito y no hay necesidad de forzarlos a que las dejen por miedo a que sigan con el hábito; las dejarán cuando ya no las necesiten.

> *Entre los dos y los cinco años de edad el niño está en la etapa crítica para aprender las reglas y hábitos que regirán su vida.*

Los problemas más críticos de sueño en los niños suelen presentarse a partir del segundo año de vida. Es la época en que los menores presentan más resistencia y buscan miles de disculpas para atraer la atención de sus padres cuando se les ordena ir a la cama. "Tengo que ir al baño", "dame un beso", "tengo sed", "alcánzame mi muñeco", son algunas de las peticiones que se repiten una y otra vez. Para unos padres cansados, que desean desesperadamente irse a acostar, esta serie de demandas son un calvario. Una medida importante para evitarlo es anticiparlas en lo posible y asegurarse de que el niño tomó agua, fue al baño, etc.

Entre los dos y los cinco años de edad el niño está en la etapa crítica para el aprendizaje de las normas sociales de comportamiento. Esto quiere decir que es el período de su vida en que está neurológica y emocionalmente dispuesto para aprender las reglas y hábitos que regirán su vida. De no hacerse, después será mucho más difícil y doloroso que las aprenda.

Por esta razón es imperativo establecer en este momento los horarios y costumbres para acostarse. En esta etapa los rituales son de especial importancia, pues les sirven como "puentes" para cambiar de una actividad a otra. Las actividades que hacen parte del ritual de acostarse deben estar especificadas en forma muy clara. Primero se pone la pijama, luego se lava los dientes, se despide de los padres, se le cuenta o lee un cuento y a dormir. Tener una rutina organizada, no muy larga ni complicada, le facilita las cosas y le sirve como transición entre estar despierto y dormirse.

Una vez que se establece un ritual específico para este proceso hay que estar atento a no estarlo cambiando, pues con mucha facilidad los niños van exigiendo un poco más cada día. Hay que tener cuidado de que el ritual no se vaya alargando. Si un día el padre o la madre le leen un cuento más, le permiten llevar un juguete más a la cama, o hacer cualquier cosa adicional, el pequeño va a exigir todo esto de ahí en adelante.

Algunos niños se despiertan durante la noche, juegan tranquilos en su cuna y luego prosiguen la noche durmiendo sin mayor problema. No hay necesidad de levantarse y regañarlos por estar despiertos ni de obligarlos a dormirse de inmediato si no están molestando. Lo harán solos cuando de nuevo tengan sueño.

Los problemas de sueño suelen disminuir con los años, y de los cinco en adelante, un niño bien disciplinado es muy raro que tenga problemas para acostarse. Sin embargo, siempre es bueno evitar que cuando están próximos a irse a la cama, los menores realicen actividades que los sobreestimulen o que presencien escenas familiares y vean películas que los puedan alterar.

El niño se pasa a la cama de los padres

Un problema que parece cada vez más frecuente es que los hijos pequeños se pasen casi todas las noches a la cama de sus padres, fenómeno que se ha ido agravando en los últimos tiempos... En la familia autocrática del pasado raramente se permitía a los hijos que se acostaran con sus papás, de no ser por un motivo muy especial.

Hay niños que hacen de cada noche una pesadilla para sus papás pues molestan hasta lograr que sus padres, rendidos de haberse levantado infinidad de veces, cedan a sus demandas o los reciban en su cama. Sin embargo, permitir a los niños que compartan la cama paterna tiene repercusiones tan negativas que debe evitarse a toda costa.

Como es más fácil prevenir que curar, se debe impedir que se establezca este hábito. Cuando el niño se despierta asustado o llorando, es imperativo que el papá o la mamá acudan pronto a su habitación, o lo lleven de regreso si es que ha llegado a la cama de los padres, y se queden con él un rato hasta que esté tranquilo y dormido nuevamente. La seguridad de que los padres van a asistirlo si los necesita, le da al niño la tranquilidad que requiere para conciliar otra vez el sueño.

Algunas de las consecuencias negativas de permitir a los hijos que duerman con los padres son las siguientes:

• Se deteriora la relación de pareja y la relación padres e hijos. La compañía permanente del menor en la cama paterna es más que una simple molestia para su papá y su mamá. No solamente tienen que dormir incómodos, aguantar patadas, manotazos y a veces orinadas, sino que pierden una de las escasas oportunidades para estar a solas y gozar de su intimidad. La vida sexual de la pareja, y la necesidad de estar tranquilos para conversar temas de adultos y resolver inquietudes o conflictos, se obstaculizan por la presencia de un niño en su cama. Esto deteriora la relación de pareja con sus consiguientes perjuicios para toda la familia.

Además, al compartir la cama con los menores y pasar una noche incómoda, los padres no descansan lo suficiente y amanecen agotados y de mal humor. Por esta razón pueden ser muy intolerantes y alterarse sin mayor razón con el pequeño, lo que lesiona las relaciones entre los padres e hijos.

• Se obstaculiza una nueva relación de pareja. Para los hijos de padres separados o solteros dormir en la misma cama con su papá o su mamá, puede traer repercusiones aún más serias en las relaciones familiares y en la estabilidad emocional de los menores.

Por una parte, el hecho de que el pequeño esté ocupando un lugar que eventualmente podrá ser de la nueva pareja de su padre o madre, establece de entrada un obstáculo más en la relación del menor con su futuro padrastro/madrastra, pues el niño lo verá como el intruso que hasta le despojó del lugar que antes fue suyo en la cama paterna.

Por otra parte, cuando el menor duerme con su papá o su mamá separado o soltero, ocupa el lugar que le correspondería a la pareja, lo que puede hacerle creer que debe satisfacer las necesidades de afecto, de compañía y de apoyo de su progenitor, y forzarlo a asumir un papel que no le corresponde. Esta situación le crea cargas y responsabilidades emocionales al menor que lo confunden y le hacen más difícil establecer una nueva relación sana de pareja en el futuro.

Vale la pena preguntarse si en algunos casos no somos los padres mismos los que propiciamos o fomentamos esta situación, pues la presencia de un hijo en la alcoba todas las noches exime a los padres de enfrentar ciertas dificultades en la intimidad de la pareja y puede servir de disculpa para dejar de hacer cosas o tratar temas que exigen privacidad.

En busca de una solución

Si se ha ensayado todo, desde tratar de convencerlo por las buenas hasta acompañarlo u ofrecerle premios, y nada ha dado resultado, es hora de estructurar un plan de acción que solucione el problema de una vez por todas.

En primer lugar hay que establecer y comunicarle de manera muy clara al niño que en adelante tendrá que dormir en su cama. Se le informará a la vez que uno de los padres vendrá a acompañarlo cada vez que los llame. El número de veces que acuden los padres se debe ir espaciando y disminuyendo paulatinamente, hasta ponerle un ultimátum en el que se le asegura que papá o mamá vendrán una sola vez, así que él debe escoger cuidadosamente cuándo llamarlos. Después de unos días de este régimen, y con la seguridad de que no será abandonado, el niño gozará de la tranquilidad necesaria para dormir toda la noche en su habitación.

En este proceso, algunos niños hacen un berrinche todas las noches para tratar de lograr que sus padres cedan ante sus exigencias de dormir con ellos. En estos casos es aconsejable ser estricto y dejarlo llorar un rato, acudiendo sólo si su llanto no se calma cierto tiempo después. Una vez que el menor se da cuenta que sus pataletas no surten los efectos que desea, acabará aceptando las normas de sus padres.

Este tipo de medidas implican que los padres estén decididos a pasar unas cuantas malas noches. Lo fundamental para triunfar en este proceso es no desfallecer. Muchos padres pierden todo el esfuerzo que han hecho porque un buen día ceden y le permiten de nuevo al pequeño pasarse a su cama. Sólo la persistencia garantiza el éxito.

> *Muchos padres pierden todo el esfuerzo porque un buen día ceden. Sólo la persistencia garantiza el éxito.*

Disciplinar a los hijos es un acto de amor que muchas veces implica medidas temporalmente dolorosas e incómodas para unos y otros, pero que no le van a arruinar la vida. Es preciso recordar que comer y dormir no sólo son necesarios para el cuerpo humano sino que pueden ser verdaderos placeres. Tratemos de no arruinar estos placeres para los niños convirtiendo la dormida en un gran problema. Unas palabras cariñosas, un beso, o algo de compañía de papá y mamá cuando se van a la cama, suelen ser los mejores medios para llevar al niño a conciliar felices sueños.

¿Es necesario volver "machos" a los hijos?

Muchos padres tienen aún la idea de que es necesario adoptar una serie de conductas y medidas para asegurarse de que los hijos varones sean verdaderos hombres y desarrollen la virilidad propia del género masculino. Esta creencia los lleva a actuar de una forma tal que a menudo los hijos desarrollan algo así como una especie de "hiper-masculinismo", además de que promueven otros serios problemas.

Por siglos la masculinidad ha sido vista como un ideal y la feminidad como un conjunto de encantos y de sentimentalismos. Así, se ha establecido que quienes pertenecen al "sexo fuerte" deben ser valientes, dominantes, agresivos, insensibles, calculadores, poderosos y hasta un poco tiranos, y para lograrlo algunos padres creen que hay que inculcarle a los hijos cómo ser hombres, dignos de ser considerados como tales.

No es nada raro escuchar a un padre decirle a un hijo, "tienes que ser macho", "los hombres no lloran", "no seas nena", y referencias similares que reflejan lo que la sociedad ha establecido que debe ser un "hombre de verdad". La estereotipada idea de lo que es propiamente masculino se le repite a los hijos desde pequeños como una imposición necesaria e imprescindible para su proceso de formación.

Al acentuar así la masculinidad en los hombres se ha llevado a una sobrevaloración de su género sexual, de tal forma que los niños van aceptando insensiblemente que ser hombre es ser superior y, por lo tanto, ser mujer es ser inferior. Esta creencia, en un momento de la historia en el cual las mujeres luchan fuertemente por lograr una igualdad en dignidad y derechos ante la sociedad, afecta negativamente este difícil proceso y crea nuevos obstáculos en la delicada redefinición de las relaciones hombre-mujer a que nos estamos viendo enfrentados.

Discriminación y doble moral

La discriminación sexual es, en esencia, tan absurda y antihumana como cualquiera otra. Gracias a ella, se aprueban en los hombres conductas y formas de proceder absolutamente reprobables, tales como la infidelidad, la promiscuidad sexual, la agresividad, el egoísmo y la vulgaridad, todas ellas generalmente aplaudidas en los varones mientras que se condenan en las mujeres.

Por ejemplo, todavía hay padres que creen que parte de su tarea como tales es apoyar a los hijos hombres para que tengan relaciones sexuales tan pronto como estén fisiológicamente aptos para hacerlo. No tienen en cuenta que con ello claramente les están diciendo a los muchachos - en un momento clave de su formación- que el sexo es una simple necesidad fisiológica y un placer al que tienen derecho, que nada tiene que ver con el amor, y que se debe atender tan pronto se tenga la capacidad para hacerlo. En este tipo de relaciones el hombre simplemente usufructúa de la mujer para satisfacer sus deseos y en esta medida la considera y la usa como un objeto.

> *Uno de los peores daños que se le hace a los hijos al tratar de criarlos como "machos" es forzarlos a descartar sentimientos propios y esenciales de todos los seres humanos.*

Esta es una enseñanza no sólo definitivamente contraria a los principios religiosos dentro de los cuales la mayoría se están formando, sino que los deja sin una estructura moral clara y congruente. Al aprobar la promiscuidad sexual de los hijos varones y reprobarla en las mujeres, están además invalidando la importancia de la lealtad y la fidelidad en la relación de pareja, dos principios fundamentales para establecer vínculos sólidos en sus futuras relaciones conyugales.

Perjuicios emocionales

Por otra parte, uno de los peores daños que se hacen a los hijos al tratar de criarlos como "machos" es forzarlos a descartar una serie de sentimientos propios y esenciales de todos los seres humanos como son el miedo, la tristeza, la ternura, el dolor o la sensibilidad, asegurándoles que demostrar cualquiera de ellos es ser cobarde, "gallina", "nenita" o algo similar.

Por esta razón y para no permitir que afloren tales emociones, los hombres han tenido que forzarse a invalidarlos. Así, cuando se encuentran en situaciones de intenso dolor o profunda emoción juegan a que no está pasando nada, todo lo cual les va llevando a "cancelar" su capacidad de sentirlos. Lo peor es que, simultáneamente con esta negación, también refrenan, y en cierto modo anulan la capacidad de sentir y expresar otros sentimientos fundamentales en sus relaciones humanas, y sobre todo en sus relaciones familiares, como son el afecto, la compasión, la empatía, el cariño, etc.

La incapacidad para aceptar, identificar y procesar las emociones intensas y desagradables es una de las principales causas de profundos problemas emocionales. No procesar los duelos, por ejemplo, puede dar lugar a estados de depresión y ansiedad que llevan al individuo a buscar el alivio con medios nocivos (alcohol, droga, y otras adicciones) pero que le sirven temporalmente para sobrellevar su penosa turbulencia interna.

Por otra parte, con alguna frecuencia algunos padres obligan a sus hijos hombres a realizar hazañas a las que temen o a pretender que no le tienen miedo a nada con el fin de promover su valentía. No hay nada de malo que un padre quiera familiarizar a su hijo con situaciones de relativo riesgo o que quiera verlo enfrentar dificultades con una actitud valerosa, pero lo malo está en imponérselo en forma dogmática y a veces violenta como lo hacen muchos.

Los pequeños aprenden a portarse virilmente si ven que sus padres lo hacen, y llegarán por sí solos a imitar sus aptitudes y desafiar los peligros cuando estén maduros y listos para tales experiencias. Obligarlos a la fuerza a hacer lo que les produce mucho miedo o no permitirles que expresen sus verdaderos sentimientos por cuidar su imagen, engendra en el niño angustias y rencores que ningún padre desea para su hijo. Se comportará en el futuro como un hombre, pero como un hombre lleno de ansiedades, frustraciones e inseguridades, producto de tener que demostrar lo que en el fondo no es o no siente.

Desafortunadamente se ha asumido que ser un hombre digno representante de su sexo implica no llorar, no sentir miedo, no conmoverse con nada, no mostrarse débil o afligido, etc.; en otras palabras, ser una especie de "hombre de acero" en todo momento y ante todas las situaciones. Pero es mucho más macho y verdaderamente hombre aquel que tiene la valentía de desafiar los estereotipos que impone la sociedad como propios de su género masculino y que tiene el coraje para demostrar lo que honestamente siente como ser humano. Los padres que interpreten e inculquen la masculinidad en esta forma no solamente formarán hijos varones que hagan honor a su sexo, sino también a su calidad humana.

LAS PATALETAS O BERRINCHES
DE LOS PEQUEÑOS

A la exasperación de no lograr que el niño se calle y la vergüenza ante las miradas recriminatorias de quienes presencian su "show", se suma la frustración de sentirnos tan impotentes para controlar la situación y la ofuscación de no saber qué más hacer para lograr ponerle fin a la pataleta o berrinche de un hijo. Por esto, los berrinches o pataletas son casi una tortura para la mayoría de los padres. Y aunque no parezca, tales estallidos de rabia o dolor son igualmente molestos para los protagonistas, es decir, los niños, que generalmente son menores entre 1 y 5 años de edad (aun cuando hay quienes a los 40 lo siguen haciendo).

Básicamente hay dos grandes razones para las pataletas que es necesario distinguir con claridad porque la respuesta de los padres debe ser diferente en cada caso:

Una forma de expresar su profunda frustración

Algunos pequeños, que por su temperamento son intensos en su forma de sentir y manifestar sus emociones, son incapaces de expresar sus sentimientos con palabras o de exteriorizar en una forma menos dramática la profunda frustración que sienten ante la incapacidad de hacer o lograr algo que desean. Su sensación de fracaso y su desesperación explotan entonces a manera de pataleta.

En estos casos, la mejor opción es que los padres dejemos al niño llorar todo lo que quiera y expresar así su disgusto, alejándonos de él para poder preservar la calma. Con frecuencia, cuando los mayores tratamos de consolar a un pequeño que grita y lloriquea sin consuelo, lo que logramos es agravar las cosas. Mientras que el niño no se haga daño a sí mismo ni a los demás, es mejor dejarlo solo. Y cuando haya recobrado en parte la calma, lo podemos abrazar y consolar diciéndole, por ejemplo: "¿Es difícil no poder hacer algo que deseamos, verdad?".

Hay padres que no toleran por ningún motivo que sus hijos lloren con desespero, así ellos mismos los hagan continuamente. Su reacción inmediata es la de darle una palmada al niño o castigarlo por "llorar o gritar en esa forma". Precisamente una de las razones por la que algunos niños expresan sus emociones por medio de pataletas es porque han aprendido a hacerlo a través de lo que modelan sus padres, quienes a su vez manejan sus disgustos con manifestaciones escandalosas o violentas.

Golpear o castigar a los niños para que controlen su "histeria" generalmente da resultados inmediatos, pues el niño aparentemente se calma. En realidad lo que ocurre es que reprime todas sus emociones por miedo a ser maltratado. Pero interiormente sus dificultades crecen, porque a sus sentimientos de disgusto y frustración, debe sumarse la rabia y la humillación que siente por haber sido atacado. Además, cuando se rechaza y castiga a un niño por expresar lo que está sintiendo se le está enseñando a no hacerlo y se pueden estar sentando las bases para que eventualmente tenga dificultades para manifestar sus sentimientos en sus relaciones afectivas, o para que caiga en la depresión, la apatía o la neurosis.

Aceptar sus sentimientos no es aprobar su comportamiento. Desde luego que tenemos todo el derecho y el deber de ponerle límite a la forma como se expresa, impidiendo que haga daños (como romper o tirar cosas), que nos ofenda o que se lesione a sí mismo o a los demás. Es decir, debe permitírsele que llore todo lo que quiera pero no que injurie ni perjudique a nadie.

En este momento lo que el niño necesita es la asistencia constructiva de sus padres y que se le escuche con atención y empatía, dirigiéndolo hacia formas de expresión más positivas. Cuando el menor se siente comprendido y aceptado queda libre para buscar opciones más efectivas para manejar sus emociones en futuras oportunidades.

Llamar la atención de sus padres e imponer su voluntad

Cada vez parece haber más niños que a menudo hacen pataletas o berrinches para captar la atención de sus papás o forzarlos a que cedan a sus caprichos o demandas, es decir, para manipularlos.

En este caso, la actitud o respuesta más apropiada es la de ignorarlos hasta donde sea posible. Cuando se le presta atención y tratamos de controlar o razonar con el pequeño, nos involucramos en una batalla que generalmente termina con un gran disgusto y que culmina cuando uno (usualmente el padre) cede ante las exigencias del otro (el niño). El menor aprende que en esta forma puede lograr lo que se propone y lo seguirá haciendo cada vez que se le antoje algo que sus padres se niegan inicialmente a concederle.

Para podernos controlar y no acabar peleando o gritando a la par con el hijo, de ser posible, los padres debemos apartarnos del lugar donde el menor hace su "espectáculo", lo cual es fácil si estamos en nuestra propia casa. Pero cuando estamos en un lugar público o en una visita, lo mejor es retirar al niño en forma firme y tranquila, sin pelearle para que se calme, lo que puede implicar tenernos que regresar a casa.

> *Cuando al menor se le da gusto continuamente recurre a lo que sea hasta lograr que se haga su voluntad.*

Esta clase de pataletas son más frecuentes entre niños cuyos padres les dan demasiada atención y los complacen en todo lo que quieren. Cuando al menor se le da gusto continuamente aprende a no aceptar una negativa y recurre a lo que sea, generalmente a una pataleta, hasta lograr que se haga su voluntad.

Es importante tener en cuenta que, cuando los padres nos dedicamos a complacer a los hijos en todo, no establecemos las normas de comportamiento necesarias para disciplinarlos y ellos no aprenden a dominar sus impulsos y deseos. Además, un padre excesivamente servicial tampoco promueve el desarrollo de la independencia y autonomía indispensables para la formación y la estabilidad del hijo.

Recordemos que más importante que ver a los hijos sonrientes y felices a todas horas es equiparlos con las herramientas y cualidades para que ellos logren su felicidad. Y entre las cualidades indispensables para vivir satisfechos y a gusto, figuran en un primer lugar la disciplina y el autocontrol.

Para prevenir y evitar las pataletas

Las pataletas se pueden prevenir o evitar cuando los padres . . .

...modelamos en los hijos formas constructivas de manejar los disgustos y no perdemos el control gritando y maldiciendo cada vez que algo nos causa una profunda molestia o desagrado.

...evitamos enfrentar y retar a los hijos con tareas o actividades superiores a lo que los pequeños realmente pueden hacer o lograr.

...permitimos que los niños desde pequeños tengan ciertas frustraciones, cuidándonos de intervenir para solucionarles todos los problemas a que se enfrenten en su proceso de crecer.

...no cedemos a los ruegos o lágrimas de los niños para que cambiemos de parecer. Cuando los niños aprenden que cuando sus papás dicen "no", no hay nada que ellos puedan hacer para llevarlos a cambiar de parecer, no recurren a conductas violentas para forzarnos a complacerlos.

...no le prestamos atención ni los obligamos a callarse cada vez que los pequeños expresan sus disgustos con llanto.

...al ver que los niños están tensionados, hambrientos o fatigados, evitamos enfrentarlos a situaciones o actividades para las cuales están demasiado cansados o indispuestos.

LOS NIÑOS NECESITAN

AMAR A SU PAIS

Tan esencial como los alimentos o el abrigo para el bienestar físico de los niños, es, para su bienestar emocional, sentirse parte importante de sus grupos sociales. En otras palabras, todo ser humano necesita percibirse como un elemento significativo en su familia, en su colegio, en su ciudad y en su país, gracias a lo cual desarrolla lo que se conoce como el sentido de pertenencia.

Desgraciadamente el sentido de pertenencia de las nuevas generaciones se ha visto muy socavado en las últimas décadas por innumerables razones. Por ejemplo, son muchos los niños que ya no se sienten parte importante ni siquiera de su propia familia. Un gran número crece en familias en las cuales sus padres están separados y ellos se intercambian entre sus dos residencias, alternando hermanastros, medios hermanos y padrastros, etc., lo que les dificulta sentirse realmente parte de ellas.

Por el contrario, quienes hoy somos adultos por lo general vivimos en una misma familia, con los mismos padres y en una misma casa, por lo menos durante la mayor parte de nuestra infancia, asistimos a un mismo colegio con más o menos los mismos compañeros y crecimos básicamente en una misma cuidad o comunidad. Todo esto nos hacía muy conocidos en cada uno de estos ambientes y nos permitía identificarnos como parte de los mismos.

Pero esto ha variado mucho en los últimos tiempos. Las familias cambian de residencia en promedio cada 3 ó 4 años y las comunidades son tan grandes que es difícil para sus miembros afianzar su pertenencia a las mismas. Igualmente, aunque muchos niños todavía comienzan y terminan su educación en un mismo colegio, dada la multitud de alumnos están divididos en varios grupos por nivel que se entremezclan todos los años. Para muchos es difícil establecer vínculos sólidos con compañeros que cambian permanentemente.

Para rematar la situación, los niños colombianos poco se identifican y poco admiran a su país. Por un lado, los medios de comunicación en general se dedican a mostrar aspectos negativos sobre Colombia, sembrando en las mentes de los menores ideas destructivas, dolorosas y atemorizantes sobre su tierra natal. Así, es bien complicado que puedan sentirse orgullosos de ser parte de un país en caos, poblado de ladrones, narcotraficantes, guerrilleros y políticos tramposos, etcétera. Y los adultos agravamos la situación con nuestra continua criticadera a Colombia y a sus habitantes, reforzando así en los niños el desamor por su país.

Sería iluso por parte de los adultos pretender evitar que los niños se vean afectados por esta avalancha de imágenes e información negativa sobre Colombia, o que dejen de copiar las vestimentas y costumbres gringas que ven a diario en la televisión porque se les asegura que son mejores que las propias. Pero lo que si es posible, y urgente, es hacerle contrapeso a esta situación.

"Por el bien de nuestros hijos, hay que hacer un esfuerzo consciente por mostrarles la otra cara de Colombia. Les podemos contar, por ejemplo, que nuestro país posee la flora más rica, el mayor número de especies de aves y las esmeraldas más preciosas de todo el mundo, que somos el primer país productor de carbón en Latinoamérica y el mejor productor de café suave, y que la música del himno nacional colombiano es considerada la más bella del mundo", afirma la doctora Marisa Uribe, una de las profesionales colombianas más calificadas en crianza y educación infantil.

Además de todo lo anterior, contémosle a los niños sobre las grandes virtudes de nuestra gente. Entre los colombianos ha habido muchos mundialmente reconocidos y galardonados en los campos de las artes, la literatura, los deportes, la ciencia, y hasta en lo religioso - tenemos un santo colombiano, San Pedro Claver. Los colombianos nos distinguimos por ser personas luchadoras, creativas, cálidas, con un gran sentido del humor y muy valientes. Esto explica el hecho de que Colombia, a pesar de todas sus calamidades, sea el único país de América Latina que ha tenido índices de crecimiento económico sostenidos durante los últimos 18 años, lo que demuestra el empuje y capacidad de trabajo de sus industriales y de su pueblo.

Para sentirse apreciados y valiosos, los niños necesitan apreciar y valorar la tierra que les dio su origen.

Si tienen fe y admiran su tierra natal nuestros hijos tendrán las bases para apreciar y luchar por lo que es suyo. Además, recordemos que nuestra patria es parte integral de lo que somos como personas, y por lo tanto, para sentirse apreciados y valiosos, los niños necesitan apreciar y valorar la tierra que les dio su origen.

¿ES POSIBLE QUERER IGUAL A TODOS LOS HIJOS?

Preguntémosle a un padre si tiene un hijo preferido y de seguro que su respuesta será un rotundo ¡no! Pero preguntémosle a los hijos si su papá o su mamá tienen uno preferido y al unísono contestarán que ¡sí! y todos coincidirán en señalar a uno mismo.

Pocos son los padres que admiten tener una preferencia por alguno de sus hijos; por el contrario, la gran mayoría asegura que quiere a todos exactamente igual. Pero esto en la práctica no siempre es posible debido a que todos los hijos son distintos y por eso es normal que los tratemos distinto y que los amemos distinto.

Erróneamente se cree que sentir alguna preferencia por cualquiera de los hijos es algo así como una deformación del amor paterno, y por lo mismo, los padres generalmente nos negamos a admitirlo. Pero sentir un mayor grado de afinidad por cualquiera de los hijos no es ninguna aberración. Así como entre las amistades o entre los hermanos hay por lo general uno con quien hacemos "mejor química" y lo sentimos más afín que los demás, con los hijos ocurre lo mismo.

Sentir un mayor grado de afinidad por cualquiera de los hijos no es ninguna aberración.

Todos los niños son distintos y es factible que las características de la personalidad, los intereses, el carácter, la forma particular de demostrar su afecto, las circunstancias de su nacimiento, o cualquier otro factor hagan que uno o ambos padres nos sintamos más apegados a un determinado hijo que a otro. Sin embargo las preferencias son un problema en las relaciones familiares precisamente porque los hijos sienten y advierten una diferenciación que los padres negamos con palabras pero que, sin quererlo, corroboramos con nuestras actitudes.

Preferencias típicas

Por lo general, la preferida de papá es la hija mayor, o por lo menos cualquiera de las hijas, y el preferido de mamá es el hijo mayor o cualquiera de los hijos.

Así mismo, y aun cuando no es regla general, en parte por esta misma razón las relaciones más difíciles suelen ser las del papá con su hijo mayor y las de la mamá con la hija mayor. Se dice que hay ciertos sentimientos inconscientes de celos y rivalidad entre los padres y los primeros hijos de su mismo sexo que hacen que sus relaciones sea menos compatibles.

La predilección por un hijo también puede ser resultado de los éxitos de un determinado niño o niña, de su mayor capacidad para satisfacer las expectativas de sus padres, de sus características físicas o de personalidad, o por el contrario, de que se perciba a alguno de ellos como más débil o incapaz que sus hermanos.

Ocurre a menudo que cuando uno de los hijos es el preferido del papá o de la mamá, es a la vez el blanco de los ataques del otro padre quien le reprende para compensar el excesivo consentimiento que le da su cónyuge (e inconscientemente como producto de los celos que le produce tal predilección). El resultado es que se organiza un círculo vicioso donde uno de los padres le da cada vez más gusto a su "preferido" mientras que el otro le trata cada vez más duro, lo que va en detrimento, no sólo de las relaciones entre los cónyuges, sino de las de ellos con sus hijos, especialmente de aquel con quien rivalizan.

Lo más peligroso de las diferenciaciones que surgen a partir de las preferencias es que para los hijos que no son los preferidos, lo evidente no es el mayor amor de sus padres por uno de sus hermanos, sino el menor afecto que perciben hacia ellos.

Desgraciadamente la tradición, y un equivocado sentido de justicia, han establecido que los padres tenemos que querer a todos los hijos de igual forma, pero la realidad demuestra que no es así y que además no es extraño, ni arbitrario, ni anormal que suceda. Hay hijos a los que se les quiere de una manera diferente; no se trata de más o menos cantidad de amor, sino de un modo distinto. Ello no significa que forzosamente se esté dejando de querer a los otros, sino que por miles de razones puede haber uno que sea "el predilecto".

Lo peligroso de las preferencias

Quizás lo injusto de las preferencias es que el hijo o hija preferido es por lo general el mejor dotado. Es su belleza, su simpatía, su inteligencia, su afectuosidad, o cualquiera otra de sus cualidades las que hacen que todos se encanten con él, lo que promueve que se sienta muy a gusto y seguro de sí mismo, y por lo tanto sea cada vez más adorable. Pero es precisamente aquel niño que no es tan bonito, ni tan simpático, ni tan rápido, ni tan brillante, el que más necesita del apoyo, del cariño y de la aprobación de quienes le rodean y a la vez quien generalmente recibe menos demostraciones positivas.

Hay además preferencias muy injustas porque se basan en rasgos sobre los cuales los niños no tienen ningún control. Hay hijos que son rechazados simplemente porque se parecen a algún pariente que nos desagrada (la suegra, el cuñado), por sus rasgos físicos negativos (es feo, gorda, etc.), por su menor rapidez intelectual o simplemente porque llegó en un mal momento para la pareja.

Admitir las preferencias

Cuando los padres nos empeñamos en negar una preferencia - que para todos es evidente - es porque en alguna medida somos conscientes de que así es. La resistencia a aceptarlo se debe a que se supone que tal actitud es una deformación del amor paterno y percibir esto nos hace sentirnos culpables de tal debilidad.

Lo grave es que los hijos perciben la diferencia, y ahí comienzan los problemas. En nuestro afán por negar las preferencias tratamos de justificar nuestra conducta enfatizando las grandes cualidades y virtudes de quien es nuestro predilecto, a la vez que señalando los defectos, los errores o las fallas de quienes no lo son. Estas justificaciones lo único que pueden lograr es inculcar en los hijos que no son los preferidos, que ellos no son suficientemente adecuados ni valiosos como personas, y que por esto no merecen el mismo afecto o admiración de sus padres.

El gran riesgo que surge entonces es que los padres nos neguemos a reconocer esa tendencia creyendo que podremos disimular nuestros sentimientos. Pero a los niños no se les puede engañar en este aspecto; ellos perciben claramente su posición en la familia: y, a partir de la creencia de que no son dignos de tanto amor, comienzan los más serios problemas de conducta.

Admitir y equilibrar

Como el primer paso para solucionar un problema es admitirlo, es preciso entender que tener alguna predilección entre los hijos es absolutamente normal. Las relaciones afectivas responden a una dinámica o "química" emocional que no se puede juzgar sino que debe comprenderse, aceptarse y manejarse para evitar que afecte negativamente a los demás.

Lo importante es tomar consciencia de las preferencias para evitar que se susciten celos y rivalidades entre los hijos y que alguno se sienta rechazado.

No se trata de luchar contra un sentimiento innato y difícil de cambiar ni tratar de justificarlo, agravando la situación. Lo que se precisa es tomar conciencia de nuestra "debilidad" y admitir la preferencia para poder equilibrar las actitudes y evitar las injusticias. No hay por qué sentirnos culpables por sentir una simpatía especial por uno de los hijos, pero sí hay que estar atentos a nuestras demostraciones para evitar herir a aquel o aquellos con quienes por uno u otro motivo no tenemos tanta afinidad. Aunque el amor por los hijos no tiene que ser necesariamente igual, sí debe serlo el interés por ellos y por su bienestar. Es ese interés el que todos precisan para sentirse tan amados y tan dignos de nuestro afecto como sus hermanos; y es este el punto de partida para que ellos se valoren y se aprecien como personas y para que se sientan tan amados como los demás.

> *Hay que estar atento a nuestras demostraciones para evitar herir a aquellos con quienes no tenemos tanta afinidad.*

LOS PELIGROS DE ROTULAR Y APODAR A LOS NIÑOS

"Los niños se ven a sí mismos a través de los ojos de sus padres", sostienen muchos expertos en la conducta, dedicados a estudiar el comportamiento infantil. De ahí el peligro que encierra el que los padres nos enfoquemos en lo negativo de los hijos y los apodemos o califiquemos con los correspondientes adjetivos.

Cuando los padres nos referimos habitualmente a un hijo como "el desordenado", la "perezosa", el "vago", la "malhumorada", o cualquier otro calificativo por el estilo, los menores comienzan a creer en estos apelativos y a comportarse de acuerdo con los mismos. Aún cuando consideremos que nuestro hijo o hija es una buena persona y sólo eventualmente lo llamemos terco, tonto o bobo, esta clase de apodos en ningún caso hacen que los menores cambien su comportamiento y hagan las cosas bien. Por el contrario, lo que se logra es deteriorar la autoestima del niño, quien cree lo que se le informa sobre sí mismo y se comporta como tal.

Algunas veces los padres apodamos o rotulamos negativamente a los hijos de forma consciente y explícita. Otras veces lo hacemos de manera inconsciente y ni siquiera se lo expresamos con palabras, pero cuando consideramos que un hijo no es más que "un problema", o es absolutamente "insoportable", el menor percibe el mensaje y actúa de acuerdo con ello.

Aun cuando los apodos negativos se pongan y se digan en broma, el menor suele tomarlos en serio. Para un niño, un apodo como "el demonio de la familia" nunca es gracioso, y deteriora su autoimagen. Aunque el menor a veces parece tomar las cosas con tranquilidad, interiormente se siente confundido, desilusionado y posiblemente con grandes dudas sobre su valor personal.

Los rótulos positivos también perjudican

Rotular o encasillar a los niños en comportamientos positivos también puede ser detrimente para el desarrollo de su personalidad, pues se les compromete a tener que actuar permanentemente de una determinada manera y no siempre de acuerdo con lo que él o ella realmente es. "El bueno" o "el responsable" de la familia puede ser un adjetivo en el que el menor basa su concepto del valor personal y de acuerdo al cual se comporta, porque se siente importante y significativo para sus padres por ser el "santo".

Los hijos en estas circunstancias crecen siendo lo que se espera de ellos, sin saber realmente quienes son. Esto puede eventualmente llevarlos a tener una crisis de identidad que les afecte seriamente su vida. Así mismo, estos niños suelen tener mucho trabajo para expresar sus sentimientos negativos, como la rabia, pues una persona buena no siente cosas malas hacia los demás. Por esta razón les cuesta trabajo admitir y procesar estas emociones, que se les pueden convertir en resentimiento. A menudo, también, hacen a escondidas las cosas que consideran indebidas, con el único fin de conservar una buena imagen ante sus padres y mayores.

Por estos motivos, los niños en estas circunstancias pueden tener dificultades en las relaciones con sus compañeros, ya que para resaltar lo virtuoso de su comportamiento están alertas a mostrar los defectos o fallas de los demás, convirtiéndose en los "soplones" del grupo, a quienes los amigos desprecian y rechazan precisamente por ser tan "virtuosos".

Perjudican su autoestima

Es importante tener en cuenta que desde su nacimiento el niño comienza a formar un concepto de sí mismo, que se basa en buena parte en la información que le dan sobre su propia naturaleza las personas importantes en su vida, ante todo sus padres. Por esto, cuando los padres lo rotulan o lo llaman frecuentemente de acuerdo con alguna característica negativa predominante, el pequeño inevitablemente actúa conforme a tales expectativas y concentra sus energías en tratar de demostrar que a él o a ella no le importa ser así. La imagen que el niño se forma de sí mismo es por lo tanto negativa, e igualmente negativo será el concepto que desarrollará sobre su capacidad y su valor personal.

Las actitudes y comentarios de los padres son definitivos en el desarrollo de la autoestima de los niños.

Siendo las actitudes y comentarios de los padres definitivos en la formación y el desarrollo de la autoestima de los niños, es imperativo evitar criticarlos y apodarlos negativamente. Algunas veces no se requieren sino unas pocas palabras, una mirada o un tono de voz determinado para decirle al niño que es tonto o perezoso, indeseable o inaguantable. Lo que pensamos de los hijos generalmente se comunica en fracciones de segundos. Cuando se multiplican estos segundos por el número de horas al día en que tenemos contacto con ellos, nos podemos dar cuenta de la influencia tan poderosa que tiene el lente con que los miremos. Es preciso recordar que con esto no sólo se afectan sus sentimientos sino también su imagen y su comportamiento.

La alternativa no es callarnos así se comporten indebidamente. Lo que hay que hacer es calificar los actos y no la persona o la personalidad de los niños. Expresiones como "me desagrada que comas con las manos" en lugar de "comes como un marrano" cumplirán el cometido de indicarle a los niños sus conductas incorrectas para que las modifiquen, sin calificarlo a él como persona ni deteriorarle su autoimagen.

Como padres, necesitamos aceptar y apreciar a cada niño por el conjunto único de cualidades que trae al mundo. Debemos concentrarnos en valorarlos individualmente como algo muy especial, no en encontrarles sus defectos y recordárselos a cada momento. Cada niño tiene fortalezas, habilidades y sobre todo virtudes únicas, que se deben reconocer para que se desarrollen. Esta será la mejor forma de que florezca todo lo positivo que hay en ellos.

LAS VENTAJAS Y DESVENTAJAS
DE SER HIJO UNICO

No es raro que se critique o se juzgue como desacertada la decisión de una pareja cuando comenta que han tomado la determinación de tener un sólo hijo. Por lo general se les dice que están cometiendo un grave error, asegurándoles que los hijos únicos tienen grandes problemas, además de que son personas egoístas, centradas en sí mismas, llevadas de su parecer, conflictivas, precoces, etc.

Es bien sabido que la posición que cada hijo ocupa en su familia (hijo mayor, intermedio, menor, único, etc.) tiene una importante influencia en las características de la personalidad y el comportamiento de las personas. Y es cierto que la posición de hijo único lleva a que se puedan desarrollar algunas características no siempre positivas. Por ejemplo, los hijos únicos, al criarse entre adultos y vivir rodeados de personas más competentes y preparadas que ellos, pueden tener ciertas dudas sobre sus propias capacidades y sentirse inferiores. Además, al vivir entre personas mucho mayores que ellos, tienden a adoptar comportamientos precoces y a actuar como un "adulto en miniatura" o, por el contrario, pueden optar por el otro extremo de ratificar su posición de inferioridad comportándose eternamente como el bebé a quien todos tienen que cuidar y mimar.

Otra desventaja de algunos hijos únicos, específicamente de aquellos que fueron esperados por muchos años y cuyo nacimiento fue casi un "milagro", puede derivarse de la malacrianza y egocentrismo que desarrollan por la exagerada atención y privilegios que reciben en su familia.

Pero lo que definitivamente sí puede ser una gran desventaja es el estigma que se asocia con su condición de no tener hermanos, y el hecho de que los padres crean que realmente está en una posición de inferioridad y le traten de dar todas las ventajas posibles para compensar las supuestas deficiencias de su condición.

Ya no hay tantas desventajas

Estas actitudes son en parte resultado de circunstancias que fueron válidas en el pasado pero que hoy ya no tienen vigencia. Hace unas décadas, cuando la fertilidad de la pareja ratificaba en parte la virilidad del hombre y la feminidad de la mujer, tener un sólo hijo era casi una desgracia. Además, como la mayoría de familias tenían en promedio algo más de 6 hijos, no tener hermanos era algo inusual y al hijo único se le miraba como un "fenómeno" y con ojos de lástima.

> *Uno de los grandes obstáculos que el hijo único puede tener es que algunos padres lo miman en exceso y le dan demasiada atención.*

Ciertamente el hijo único no tiene hoy en día las mismas desventajas que tuvo en el pasado. Por una parte las familias son ahora mucho menos numerosas, a menudo de sólo 2 hijos, así que ser único no es algo muy distinto a los demás. Por otra, la soledad y la falta de alguien con quién compartir sus juegos o sus problemas es una dificultad ya prácticamente superada porque los niños entran a una guardería o a un jardín maternal desde muy pequeños y pasan el día rodeados de compañeros de su misma edad, no solamente jugando sino obligados a compartir todo con ellos.

Sin lugar a dudas las ventajas o desventajas de los hijos únicos dependen ante todo de las actitudes de sus padres. Uno de los grandes obstáculos que pueden tener es que algunos padres en estas circunstancias miman a su hijo en exceso y le dan demasiada atención. El pequeño llega así a desarrollar la errónea creencia de que es la "majestad" del mundo y que todos deben doblegarse a su voluntad, ganándose la animadversión de quienes lo rodean porque no aceptan su arrogancia ni están dispuestos a darle el trato preferencial que recibe en su hogar.

Al criar a un hijo con un tratamiento que no corresponde al que necesariamente ocupará fuera del hogar, lo que se logrará es que el día de mañana choque con una realidad que le dice todo lo contrario, ya que no sólo no será siempre el rey sino que será rechazado por su comportamiento prepotente y egoísta.

No todo es malo

Los hijos únicos no sólo tienen desventajas y complicaciones. Por lo general, estos niños desarrollan una serie de cualidades y habilidades producto de su posición familiar. Los hijos únicos son por excelencia líderes, son creativos y recursivos, saben lo que quieren, tienen objetivos bien definidos, y saben relacionarse muy bien con personas mayores que ellos.

Una cualidad que usualmente desarrollan los hijos únicos es aprender a estar solos y a divertirse sin necesidad de una compañía permanente en todos sus juegos y actividades. Esto les permite lograr aislarse fácilmente para concentrarse a estudiar, escribir o desarrollar talentos especiales. Quizás es por esto que con alguna frecuencia los hijos únicos son estudiantes destacados.

Lo que no se debe olvidar

Es imperativo que quienes hayan decidido tener un sólo hijo o hija cultiven unas relaciones muy estrechas con los tíos, primos y otros familiares cercanos. A pesar de que una buena amistad puede brindar mucho afecto y apoyo, los amigos no siempre pueden estar cerca cuando más se les necesita, además de que no pueden ofrecer ese sentimiento de continuidad generacional que sí da la familia. Por esto es de primordial importancia para quienes no tienen hermanos que los padres traten de incluir a los parientes de ambos lados en todas las actividades del niño que sea posible.

Igualmente, aunque para todos los niños es muy importante tener amistades desde pequeños con el fin de desarrollar la habilidad de socializar con sus semejantes, para los hijos únicos esto es vital pues a través de las amistades es como ellos pueden aprender a compartir, a trabajar en equipo y a resolver conflictos con sus semejantes. Sin embargo, las relaciones interpersonales necesitan espacio para desarrollarse y esto no puede hacerse si los padres se ocupan de inmiscuirse en todas las actividades del niño, como puede ocurrir fácilmente en el caso de padres de hijos únicos.

En resumen, es importante que los padres en esta situación comprendan y recuerden que ser hijo único no es necesariamente es un inconveniente y que aunque su hijo es muy especial para ellos, es tan especial como todos los demás niños para el resto de la sociedad. Este niño, al igual que todos, debe abrirse paso por la vida y por lo tanto debe ser equipado para ello. Pero estará mal equipado si la actitud de sus padres lo convence que lo merece todo aunque no haga nada por merecérselo, que el mundo debe estar a su servicio y que sus semejantes son sus súbditos y no sus compañeros. Recordemos que el éxito de una persona depende más de las creencias que tenga sobre sus características personales que de las características mismas, y que tales creencias son en buena parte resultado de las actitudes de sus padres.

Para concluir, el problema no es si es mejor o peor tener uno, dos o tres hijos. Lo importante es tener el número de hijos para los cuales se tenga la suficiente capacidad física, emocional y mental para cuidar y amar. Ni la resignación, ni la comodidad, ni el rechazo son componentes que ayudan a formar seres humanos sanos, equilibrados y felices. Los niños sienten cuando sobran en su familia y por ello pueden desarrollar una serie de inseguridades que serán el gran obstáculo de su vidas. De tal manera que si los padres se sienten en capacidad y disponibilidad para criar un sólo hijo, posiblemente lo harán mejor que quienes tienen varios muy a su pesar, simplemente porque se rinden ante la presión de los demás.

Muchos niños padecen en este mundo por el desinterés, la desidia o la falta de dedicación de sus padres. Por lo tanto, un hijo idealmente no debe ser producto de un "accidente" o una determinación forzada por terceros, sino el resultado de una decisión de amor y seriamente considerada. Así que quienes son hijos únicos porque sus padres así lo decidieron seguramente recibirán lo mejor de ellos y esta será su principal ventaja.

LOS PRIMOGÉNITOS NO SOLO
TIENEN PRIVILEGIOS

La gran influencia que el orden de llegada a la familia tiene en los rasgos de personalidad y de comportamiento de los hijos ha sido ampliamente estudiada y comprobada. Desde el momento en que nacen, los niños actúan, piensan y sienten de acuerdo a como ellos experimentan la realidad que les rodea y a la forma en que se perciben a sí mismos. Y esta percepción está definitivamente influenciada por la posición que ocupen en su familia, es decir si son el hijo o hija mayor, menor, intermedio, único hombre o única mujer, etc.

La primogenitura es una posición que tiene grandes ventajas pero a la vez grandes responsabilidades y cargas.

Aunque hay una creencia generalizada de que ser el primogénito de una familia es un gran privilegio, su condición de primeros les lleva a interpretar su papel en la vida en formas que no son siempre favorables para ellos. La primogenitura es una posición que tiene grandes ventajas pero a la vez puede implicar grandes responsabilidades y muchas cargas.

Tienen varios privilegios

Efectivamente, la posición del hijo o hija mayor es por lo general muy sobresaliente y definida en la familia. Durante algún tiempo, por lo menos hasta que llega un hermanito, son el centro de atención de sus padres, quienes ven todo lo que hace su primogénito como excepcional y maravilloso. Muchos son, además, el primer nieto de alguno de sus abuelos, y por eso son su consentido. Igualmente, son los que tienen el privilegio de estrenar casi todo, los que llevan la delantera en la mayoría de los campos y a quienes más se les celebran todos sus avances y logros. Los álbumes de fotos de la familia son una evidencia perfecta de la mayor importancia que se le da a todo lo de los mayores.

Debido a que generalmente se les da bastante autoridad sobre los menores, los hijos mayores tienen igualmente mucho poder entre sus hermanos y, durante la infancia, a pesar de las desavenencias, son generalmente el líder y el "ídolo" de los menores, quienes tratan incansablemente de imitarlos y recibir su aprobación. Además, no solamente tienen bastante injerencia en la vida de sus padres y hermanos, sino que se convierten en sus consultores y asesores vitalicios, lo que les hace sentirse personas muy capaces y poderosas.

Estas y otras circunstancias propias de los primogénitos llevan a que, por lo general, sean personas decididas, dominantes, con grandes deseos de superación, capaces, eficientes, poderosas, responsables y trabajadoras.

Mayores tensiones y más responsabilidades

Pero no todo es color de rosa para los mayores. Por un lado, son el conejillo de indias y con quienes los padres experimentan y aprenden, cometiendo errores que luego pueden evitar con los que les siguen. Además, muchos primogénitos nacen en momentos en que la pareja todavía no está organizada económicamente y su llegada produce un desequilibrio en el escaso presupuesto familiar, lo que hace que, a menudo, haya bastante tensión y angustia en el ambiente en que se desarrollan, por lo menos durante algún tiempo.

Por el otro lado, si bien los mayores son generalmente los consentidos del padre del sexo opuesto al propio, son a la vez el que destrona al padre de su mismo sexo y por lo mismo sus relaciones con este último son a veces tensas y difíciles, y en muchos casos hostiles.

Adicionalmente, a los hijos mayores se les asignan muchas responsabilidades con sus hermanos menores, exigiéndoles que los cuiden, que les den buen ejemplo, que les presten sus juguetes, que se dejen golpear y no respondan igual, que cedan ante cualquier exigencia "porque sus hermanitos son más pequeños", etc.

Los mayores son generalmente a quienes se les culpa en las peleas con los hermanos y por lo mismo a quienes los padres regañan por cualquier conflicto. No es de extrañar, por lo tanto, que en las relaciones del mayor con sus hermanos menores haya una mezcla de ternura y de hostilidad, por lo menos durante la niñez y muy buena parte de la juventud.

En la adolescencia y en los años que le siguen, usualmente hay mucha agresividad entre los mayores y los hermanos que les siguen como consecuencia de los sentimientos antagónicos de ambas partes. Los mayores resienten la carga de responsabilidades que se les imponen con respecto a los pequeños y los consideran culpables de muchos de los problemas que tienen con sus padres. Sus hermanos menores, a la vez, se sienten indignados porque los primogénitos siempre les lleven la delantera, porque son un tanto tiranos con ellos y los tienen de "sirvientes", a la vez que resienten que los primeros estén siempre a la cabeza y tengan más privilegios que todos.

Expectativas demasiado altas

Sin embargo, lo que suele ser la carga más grande y pesada para los primogénitos son las inmensas expectativas que los padres tienen con respecto a ellos. Muchos son los padres que se forjan grandes ilusiones de que su hijo o hija mayor será todo lo que ellos han soñado, y por lo mismo su nivel de exigencias con respecto a ellos es extremadamente alto. Se les demanda, por lo general tácitamente, que hagan todo bien, que sean excelentes estudiantes, que sobresalgan en los deportes, que se comporten divinamente, y lo que es peor, que sean lo que los padres consideran que deben ser.

Así, el sello característico del primogénito es su permanente lucha por cumplir con las expectativas de sus padres y conservar su posición de superioridad, ya que se su condición en la familia fácilmente lo lleva a concluir que su importancia y valor personal residen en ser mejor que todos los que le rodean.

Se podría creer que, cuando las habilidades y cualidades del niño le permiten lograr la excelencia esperada por los padres y por él mismo, no habría nada de malo en tener expectativas muy ambiciosas. Pero la verdad es

La carga más grande para los primogénitos son las inmensas expectativas que los padres tienen con respecto a ellos.

que, aun en los mejores casos, esto trae más problemas que beneficios. Si bien es cierto, (y hay estudios que así lo confirman) que los hijos mayores son a menudo quienes más se destacan profesionalmente, quienes más desarrollan su potencial y quienes logran las mejores posiciones económicas de la familia, son a la vez quienes más frecuentemente tienen problemas de depresión, ansiedad, angustia y estrés.

Al revisar su vida, no es raro que los primogénitos la consideren como una trayectoria satisfactoria pero más que nada pesada y agotadora. La mayoría de los primogénitos no se dan un minuto de descanso y permanentemente están estableciéndose metas superiores, precisamente porque se exigen demasiado, viven en una lucha constante por superarse y trabajan sin descanso para lograr éxitos cada vez mayores.

Por lo tanto, los mayores se distinguen también por ser personas competitivas, perfeccionistas, inflexibles, dominantes, autoritarias, controladoras, muy críticas y exigentes consigo mismas y con los demás. Por lo general, quieren tener siempre la razón e imponer sus ideas. Pero lo que hace la vida más complicada para los mayores es que para ellos es extremadamente importante tener una buena imagen y son capaces de cualquier esfuerzo o sacrificio para preservarla muy en alto. Por ello les cuesta mucho trabajo aceptar sus debilidades, admitir que algo no les salió bien o reconocer que pueden necesitar ayuda de otros en algún momento. Así mismo, son poco auténticos y espontáneos porque procuran hacer y decir lo que corresponde para quedar bien. Todas estas características los pueden llevar muy lejos en la vida pero son a la vez un obstáculo para su tranquilidad personal.

> *Para los mayores es extremadamente importante tener una buena imagen y son capaces de cualquier cosa para preservarla muy en alto.*

Los mayores desplazados

No siempre los primogénitos son realmente los mayores de la familia. Ocurre a veces, por ejemplo, que las capacidades o las características del segundo hijo son superiores a las del mayor y es la "estrella" de la familia, lo que en la práctica lo convierte en el mayor con todos sus privilegios y ventajas. Los problemas que tienen los hijos cronológicamente mayores cuando son superados por un hermano menor son generalmente muy grandes. Un primogénito en estas condiciones se siente desplazado, frustrado, desarrolla un autoconcepto muy pobre y suele convertirse en el hijo problema de la familia lo que la lleva a ser una persona conflictiva, negativa e insegura.

Evaluar las exigencias

No es la posición en la familia por sí misma el factor decisivo en cuanto a lo que una persona llegará a ser, sino las ideas que se forme en virtud de ella las que le llevarán a crear un estilo de vida y a desarrollar una serie de características de personalidad que serán decisivas en su futuro.

Muchos conflictos y dificultades personales de los hijos, se originan en la proyección de las expectativas de los padres respecto a ellos, las cuales arrastran toda la vida por haber ocupado un lugar "privilegiado". Esta posición les puede llevar a que se sientan forzados a alcanzar una serie de éxitos y a cumplir tantos requisitos que para lograr todo ello tienen que sacrificar su propia identidad.

Aquellos padres que a su vez son hijos mayores en sus familias de origen, le deben poner especial atención a sus expectativas, pues por su misma condición tienen exigencias aún más altas con sus primogénitos. Sin embargo, es importante que todos los padres examinemos con mucho detenimiento tanto las expectativas que tenemos con nuestros hijos mayores como las que ellos mismos se han establecido, para evaluarlas a la luz de los resultados que se verán. Esta reflexión es fundamental ya que a menudo los padres esperamos alcanzar a través de los hijos, y especialmente del mayor, lo que quisiéramos haber alcanzado y no pudimos.

El sólo hecho de tomar conciencia y estar muy alertas con respecto a las desventajas que como resultado de lo anterior tienen los hijos mayores, nos permitirá ayudarlos a hacer más llevadera su situación. De tal manera que es preciso recordarnos y recordarle a los hijos que lo importante no es llegar a la cima, sino haber caminado; que lo satisfactorio no es "alcanzar" el éxito sino haberlo intentado; que la alegría de vivir no está en "poder hacerlo" sino en querer hacerlo; que la felicidad no está en los logros sino en las satisfacciones cosechadas; y que ellos serán importantes para nosotros no por ser los mayores sino por ser nuestros hijos, sean cuales sean sus logros.

LOS HIJOS "SANDWICH"

Mucho se ha dicho y escrito sobre la situación y retos especiales a que se ven enfrentados los hijos únicos, y algo también sobre las particularidades y ventajas de los hijos mayores o menores. Sin embargo, sobre los hijos intermedios poco se ha hablado, lo que ratifica que por lo general son los que tienen menos importancia por su posición en la familia, y por lo mismo, quienes reciben menos atención individualizada.

Alfred Adler, famoso psiquiatra austríaco y padre de varias teorías sobre el comportamiento humano, hace muchos años dijo que cada niño interpreta su papel en la vida especialmente de acuerdo con la posición que tiene en la familia y que ésta, además de otros factores, influye decididamente en su personalidad y conducta.

Por ejemplo, los hijos mayores reciben, por lo menos durante un tiempo, la atención exclusiva de sus padres, y por su interés de seguir sobresaliendo y no ser desplazados por sus hermanos menores, suelen ser personas responsables, trabajadoras, perfeccionistas, eficientes, dominantes y orientadas al éxito, entre otras.

Los hijos menores, por otro lado, debido a que son por lo general más mimados y tienen no sólo al papá y a la mamá para atenderlos sino muchas veces también a sus hermanos mayores, se caracterizan porque les gusta ser el centro de atención y que los atiendan; son afectuosos, manipuladores, tiernos y buscan ser servidos por quienes les rodean. Contrario a los mayores, los estándares y expectativas de los padres hacia los pequeños son más relajadas y a muchos de ellos se les considera para siempre el bebé de la familia.

Los hijos "sandwich", como se les ha llamado a los intermedios, son generalmente los que tienen menos privilegios por su posición, circunstancia que se ve agravada si se llevan pocos años con sus hermanos, o si son sólo tres hijos y por ende solamente hay uno en esta condición. Los intermedios no tienen la importancia de los primogénitos ni tampoco el encanto de los hijos menores, por lo que no gozan de los beneficios de los unos ni de las atenciones de que son objeto los otros.

Las desventajas

La gran desventaja de los intermedios es que no hay ninguna razón inherente para que reciban atención o reconocimiento de sus padres, a no ser que sean además el único hombre o la única niña en la familia, y aún así ese hecho no siempre los hace muy destacados. Estos hijos tienen un rol menos definido respecto a su familia y a sus padres, y deben luchar más para fortalecer su débil sentido de pertenencia e identidad.

Las investigaciones realizadas sobre el tema han encontrado que los intermedios son con frecuencia quienes se sienten menos amados y quienes se perciben como más injustamente tratados, además de que consideran que sus padres están menos interesados en ellos. Quizás por esto, uno de los rasgos más predominantes de su personalidad es que viven pendientes de la justicia y están atentos a reclamar cualquier cosa, por mínima que sea, en que consideren que no han recibido las mismas ventajas que sus hermanos.

> *Los intermedios son quienes se sienten menos amados y se perciben más injustamente tratados.*

Con alguna frecuencia, además, se perciben como menos capaces ya que los mayores siempre les llevan ventaja en todo: caminan primero, hablan primero, van primero al colegio, etcétera. Estas percepciones tienen repercusiones en su autoestima, lo que los puede llevar a considerar que tienen menos capacidades y es por esto que, algunas veces, tienen un rendimiento más bajo en muchas áreas. Un estudio realizado en 1977 en la Universidad de Harvard indicó, por ejemplo, que los intermedios están más predispuestos a tener problemas de aprendizaje en su desarrollo académico y problemas de conducta en el ambiente familiar.

Las relaciones con los padres, hermanos, abuelos, y demás familiares pueden ser en parte responsables por el pobre concepto de sí mismos que pueden desarrollar los hijos intermedios. Aun cuando la familia no procura a propósito atacar al hijo intermedio, las dinámicas de una familia de tres o más hijos actúan adversamente en contra de la formación de una buena autoimagen en quienes están en el medio. Deben competir permanentemente tanto con el mayor como con el menor, y se consideran menos importantes que ambos. Esto es especialmente significativo en la niñez, cuando la competencia por la atención y el afecto de sus padres y abuelos es más fuerte.

Usualmente los hijos intermedios buscan sobresalir siendo el polo opuesto a su hermano mayor. Así, por ejemplo, si el mayor es responsable, obediente y buen estudiante, los intermedios son desaplicados, distraídos y olvidadizos.

Por el contrario, si los hermanos mayores son malos deportistas, el hijo intermedio suele ser un deportista dedicado y sobresaliente.

La situación de los hijos intermedios se ha vuelto más complicada hoy en día de lo que fue en el pasado, debido a que antes esta posición era compartida por varios hermanos porque las familias eran más grandes. Esto hacía que al no ser los únicos en condición de "ignorados" fueran menos las consecuencias adversas en el desarrollo de su personalidad. Sin embargo, hoy en día la mayoría de los hijos intermedios están solos en esta situación, pues pocas son las familias que tienen más de 3 hijos.

El hijo intermedio es por lo general blanco de las críticas de su hermano o hermana mayor quienes para sobresalir recurren a subrayar los defectos de quienes les siguen. Así, al sentirse a menudo como "peor", procura inconscientemente destacarse por sus maldades y ello lleva a que sea reprendido por sus padres con frecuencia, lo cual les puede ayudar a ratificar que es menos adecuado que los demás.

Por lo anterior, es frecuente ahora que el hijo intermedio sea la "oveja negra" de la familia y el que recibe más atención negativa. Al sentirse ignorados, muchos hijos en esta situación se dan cuenta de que una fórmula garantizada para lograr la atención de sus padres es portándose mal y metiéndose en problemas, hasta el punto de que esto se les vuelve una forma de vida. Los regaños continuos de sus padres los convencen de que son malas personas y el círculo se perpetúa con el hijo intermedio como el dolor de cabeza de la familia.

Pero no todo es desventajoso para los del medio. Dadas las dificultades de su posición y los mayores esfuerzos que deben hacer para sobresalir, desarrollan algunas características de personalidad muy favorables. Son por lo general sociables, descomplicados, capaces de adaptarse fácilmente a nuevas situaciones y tienen más facilidad para hacer amigos fuera del grupo familiar. Son también buenos mediadores, muy recursivos, auténticos, creativos e independientes. En las investigaciones sobre el tema se ha visto que, una vez que son adultos, suelen ser personas más estables, flexibles, tranquilas y en muchos aspectos menos conflictivas que quienes han llegado en el primero o en el último lugar a la familia.

El papel de los padres

Es evidente que lograr una posición significativa y de reconocimiento positivo en su familia es más difícil para los hijos intermedios.

Para todos los niños es indispensable sentirse especiales ante los ojos de sus papás y tener algunas características por las que se consideren valorados en la familia. Por ello, es preciso que los padres estemos conscientes de las desventajas de la posición de sus hijos intermedios y hagamos un esfuerzo consciente por darle atención positiva y reconocimiento permanente a sus cualidades únicas. Los intermedios requieren, más que ningún otro, que se señalen sus esfuerzos y sus progresos, y que se reconozcan sus talentos y virtudes individuales.

Cuando el hijo intermedio desarrolla una actitud muy competitiva o destructiva frente a sus hermanos, una forma de ayudarlo es canalizando estos impulsos en actividades y deportes apropiados para su edad. Si el intermedio demuestra un talento particular para actuar como mediador (lo que ocurre a menudo) se le debe dar aprecio por esta habilidad y se le debe estimular a aportar sus ideas y a compartir sus opiniones con toda la familia.

> *Si logramos transmitir a los hijos nuestro profundo amor y aprecio por ellos, contribuimos definitivamente a que se perciban como personas competentes y valiosas.*

Además, para que el hijo intermedio no tenga que procurar atención con comportamientos negativos, se le puede hacer sentir especial dándole la oportunidad de ser el primero en algunas ocasiones, así como otorgándole ciertos privilegios sin razón ni explicación. Así mismo, debido a que los hijos intermedios se sienten forzados a establecer su significación a través de sus amistades, es conveniente apoyarlos fomentando actividades de grupo.

Finalmente, es preciso tener en cuenta que al concentrarnos en las fallas de los niños o en sus puntos débiles, los padres perdemos la oportunidad de apreciar a cada hijo (sobre todo al intermedio) por todo lo que es y tiene para ofrecer. Si logramos transmitir a los hijos nuestro profundo amor y aprecio por ellos como personas, cualesquiera que sean sus características, contribuimos definitivamente a que se perciban como personas competentes y valiosas. Este convencimiento es un factor decisivo para que desarrollen todas sus virtudes y talentos, así como los múltiples atributos que tienen y pueden aportar a su familia y a su sociedad.

CAPITULO IV
CRECER EN LA INFANCIA

No hay nada mejor, ni más fuerte,

ni más sano, ni más útil para el porvenir de una persona

que haberla llenado de buenos recuerdos durante su infancia.

F. DOSTOIEVSKI

CARTA DE UN ADOLESCENTE A SUS PADRES

Estoy viviendo tantos cambios que no sé quién soy ni para dónde voy. Para saberlo no necesito de sus sermones o su presión, sino de su cariño y aceptación, porque sólo así puedo permitirme determinar lo que realmente soy.

No arruinen nuestra relación peleándome a toda hora por el desorden de mi habitación o por mi mala presentación. Siento más deseos de complacerlos cuando me aprecian que cuando me atormentan.

Cuando me critican para corregirme, me defiendo y no acepto mis fallas o mis defectos. Sus críticas no me mueven a cambiar sino que aumentan mi malestar. Además, duelen mucho más porque vienen de quienes más amo.

Escúchenme con atención y no rechacen lo que expreso, aludiendo que no vale sufrir por eso. Estaré más dispuesto a escuchar sus sugerencias si no tengo que defenderme y tratar de convencerlos de que lo que les cuento, con o sin razón, es sinceramente lo que siento.

Déjenme ser autónomo y decidir cómo vestirme, cómo peinarme y cómo organizar mis cosas. Entre más dependiente me hagan, más tendré que rebelarme para lograr independizarme.

Los procesos hormonales que afectan todo mi cuerpo me producen una serie de sensaciones que ni conozco ni sé manejar, alterando mi estado de ánimo sin que lo pueda controlar. Mi mala cara no es contra ustedes sino mi propia forma de reaccionar a todo esto.

Como ya no soy un niño, pero aún no soy adulto, no me siento parte de los unos ni aceptado por los otros. Es por eso que me urge pertenecer y ser aceptado por mis compañeros. Y por eso hago lo posible por parecerme y lucir como ellos.

No me ataquen con preguntas ni traten de forzarme a que les cuente mis intimidades. Podré compartir mis experiencias cuando me sienta seguro de que no me rechazarán.

Cuando me dejan hacer todo lo que quiero y no saben siquiera dónde estoy, me siento perdido, solo y abandonado porque concluyo que si poco les importo, poca cosa soy.

Aunque los amo profundamente, no me gusta que me acaricien y menos delante de mis amigos. Entiendan que si los rechazo no es porque no los ame, sino porque quiero sentirme grande.

No me tengan miedo, ni teman ser firmes conmigo al prohibirme todo lo que me haga daño o ponga mi vida en peligro. Cuando me doy cuenta de que los intimido o se ven desesperados porque no pueden conmigo, siento desprecio por ustedes y deseos de agredirlos para forzarlos a controlarme.

No me traten con indiferencia ni condicionen su amor a mi buen desempeño. Necesito saber que me aman por lo que soy, no por lo que aprenda o por los éxitos y honores que obtenga.

Ayúdenme a desarrollar mis cualidades, no simplemente mis capacidades, cultivando mi corazón y mi alma, no sólo mi inteligencia. Recuerden que más importante que llegar a ser un buen profesional es que me distinga por ser un buen ser humano.

Tengan presente que en el estado actual de cosas, le tengo más miedo a vivir que a morir. A veces me siento muy pesimista respecto a mi futuro y el del mundo en general, y llego a pensar que no vale la pena vivir. Cultiven mi fe en la humanidad, infúndanme esperanza en un mañana mejor y, sobre todo, ayúdenme a amar a Dios y a la vida que me dio.

¡Recuerden, no soy malo, simplemente me siento mal!

La preadolescencia,
una etapa de turbulencia

Cuando un niño empieza a criticar con frecuencia a sus padres y mayores, a buscar cómo mortificar a sus hermanos menores, a irritarse por cualquier cosa que se le dice, o a considerar que todo es "hacer el oso", es porque está entrando en la adolescencia, es decir, ha comenzado su preadolescencia.

La preadolescencia es el "paso" entre la niñez y la adolescencia y se caracteriza porque crea un desequilibrio emocional con conductas frecuentemente contradictorias, lo que la hace especialmente desconcertante tanto para los menores como para sus padres. Hasta los investigadores del tema han encontrado que el comportamiento impredecible y los inesperados cambios en los estados de ánimo de los preadolescentes los hacen un grupo muy difícil de estudiar. Quizás por esta razón, de todas las etapas del desarrollo humano, ésta, que va aproximadamente de los 11 a los 14 años de edad, (niños de 12 a 14 años y niñas de 11 a 13), ha sido la más ignorada.

Los padres generalmente los encuentran insoportables, los profesores incontrolables y los hermanos inaguantables. Algunos han definido la preadolescencia como la época durante la cual hasta los niños más encantadores se comportan en la forma más irritante y desagradable posible.

En general, es más fácil lidiar con niños mayores o menores que con preadolescentes. La preadolescencia se caracteriza, además, por ser una etapa en la que se manifiesta mucha violencia y descontrol. Esto es válido no sólo para los seres humanos sino hasta para varias especies animales. Los lobos blancos, que poblaron los campos de Siberia y el norte de Rusia, son una raza prácticamente en extinción debido a que durante su preadolescencia los juegos e interacciones con sus congéneres eran tan violentos que muchos no la sobrevivieron. Lo mismo ocurrió con algunas especies de peces marinos, ahora prácticamente extintas.

La transformación

Para los preadolescentes mismos también se trata de un momento difícil. En esta época se comienzan a suceder simultáneamente muchos cambios físicos, psicológicos y emocionales que les resultan perturbadores. Su desasosiego y desconcierto se manifiesta en un alto grado de sensibilidad y de irritabilidad; a menudo lloran por cualquier motivo o prácticamente sin razón. Es igualmente un período en el cual les cuesta trabajo concentrarse y decrece su rendimiento escolar.

La transformación física

Durante la niñez las diferencias corporales que se pueden observar entre los niños y las niñas son muy pocas; casi que se limitan a la diferencia de sus genitales. Sin embargo, cuando los niños comienzan la "pubescencia", como se denomina la etapa que precede a la pubertad, las diferencias entre los dos sexos empiezan a ser evidentes precisamente por los cambios anatómicos y fisiológicos.

Los primeros cambios que se aprecian en la mujer son el desarrollo de sus senos, la aparición de algunos vellos en las áreas genitales y de espinillas en la cara.

En los muchachos, los cambios físicos más notorios tienen que ver con el engrosamiento de sus facciones y el desproporcionado crecimiento de sus extremidades, simultáneo con un mayor crecimiento de sus genitales. Así mismo en esta época se comienza a suceder un repentino y veloz aumento en su estatura (un poco antes en las niñas que en los niños) que comúnmente se llama el "estirón".

La pubescencia concluye con la maduración sexual que se determina por la aparición de la menstruación en las niñas y la eyaculación en los niños, fenómenos fisiológicos que se considera que marcan la iniciación de la adolescencia misma.

Los preadolescentes se sienten "acomplejados" ante los fenómenos físicos que les están sucediendo y hacen lo posible por disimularlos. Les molesta de sobremanera que sus padres o mayores comenten sobre éstos delante de terceras personas y sufren mucho con los señalamientos y las burlas que se les hagan por cualesquiera de sus nuevas características físicas. Por esto viven casi obsesionados por pasar inadvertidos y se cuidan mucho de no hacer nada que los pueda poner en ridículo.

Es importante que los padres seamos muy conscientes de esta sensibilidad de los preadolescentes y procuremos evitar cualquier comentario - así sea positivo- respecto a ellos, en su presencia. Lo que más desea un niño en este momento es pasar inadvertido y cualquier cosa que le haga notorio entre extraños lo avergüenza e incomoda.

Independencia física

La preadolescencia es un período en que se puede esperar que el niño sea físicamente independiente, pero la independencia emocional, aun cuando también está en proceso, demora un poco más.

Una de las grandes diferencias entre la niñez y la adolescencia es que durante los primeros 10 años, las figuras centrales en la vida de los niños son sus padres y su familia. Por el contrario, en la adolescencia las relaciones más importantes son con los amigos y compañeros, y las relaciones familiares pasan a un segundo plano. Durante la preadolescencia este fenómeno comienza a hacerse evidente. Para los jóvenes es muy importante estar a todas horas con sus amigos, pues su mundo ya no se circunscribe simplemente al de su familia y tienen que ganarse un lugar entre ellos. Por eso en esta edad se vuelven "adictos" al teléfono, ya que es el medio para estar conectados con sus compañeros cuando no están juntos.

El preadolescente todavía no tiene los criterios y no está preparado para enfrentar muchas situaciones en las que puede verse involucrado.

La mayoría de las amistades importantes de los preadolescentes son todavía con los compañeros de su mismo sexo. Es característico de la preadolescencia el hecho de que todavía no les es muy significativa la presencia de compañeros del otro sexo. Los amigos íntimos, los clubes y los equipos deportivos tienen gran importancia, y para lograr la aceptación de sus congéneres, comienzan a querer lucir y vestir igual a todos.

Si bien los padres debemos ejercer todavía bastante control y establecer normas claras sobre los lugares que los muchachos pueden frecuentar y los horarios que deben observar, es importante comenzar a ceder y permitir a los niños que amplíen su círculo de relaciones poco a poco. Pero debemos tener muy presente que el preadolescente todavía no tiene criterios bien formados y no está preparado para enfrentar muchas situaciones en las que puede verse involucrado fuera de su casa, por lo que es fundamental asegurarnos de que anden en compañías apropiadas para ellos.

Por duro que pueda ser para los padres ver que ya no son lo más importante ni lo más admirado por los hijos, permitirles ampliar su mundo e ir dando pasos hacia su independencia no sólo propicia una mejor relación con ellos sino que les ayuda en su proceso de crecimiento.

Desafío a la autoridad

La independencia física y emocional, que comienza a ser evidente en la preadolescencia, viene acompañada de un poco menos de admiración por la autoridad y sabiduría de los padres, lo que se traduce en un desafío a su autoridad.

Los preadolescentes comienzan a darse cuenta de que sus padres no son tan omnipotentes ni tan sabios como los consideraron hasta entonces. Por esto se rebelan y argumentan casi sistemáticamente todas las órdenes e instrucciones que les imparten. Si bien esta conducta pone de manifiesto que el niño está dejando de ser un pequeño, los padres tenemos todo el derecho a poner límite a los cuestionamientos o comentarios desafiantes de los hijos y aclararles que deben seguir acatando nuestras órdenes.

Una etapa difícil para todos

La preadolescencia es también una etapa dura para los padres. En muchos casos, aquel niño o niña, hasta entonces dulce, tranquilo, razonable, complaciente y formal, parece intoxicado súbitamente con una sobredosis de antipatía y hasta las más razonables observaciones paternas a menudo encuentran alguna objeción o resistencia.

En esta etapa se inicia la rebeldía a la autoridad paterna que se manifiesta cuando comienzan a hacer precisamente todo lo que saben que más molesta a sus padres. Si para nosotros el orden es importante, ellos son los más desordenados; si saben que nos molesta el mal vocabulario, las groserías se vuelven de uso diario y continuo; si a los padres les interesa un deporte o actividad determinada, ese es precisamente el que ellos no quieren practicar por ningún motivo; si la presentación personal es importante en su casa, procuran vivir lo más desdeñados posible.

Es tan difícil para los padres manejar esta clase de comportamientos de los hijos, que nos resulta casi imposible comprender lo importante que es para ellos comportarse en esta forma. Se puede decir que los menores no tendrán lugar para construir su nueva estructura como adultos hasta que no hayan demolido y reacomodado la de la niñez.

Es vital que los padres nos demos cuenta de que los preadolescentes necesitan expresar parte de su comportamiento alocado y su desconcierto en una forma u otra. El preadolescente que nunca se enfrenta con sus padres ni desafía sus reglas o tiene problemas con ellos, posiblemente tendrá una gran dificultad para superar su adolescencia y entrar así en la edad adulta.

En la preadolescencia los niños están enfrentando o pronto enfrentarán problemas de identidad personal, sexo, amistades, desempeño académico, socialización y autoridad paterna. Tendrán que comenzar a formar sus propios valores respecto a la popularidad, la apariencia personal, la amistad, etc. Cada niño se desarrolla a su propio ritmo, así que es imposible afirmar categóricamente en qué momento ocurrirá. Lo que si es seguro es que en algún momento será.

Lo único claro es que la preadolescencia es una etapa de confusión. Es el momento de la vida cuando los hijos tienen mayores interrogantes y grandes preguntas sin respuesta; no saben exactamente qué les está ocurriendo pero están convencidos de que tienen razón; caminan en todas las direcciones sin tener una idea de para dónde van; saben bien lo que no quieren ser pero no tienen ninguna claridad sobre lo que quieren ser.

Los padres por lo general estamos no menos confusos, incómodos y desconcertados. Sin embargo, es uno de los momentos en que más cordura, tranquilidad y claridad es preciso ofrecer. Nuestra misión no es la de subyugar a los hijos para que continúen sometidos a nuestra autoridad suprema, ni la de dejarles hacer lo que se les venga en gana para evitar enfrentamientos y conflictos. Es la de ejercer toda nuestra sabiduría, experiencia y madurez para reorientar a los hijos y ayudarlos a superar las dificultades de esta etapa de la vida y a que salgan airosos con miras a una edad adulta plena, satisfactoria y feliz.

En la infancia, los padres somos el ancla que sostiene a los hijos en su lugar; en la adolescencia seremos sólo el faro que ilumina su camino; así que es hora de aflojar el ancla para que les sujete en momentos de tormenta, pero también de comenzar a recogerla para permitirles iniciar su travesía.

Algunas sugerencias para sobrevivir a la preadolescencia

• No le demos mayor importancia a determinados comportamientos del preadolescente - como su mala cara o su irritabilidad - ni los interpretemos como un ataque personal. Dejémoslos solos que ya les pasará.

• Tratemos de tener un número mínimo de reglas durante esta etapa. Los preadolescentes reaccionan a las reglas, como el toro a la capa roja, atacándolas. Concentrémonos en asegurarnos que nuestro hijo obedece las pocas reglas que son importantes respecto a su comportamiento.

• Aprovechemos lo más posible las oportunidades para estar emocionalmente cerca del hijo o hija preadolescente. Llevémoslo a lugares que le gusten, invitémoslo a practicar un deporte o a dar un paseo cada vez que haya oportunidad para hacerlo.

• Contemplemos al hijo por unos minutos después de que se ha dormido. Aquel niño que es capaz de enloquecernos mientras está despierto, se ve tan indefenso y tierno cuando está dormido. Unos pocos minutos observándolo así pueden darnos el coraje y la paciencia para enfrentarlo al día siguiente.

• Recordemos que la antipatía de esta etapa es necesaria para ellos, pero ante todo que es temporal. No durará para siempre, posiblemente sólo un par de años, ¡y es un alivio tenerlo en cuenta!

¿POR QUE SE REBELAN LOS ADOLESCENTES?

Por lo general se vive y se percibe a los adolescentes como un problema. Pocas veces se les valora como individuos que transitan hacia la edad adulta y que viven un momento de grandes cambios e incertidumbres. La psicóloga argentina Eva Giberti lo corrobora afirmando que "la adolescencia es una etapa al final de la cual se encuentra un adulto igual a nosotros, hacia el cual se encamina nuestro hijo". Se puede decir acertadamente que la adolescencia es un segundo parto... un parto para muchos padres, más agobiante y doloroso que aquel que trajo a nuestro hijo al mundo, pero que puede ser tan satisfactorio como el primero. El parto del nacimiento implica la separación física del niño del cuerpo de su madre; el segundo marca el final de la dependencia de los padres, necesaria en su trayectoria hacia una vida adulta sana y productiva. Pero al igual que el primer parto, entre más nos relajemos y aceptemos esta etapa como un proceso natural, menos difícil y doloroso será.

La adolescencia es una etapa de confusión, desconcierto, angustia y desasosiego, tanto para los hijos como para sus padres, durante la cual los jóvenes se preparan para acabar de "romper el cordón umbilical" que todavía los mantiene atados a sus padres, y lograr su vida como adultos. Es más fácil vivir la adolescencia de los hijos, y las desconcertantes conductas que la caracterizan, si se acepta como lo que es: una etapa de crisis, provocada por los muchos y rápidos cambios que se suceden, pero normal y temporal dentro del proceso de crecer.

La etapa de definir su identidad

Todos los seres humanos cumplimos un ciclo ordenado de evolución que se encamina a desarrollar todo nuestro potencial y llegar a autosatisfacer la totalidad de nuestras necesidades físicas, sociales, intelectuales y emocionales. En otras palabras, la culminación del proceso de crecimiento se logra cuando el individuo es autónomo en todos esos aspectos.

Así como para ser profesional es necesario adelantar estudios primarios, secundarios y universitarios, y cumplir con las tareas correspondientes a cada fase, para ser adulto es necesario haber pasado por las etapas de infancia, niñez y adolescencia, cumpliendo con las tareas propias de cada edad, que traen como resultado determinados comportamientos.

La tarea principal de la infancia es la de individualizarse, para lo cual el hijo debe cumplir la labor de descubrir su cuerpo y sus habilidades, así como la de dominar ciertas destrezas básicas que le permitan funcionar como un individuo separado de su madre (caminar, hablar, coger, comer, etc.). Durante la etapa de la niñez, la tarea del individuo es la de determinar las conductas propias de su género sexual y desarrollar habilidades más complejas (leer, escribir, correr, etc.), que lo van capacitando para desenvolverse y dominar el medio con sus propios recursos y destrezas, a la vez que conocer y explorar el mundo exterior. La dependencia de los padres va siendo cada vez menor y los amigos son cada vez más importantes, pero todavía los primeros siguen siendo las figuras centrales en la vida del niño. Los comportamientos durante la niñez corresponden así a la tarea de desarrollar competencia física, social y académica, y sus intereses están centrados alrededor de conocer el entorno que los rodea.

Durante esta época de transición el hijo tiene que definir una identidad propia, para lo cual necesita dejar de ser una "extensión" de sus padres.

Si tenemos en cuenta que la edad adulta se reconoce en el momento en que la persona tiene la capacidad de independizarse física, social y emocionalmente del seno paterno, la adolescencia es aquella etapa final de preparación para este fin. Durante esta época de transición y de preparación para la edad adulta, el individuo debe cumplir la gran tarea de definir una identidad propia, para lo cual necesita dejar de ser una "extensión" de sus padres y forjar su propia personalidad. Varios expertos en la conducta humana definen la adolescencia como la "Declaración Final de Independencia". Cada una de las desconcertantes conductas características de este período es el resultado de las tareas que se cumplen para surgir finalmente a la edad adulta y están encaminadas a procurar su autonomía.

Rebeldía e individualización

Independizarse significa librarse de aquello de lo cual se depende. El adolescente desobedece y se rebela no tanto para desafiar a sus padres como para experimentar su propia identidad y lograr su libertad. Se rebelan contra nosotros no porque sean malos y quieran mortificarnos, sino porque son jóvenes que procuran independizarse. Hay que estar atentos y dispuestos a reconocer este desafío, pero no para convertirlo en una batalla campal en la que el joven lucha por liberarse y los padres luchamos por mantenerlo atado.

Sin embargo, el erróneo objetivo de muchos padres en esta etapa de la vida de los hijos es el de impedir que se produzca la esperada ruptura entre ellos y los hijos. Lo grave es el conflicto que se genera cuando los padres sentimos que la independencia y rebeldía de los hijos hace tambalear nuestra autoridad (la cual nunca tambalea si es realmente autoridad y no autoritarismo o tiranía).

Existe un grado de rebeldía y desobediencia que forma parte de ser un adolescente. Es necesario entender que así como hay que adaptarse a un bebé, también es necesario adaptarse a un adolescente, quien es básicamente un individuo confundido y desadaptado en proceso de revaluar a sus padres y a su mundo, para establecer uno propio. Pero adaptarse no es someterse. Los padres *no* tenemos que someternos ni abandonar a los hijos, pero sí aceptar que las conductas aparentemente absurdas y provocadoras de nuestros hijos no son otra cosa que una manifestación de conflictos y confusión que el muchacho ni conoce ni sabe manejar.

Por lo anterior, es más acertado no ponernos en posición de ser desobedecidos tratando de exigirles comportamientos que sabemos que el muchacho va a resistir (por ejemplo: que escuche música suave, que se peine como el papá, o que vista al gusto de mamá). Todas sus actuaciones, por absurdas que nos parezcan, están encaminadas a ser diferentes a sus padres. La búsqueda de su identidad, y la definición de su personalidad, son el centro de su mundo emocional. El intento del adolescente por descubrirse a sí mismo constituye uno de los momentos más difíciles del desarrollo psíquico, sobre todo porque no se trata solamente de descubrirse sino de crearse, de asumir una personalidad y una identidad donde coincida lo que él es, con lo que desea ser y con lo que otros esperan que sea.

Para dar cabida a la estructura de su propia identidad, el adolescente necesita derrumbar la estructura de la niñez. Durante 10 ó 12 años el niño vive bajo la autoridad de sus padres y acepta sin mayor resistencia sus órdenes. Pero crecer significa revaluar a los mayores y tratar de ponerse a su misma altura para sentir que se deja de ser menor. En el proceso de separarse y de ser distinto a nosotros sus padres, necesita vernos como viejos anticuados y pasados de moda para poder justificar su separación.

Los problemas se agravan cuando los padres insistimos en mantener una posición de sabios supremos ante los hijos y nos enfrentamos con los muchachos tratando de imponer nuestras ideas. Aceptar las ideas del adolescente no quiere decir aprobarlas y rendirse a las mismas, pero tampoco imponer las propias a la fuerza. Lo importante es entender, y hacerles entender, que sus puntos de vista pueden ser válidos para ellos, pero que los nuestros son diferentes.

Rebeldía e inseguridad

La adolescencia es la etapa de la vida en que el ser humano sufre mayores y más rápidos cambios; por esto mismo, se caracteriza por ser un momento de gran inseguridad. Los jóvenes son una curiosa mezcla entre encanto y desagrado, entre ingenuidad y agresividad, entre prepotencia y desamparo, que disfrazan con rebeldía y mal humor.

> *Los problemas se agravan cuando los padres nos enfrentamos con los muchachos y tratamos de imponerles nuestras ideas.*

A nivel físico, el adolescente está experimentando rápidas transformaciones que le darán todas las capacidades propias del adulto. Es la etapa del "estirón" que definirá su altura como adulto, del engrosamiento de sus facciones que definirá su perfil como tal, y del desarrollo sexual y genital que lo facultará para reproducirse y formar su propia familia. A nivel intelectual, desarrolla la capacidad de pensamiento abstracto que lo faculta para reflexionar, evaluar y formar sus propias ideas en lo que se refiere a conceptos morales e intangibles. A nivel social, comienza su interés por los compañeros del otro sexo, de modo que las personas centrales en su vida dejan de ser sus padres para pasar a serlo sus amigos y compañeros.

Al sufrir tantos cambios casi simultáneos, la inseguridad se apodera de los jóvenes y marca toda su trayectoria. Su rebeldía no sólo es una forma de aprensión sino que les sirve para encubrir su intranquilidad. Así, cuando el adolescente tira la puerta, hace mala cara o habla haciendo gestos desagradables, está demostrando no sólo su falta de control sino también su tremenda inestabilidad.

Además, la inseguridad de los adolescentes es mayor si los padres no sabemos qué hacer frente a ellos y dudamos del comportamiento que debemos seguir. La psicóloga Eva Giberti afirma que la angustia del hijo aumenta cuando percibe el desconcierto que le transmiten los adultos, de tal manera que a su "delicado" estado natural se le añade la confusión y la incertidumbre de unos padres que dicen ser más fuertes, más seguros y más capaces que él, pero que no lo parecen.

Por otra parte, para no agudizar su inseguridad es importante que evitemos hacer críticas o señalamientos negativos sobre los cambios que está sufriendo el hijo (los "gallos" al hablar, sus barros en la piel, etc.), así como sobre sus gustos y preferencias, comentarios que no lo motivan a cambiar sino que incrementan su malestar.

Rebeldía y necesidad de pertenecer

Puesto que su círculo familiar ya no es el importante para ellos, los adolescentes necesitan y luchan por pertenecer al círculo de sus iguales. Ya no necesitan ser aprobados por papá y mamá sino por sus compañeros, y por lo tanto su seguridad reside en la pertenencia a ese grupo. Es por esto que los muchachos deben vestirse, peinarse, hablar, etc. como lo diga el grupo, porque en el proceso de "liberarse" de los padres necesitan ser acogidos por sus amigos. De tal manera que la rebeldía contra las costumbres y hábitos de los padres es en realidad una medida para estar a tono con sus congéneres.

Ayudamos más a los adolescentes si en lugar de tratar de imponerles la forma de vestir o de peinarse de los padres les permitimos hacerlo a su gusto, siempre y cuando no sea en contra de nuestras normas morales. Las críticas en cuanto a la forma como se arregla, camina, habla o se desenvuelve el hijo sólo servirán para aumentar la tensión y crear mayor hostilidad en las frágiles relaciones entre padre e hijo.

Rebeldía e infancia

Nada sucede en la adolescencia que no haya sido preparado durante la infancia. La intensidad de la rebeldía en la juventud depende de qué tanto se haya estimulado su autonomía durante los años anteriores de su vida. Cuando los padres han atado a sus hijos con fuertes amarras, más fuerte tendrán ellos que tirar para zafarse y mayor será la posibilidad de que quieran romper definitivamente con nosotros y coger un mal camino.

Es corriente en la adolescencia que los muchachos revivan los castigos ofensivos inferidos por los padres durante su niñez. Como ahora se sienten tan fuertes como sus padres, inconscientemente quieren "cobrárselas", descargando sus tensiones en forma de agresión contra sus padres o contra sus hermanos menores.

Libertad sin libertinaje

Pasa con los hijos lo que con una manotada de arena: si cerramos fuertemente la mano para aprisionarla se nos va escurriendo por entre los dedos y entre más presionemos más la perderemos. Si, por el contrario, la dejamos reposar tranquilamente sobre la palma de la mano abierta y la sostenemos en forma muy estable pero sin fuerza, más la conservaremos.

Pocas veces en la historia de la humanidad los jóvenes han necesitado tanta estabilidad y seguridad como ahora. Los muchachos viven hoy bajo una tormenta de inmoralidad, drogadicción, promiscuidad, violencia y desintegración familiar, que amenaza su integridad física, su conducta social y su proceder moral.

Recordemos que el adolescente que se siente seguro y confía en sus padres, tendrá menos posibilidades de ceder a las presiones externas inapropiadas y menor será su necesidad de adoptar conductas destructivas para rebelarse contra los mayores o contra la sociedad que lo rechaza. Es decir, entre más seguro esté de que es amado, menos procurará distinguirse por ser malvado.

En la adolescencia debemos empezar a soltar a los hijos y hacernos a un lado, pero en ningún caso dejarlos solos.

Las reacciones consideradas como rebeldes en la adolescencia no son casuales: arrancan de una determinada relación padre-hijo y pueden ser corregidas o disminuidas por las actitudes que asumamos como padres. Una relación enriquecedora resulta de saber mirar la propia vida y, sobre todo, de poder ver qué sucede dentro de los hijos que esperan nuestro afecto y cuál es la orientación que se desprende de una autoridad correctamente ejercida.

Para poder individualizarse y alcanzar felizmente la edad adulta, el hijo adolescente necesita sentir que puede desprenderse de sus padres, pero le será más fácil si sabe que puede volver en cualquier momento porque ellos estarán esperándolo. Para poder zarpar, el hijo necesita saber que podrá regresar en caso de tormenta o de calma, es decir, cuando lo precise.

Así como durante la infancia debemos llevar a los hijos en brazos y durante la niñez tomarlos de la mano, en la adolescencia debemos soltarlos y hacernos a un lado, pero en ningún caso perderlos de vista. Podría decirse que la adolescencia es un puente que atraviesan los hijos de la niñez a la edad adulta, y que nuestro papel es el de servir como barandas de ese puente, sin atravesarnos en la senda de su camino pero actuando con la firmeza requerida para asegurarnos de que no caigan en el abismo.

La etapa de la adolescencia necesita de una dosis muy grande de papá y mamá, no en términos de presencia física sino en términos de apoyo, de amor y especialmente de fe en ese hijo que crece y que en poco tiempo se transformara totalmente en un adulto.

LOS ADOLESCENTES ANTE
LA PRESION DEL GRUPO

La presión del grupo de sus compañeros adolescentes es utilizada por los padres como explicación de la rebeldía y las malas conductas de sus hijos adolescentes, y por los jóvenes como una excusa de sus comportamientos o sus problemas. Sea una explicación o sea una disculpa, la presión del grupo es un factor presente y de trascendental importancia durante la adolescencia. Lo que a veces se desconoce es que no tiene que ser sólo una desventaja.

Los años de adolescencia son terriblemente confusos y angustiantes. Es una época de múltiples y rápidos cambios, acompañados, como si fuera poco, de grandes expectativas y nuevas responsabilidades para los jóvenes, y de grandes angustias y pérdidas para sus padres.

Hay muchísimos cambios en el plano físico, mental, emocional, social e intelectual. Para mencionar tan sólo unos pocos: se inicia la madurez sexual acompañada de una serie de nuevas sensaciones que no conocen ni saben manejar; hay un abrupto crecimiento y la ropa queda estrecha y corta de la noche a la mañana; la cara se llena de barros, la nariz se agranda, la voz cambia, las orejas crecen desproporcionadamente y así mismo las extremidades; las caderas se redondean y todo lo que se comen engorda como nunca antes; los hermanos menores resul-

En este momento de la vida, el apoyo y la aceptación de sus congéneres y pertenecer al "grupo" es trascendental para los muchachos.

tan inaguantables y los padres, anticuados y cansones; los compañeros del otro sexo empiezan a parecer interesantes y atractivos. Como si fuera poco, esta difícil etapa viene frecuentemente acompañada de críticas y rechazos de parte de los mayores, por su nuevo aspecto y sus desagradables conductas.

Todos estos súbitos cambios, además de la agresividad hacia sus padres y hermanos, hacen que los muchachos en general se sientan perdidos y sin nadie a quién acudir. No son niños pero tampoco son adultos. Es por eso, en gran parte, que en este momento de la vida, el apoyo y la aceptación de sus congéneres es fundamental y pertenecer al "grupo" es trascendental para ellos. De ahí que hacen todo lo que sea necesario por ser parte del mismo.

Tiene sus ventajas

Muchos padres ven en los grupos de jóvenes a su peor enemigo y presionan a sus hijos para que se aparten de ellos o luchan para que no se identifiquen con los mismos. Sin embargo, es importante tener en cuenta que la pertenencia al grupo también tiene varias funciones importantes como son:

Seguridad: Si usan la misma ropa, el mismo peinado, el mismo lenguaje, es más fácil ser aprobados y no sentirse fuera de lugar. En efecto, los cambios y diferencias físicas, al estar todos tan parecidos, son menos notorios y angustiantes; hay menos posibilidades de ser rechazados cuando se ajustan a lo que todos están pensando, vistiendo y diciendo; y les da mucha seguridad (en una época de tanta inseguridad) hacer lo mismo que los demás están haciendo y ser uno de ellos.

Identidad: En un momento donde se está luchando por ser independiente y por desarrollar su propia personalidad, tener el apoyo y la aceptación del grupo de compañeros brinda el soporte necesario para experimentar su nueva identidad. El grupo admite y reconoce la identidad propia y singular de cada joven.

Solidaridad: Los grupos les brindan la oportunidad de estar con personas que comparten sus mismos problemas y angustias. Además, entre los amigos se pueden ensayar nuevos comportamientos y actitudes que posiblemente serán rechazados o ridiculizados por la familia o por los mayores.

Apoyo: En el grupo es posible encontrar el medio para dar salida a algunas de las frustraciones. Al compartir y desahogar las angustias, temores y problemas, se pueden reconocer más los éxitos y logros, y esto a su vez ayuda a los muchachos a mejorar el concepto de sí mismos y ganar seguridad personal.

Desde luego que el grupo también puede tener una influencia negativa e impulsarlos hacia comportamientos inapropiados y nocivos tanto para ellos como para los demás. La presión de los compañeros puede llevarlos a tomar en exceso, a manejar atrevidamente o embriagados, a iniciar relaciones sexuales temprana y promiscuamente, a experimentar con drogas nocivas para su salud o a robar o agraviar a los demás.

Cuando se comienza a percibir que el grupo está iniciando un influjo negativo o perjudicial, los padres debemos procurar que los hijos vean lo serias que pueden ser las consecuencias: cárcel, adicción, accidentes, paternidad prematura, y que todas ellas pueden ser un terrible obstáculo en el camino hacia una edad adulta prometedora y feliz. Cuando se les acoge con afecto y comprensión es posible que, con la debida guía y apoyo, los muchachos puedan ver que hay momentos en que es más importante ser poco popular que arriesgar su salud y su felicidad.

Influencia de la familia

Finalmente es muy importante tener en cuenta que la familia tiene una influencia decisiva en la importancia que un muchacho le da a su grupo y a la clase de amigos que frecuenta. Si los padres aceptamos y valoramos al muchacho, estimulamos su participación en varias actividades, apoyamos sus intereses (así no sean los que los padres hemos soñado) y le damos al hijo un lugar prioritario en nuestras vidas, serán muy grandes las posibilidades de que el joven busque amigos sanos que sean un aporte a su vida y a su desarrollo.

Un muchacho que se siente amado, aceptado, útil, aprobado y significativo en su familia, desarrolla un alto concepto de sí mismo y una buena seguridad personal. El joven que conoce su importancia no necesita desarrollar comportamientos negativos ni emprender actividades peligrosas o perjudiciales para "ratificar" su valor entre quienes le rodean. Al sentirse importante por lo que es, no tendrá que depender tanto de la aprobación de sus amigos y por lo tanto será más difícil que sucumba ante la presión negativa de un grupo o que frecuente compañeros que procuren sobresalir destructivamente.

Por el contrario, quienes no están seguros de sí mismos necesitan la aprobación de sus compañeros y son capaces de hacer cualquier cosa, buena o mala, para lograr su aceptación. Pertenecer a un grupo destructivo le proporciona además la oportunidad para lograr atención (así sea negativa) en su comunidad, atención que añoran los muchachos que no la reciben de aquellos para quienes deberían ser lo más importante de su vida, es decir, sus padres.

En resumen, los adolescentes necesitan amigos en quienes confiar, apoyo de sus compañeros y aceptación de su grupo. Un sentido de pertenencia es lo que les impulsa a pertenecer a su grupo, y cuando este grupo está bien orientado, puede ofrecer salidas sanas y positivas para ayudarles a transcurrir hacia una madurez plena y satisfactoria.

Para que los jóvenes pertenezcan a grupos que les aporten y no que los perjudiquen, los padres debemos...

...brindarles la oportunidad de participar en equipos deportivos, desarrollar actividades artísticas o cultivar aficiones sanas.

...promover su acercamiento a aquellos compañeros con quienes disfruten de actividades positivas y hacerles ver la importancia de escoger amistades con las que puedan contar "en las buenas y en las malas".

...ayudarles a ensayar nuevas actividades que los mantengan ocupados y distraídos en cosas sanas. Aprender a cocinar, tomar clases de gimnasia, aprender fotografía o hacer algún trabajo remunerado son formas de entablar nuevas relaciones y lograr nuevas satisfacciones.

...conocer y acoger a los amigos de los hijos y evitar rechazarlos simplemente porque su apariencia o su condición social no parecen ser apropiadas. Las personas feas o un poco menos refinadas también pueden y suelen tener almas muy lindas.

...aceptarlos como son, con todas sus incongruencias y conductas propias de la edad. Cuando los hijos se sienten amados por sus padres no necesitan buscar, a cualquier precio, grupos destructivos que los aprueben.

COMO PROMOVER UNA BUENA
COMUNICACION CON
LOS ADOLESCENTES

Los padres con frecuencia nos quejamos de que nuestros hijos adolescentes son muy introvertidos, y los jóvenes, a su vez, se quejan de que son incomprendidos. Lo peor del asunto es que ambos tenemos razón.

La comunicación entre padres e hijos adolescentes suele ser muy pobre. A menudo, los padres nos dirigimos a los hijos ante todo para ordenar, sermonear o regañar, y los hijos a sus padres para exigir o renegar.

El objetivo de comunicarnos eficazmente con los hijos es conectarnos con ellos, es decir, establecer un vínculo "de corazón a corazón" con nuestros muchachos. La comunicación es así mismo el mecanismo que nos permite guiarlos y orientarlos en una época de tanta confusión y desasosiego como lo es la adolescencia.

Comunicarnos con los hijos durante su infancia parece ser un proceso natural, pero como en la adolescencia la relación padre e hijo sufre muchos cambios, los canales de la comunicación se rompen, por lo menos temporalmente.

Es vital saber escuchar

Cuando la mayoría de las personas oyen hablar de comunicación, inmediatamente piensan en hablar. Pero en la comunicación personal, hablar es uno sólo de los elementos y quizás el menos importante. Escuchar es aún más necesario y parece ser más difícil para la mayoría.

Cuando escuchamos a nuestros hijos les estamos diciendo que ellos, sus preocupaciones, ideas y opiniones son importantes para nosotros. Así mismo, cuando no los escuchamos o no les prestamos atención, claramente les comunicamos que no nos importa lo que tienen para decirnos; en otras palabras, que ellos no son importantes para nosotros.

Usualmente, la comunicación con los hijos es deficiente desde la niñez porque los padres no sabemos escuchar y nos limitamos tan sólo a oír sin atención y verdadero interés lo que nuestros hijos tratan de contarnos. Si nos observamos, son muchas las veces que los muchachos nos reclaman que les prestemos cuidado porque nos están hablando.

La falta de interés paterno en lo que los hijos pequeños nos cuentan se debe, en gran parte, a que los padres consideramos que los problemas o preocupaciones de los hijos menores son pequeños y por lo tanto no tienen importancia (se les perdió la pelota, se les rompió un juguete, los amigos no quieren jugar con ellos, etc.). Pero estos "problemas" pueden ser tan graves para los hijos como las más serias dificultades lo son para nosotros los adultos, y por esto mismo, requieren que les escuchemos con gran interés para sentirse comprendidos.

Los sermones bloquean la comunicación

Así mismo, cuando un niño nos comenta sobre una experiencia desagradable o sobre algún disgusto que ha tenido, por lo general comenzamos a sermonearlo antes de que el menor siquiera acabe de narrar su historia. "Eso te pasa por...", "Es importante aprender a perder...", "No tienes por qué llorar por esa bobada"... son las respuestas que con frecuencia le damos a un niño contrariado, y por supuesto, son respuestas que lo único que logran es que el menor se arrepienta de habernos confiado su problema y opte por callar sus sentimientos y dificultades.

Nuestras respuestas a menudo lo que logran es que el hijo se arrepienta de habernos contado sus problemas

De esta manera, los hijos se enseñan a no compartir sus intimidades con nosotros, y posteriormente cuando son adolescentes menos lo harán, prefiriendo callar antes que exponerse a ser rechazados o criticados. Ellos interpretan las críticas o la falta del interés paterno como un rechazo o un ataque a su persona.

Por el contrario, si escuchamos con interés sus dificultades desde pequeños, sin predicarles sobre lo que es apropiado sentir, les enseñaremos a compartir con nosotros sus problemas cuando estén más grandes. Debido a que la adolescencia es una etapa de gran inseguridad, confusión y peligro, una buena comunicación es indispensable para poder estar muy cerca de los jóvenes, conocer sus inquietudes y poderlos orientar.

Escuchar para que nos hablen

Tres elementos son indispensables para escuchar y establecer un verdadero contacto con los hijos: atención, comprensión y aceptación.

La atención al escuchar se demuestra mirándole a los ojos y asumiendo una posición relajada, atenta y amable; quizás inclinándonos un poco hacia ellos en señal de que estamos interesados en lo que tienen para decirnos. Exige que nos concentremos verdaderamente en lo que nos están contando, sin hacer ni prestar atención a nada más.

La comprensión se demuestra con actitudes y gestos, es decir lo que se llama el lenguaje no verbal o corporal, que reflejen nuestra empatía con lo que nos están contando. Las expresiones breves (ajá..., mmm..., qué bueno..., qué pesar...) también sirven para indicar que estamos comprendiendo lo que escuchamos.

La aceptación se expresa mediante una actitud de imparcialidad y respeto por los sentimientos o ideas que expresa el joven, así no estemos de acuerdo con ellas. Lo que los hijos manifiestan, por absurdo que parezca, es válido para ellos. De tal manera que no se deben controlar los sentimientos sino las malas acciones que puedan ser resultado de lo que siente. Es decir, si el muchacho nos dice que "Voy a matar a mi hermanita porque me dañó mi equipo", en lugar de regañarlo advirtiéndole que: "¡cuidado toca a su hermana!", debemos asumir una actitud empática que le demuestre que lamentamos lo que ocurrió. Luego, podemos discutir con él sobre las mejores alternativas que tiene para solucionar su problema, advirtiéndole que la violencia física no está permitida.

Con esta actitud posiblemente creamos un ambiente en el cual los muchachos se sienten libres y seguros para compartir sus problemas, inquietudes y preocupaciones. Cuando nuestros comentarios de alguna manera implican que "no debes pensar así", o cuando menospreciamos sus gustos y creencias, se cierran los canales de comunicación y los jóvenes tienden a aislarse. Además, si se sienten atacados, se concentrarán en defender su posición y no en considerar la validez de la nuestra. Por el contrario, cuando demostramos un genuino interés y respeto por los adolescentes y sus ideas logramos establecer una relación estrecha a través de la cual es mucho más fácil influenciarlos.

Hablar para que nos escuchen

Para lograr que los hijos también nos escuchen cuando nosotros tenemos algo importante qué decirles, es necesario hacerlo de una manera que los motive a prestarnos atención. Esto también se logra cuando compartimos con los hijos lo que sentimos como consecuencia de su conducta, sin atacarlos ni ofenderlos.

Cuando nos dirigimos a los hijos para hacerles un reclamo, es necesario hacerlo de una forma que repruebe sus actos sin atacar su persona o su personalidad, es decir haciendo una diferenciación muy clara entre la persona y sus actos, y utilizando un tono de voz firme a la vez que respetuoso. Los gritos, las burlas, las amenazas, las súplicas, las acusaciones, etc., son siempre ataques que provocan ante todo rabia y desprecio de parte de los hijos y que los llevan a defenderse contraatacando, o en el mejor de los casos, pretendiendo que están "sordos".

Por ejemplo, cuando tiene la música muy fuerte, típicamente le decimos: "eres un desconsiderado, nos estás reventando los oídos a todos", con lo cual estamos atacando su persona. Lograremos más colaboración si le decimos: "¡nos molesta la música tan alta y nos produce dolor de cabeza; por favor bájala!", porque así estamos reprobando lo que ha hecho pero no calificándolo como mala persona, a la vez que le estamos enseñando a tener en cuenta los sentimientos y necesidades de los demás.

Muy posiblemente no será difícil lograr que los hijos adolescentes nos atiendan y entiendan si le hemos mostrado que nosotros también somos capaces de atenderles y entenderles.

Cómo enriquecer la comunicación

Nuestras conversaciones con los muchachos no deben limitarse a preguntas inquisitivas, advertencias solemnes y continuos recordatorios sobre lo que deben hacer o dejar de hacer, sino que deben ir mucho más allá: deben ser una oportunidad para compartir sentimientos, creencias y opiniones con respeto y sincero interés.

Para enriquecer la comunicación, sobre todo cuando se ha deteriorado o cuando el muchacho es introvertido, en primer lugar es necesario tener en cuenta que la adolescencia es una etapa de revaluación, un período durante el cual el joven está buscando su propia identidad y forjando su personalidad, por lo cual necesita apartarse de sus padres y ser lo más distinto que pueda. Al tratar de forzarlos a seguir haciendo lo que les decimos, compartiendo nuestras ideas, acogiendo nuestros gustos y rechazando las de ellos, lo que logramos es que se rebelen con más fuerza y se aíslen lo que más puedan.

Cuando la comunicación con los muchachos ha sido muy pobre, la forma de promoverla no es atacarlos a preguntas ni andar suplicándoles que nos cuenten cómo les fue en la fiesta, en el partido, etc. Se logra mucho más buscando momentos para contarles cómo nos fue a nosotros, qué nos está inquietando o qué cosas buenas nos ocurrieron, es decir para compartir lo nuestro. La hora de las comidas es una oportunidad ideal para convertirla en una tertulia familiar (no una aburridora clase de nutrición y de buenos modales) en la que todos los miembros de la familia puedan comentar cómo transcurrió su día, informando sobre hechos o noticias que todos deban conocer.

En segundo lugar, para mantener los canales de comunicación abiertos, los padres tenemos que disponer de tiempo para estar con los hijos. Usualmente, como consideramos que los hijos adolescentes ya "están grandes", nos desentendemos y poco estamos con ellos. Pero los jóvenes todavía nos necesitan mucho. Practicar algún deporte, compartir un interés o salir de compras con los muchachos puede propiciar un ambiente para tratar temas que en otro momento son difíciles de abordar.

No cabe duda que es difícil ser padre de un adolescente. Pero será peor si la pasamos peleándoles, reprendiéndolos o acosándolos. Concentrémonos en lo maravilloso que tiene cada uno de nuestros hijos; disfrutemos las particularidades de cada etapa de su vida y gocemos todo lo positivo que tienen para aportarnos. Seamos unos padres comprensivos, atentos y abiertos, y veremos cómo nuestros hijos nos buscarán en procura de guía y amor, y así les serviremos de apoyo para que puedan seguir adelante orientados por nuestra sabiduría.

al escuchar activamente...

... se crea un fuerte vínculo de unión entre padres e hijos.

...se establece un clima de confianza y amistad.

...se demuestra un sincero interés por los hijos, es decir, se demuestra amor.

...se valora a los hijos al establecerles que lo que ellos tienen para contar es importante para nosotros.

...se hace posible conocer mejor a los hijos, y así mismo, guiarlos apropiadamente.

al hablar eficazmente...

...se expresa el sentimiento de los padres frente a la conducta del muchacho, sin atacarlo como persona.

...se logra que el hijo esté más dispuesto a aceptar lo que se le dice y a que se interese por cambiar.

...se ofrece claridad sobre lo que se espera de los hijos y la forma como su conducta afecta a los demás.

...no se hiere el amor propio ni se afecta la confianza.

...se promueve un ambiente de respeto y sinceridad.

LOS ADOLESCENTES PUEDEN
APORTAR MUCHO

Al malestar, la inseguridad, la angustia y la tensión propios de la adolescencia se suma para muchos, hoy en día, un sentimiento generalizado de desmotivación y desinterés por cualquier cosa distinta a divertirse y pasarla bien. De tal manera que no es raro escuchar que algunos jóvenes son el dolor de cabeza de sus padres, la plaga de sus colegios o el terror de sus vecindarios.

Posiblemente como resultado del desprecio que perciben los muchachos a consecuencia de lo anterior, asumen una actitud de desafío a la sociedad que los rechaza y se comportan de acuerdo con lo que se espera de ellos, es decir actuando de manera tal que parecen confirmar que "no sirven para nada". Pero lo que les falta no es la capacidad de hacer el bien, sino posiblemente la convicción de que son capaces de hacerlo.

Uno de los elementos básicos para vivir con entusiasmo, hacer cosas provechosas y luchar por un futuro mejor es sentirnos útiles y productivos como personas. Esto significa que todos los seres humanos necesitamos saber que tenemos una misión que cumplir en esta vida, aquello que le dé un sentido a nuestra existencia. Y esto es especialmente importante durante la adolescencia.

Muchos adolescentes sienten que nadie cuenta con ellos y por eso no tienen una razón para vivir, lo que a su vez los hace más propicios al suicidio. A diferencia de los niños, los adolescentes ya no consideran que su vida es responsabilidad de sus padres, y están conscientes de que son personas con una identidad distinta y un destino propio. A la vez, los jóvenes no tienen los compromisos personales que sí tienen los adultos y que los atan a la vida, como son un empleo por el cual responder, una empresa por sacar adelante, una familia por mantener, o unos hijos por criar. Y por eso, más que nunca, necesitan descubrir todo lo que tienen para aportar a su familia, a su comunidad, a su país y a la humanidad en general.

> *Durante la adolescencia es muy importante saber que tenemos una misión que cumplir en esta vida.*

Debido a que en la adolescencia se desarrolla la capacidad de pensar en abstracto y reflexionar, estas nuevas habilidades cognitivas disponen emocionalmente a los jóvenes a compromisos idealistas y por eso es que en esta etapa de la vida están especialmente aptos para liderar y luchar por causas nobles. Los adolescentes son soñadores, altruistas, apasionados y generosos, y además gozan de una gran vitalidad. Por esto mismo (aunque parezca lo contrario) es cuando mejor pueden ser los protagonistas de grandes empresas para beneficio de los demás, especialmente de los más desfavorecidos, si se les da la oportunidad y se les anima a hacerlo.

De tal manera que en lugar de seguir buscando nuevos juegos electrónicos para entretenerlos, deportes para inscribirlos, clases para mantenerlos ocupados o fiestas para divertirlos, los padres podemos y debemos canalizar las energías de los jóvenes para que se dediquen a aportar todo su entusiasmo a muchas obras a las que pueden contribuir mejor que nadie. Steven Covey, Ph.D., reconocida autoridad en el tema, describe claramente la función de los padres en este sentido, afirmando que "todos los padres ... pueden hacer la más significativa contribución a la vida, inculcando el espíritu de servicio en el alma de sus hijos, para que crezcan con el compromiso de ejercer una influencia en su medio". Y la adolescencia es el momento perfecto para promover su voluntad de servicio.

En resumen, los adolescentes son buenos, pueden hacer mucho por los demás y requieren, más que nunca, saber que su contribución es importante para su comunidad, su gente y la humanidad en general. Al apoyarlos en el proceso de descubrir sus talentos y darles oportunidad para ofrecerlos, se les ayuda a que se sientan satisfechos con ellos mismos, a congraciarse con su existencia y a darse cuenta de que tienen una misión que los hace responsables por algo más que sí mismos. El buen corazón de los hijos crece a medida que se cultiva en ellos esa inclinación natural a servir a los demás. En esta forma será su conciencia, y no las costumbres sociales, las que guiarán su vida.

¿QUE TANTA LIBERTAD DEBE DARSE A LOS ADOLESCENTES?

¿Será que ya es tiempo de permitirle salir a fiestas hasta altas horas de la noche? ¿A qué horas se le debe ordenar que llegue a la casa? ¿Debemos tolerar que no vaya con toda la familia a almorzar a donde los abuelos? ¿Estará bien que salga sola con sus amigos y sin la supervisión de ningún adulto?

Pocas cosas son tan inquietantes como saber cuál es la medida apropiada de libertad que se le debe dar a los hijos cuando comienzan a reclamar su independencia, cuando piden a gritos que se les deje ser libres y se le permita hacer su vida. Decidir en qué momento es hora de darles mayor autonomía y en qué medida se les puede ir "soltando la cuerda", constituye uno de las mayores retos que debemos enfrentar los padres cuando los muchachos dejan de ser niños.

Todos los padres sabemos que los hijos deberán apartarse de nuestro "nido" e iniciar su propia travesía. Pero de saberlo a aceptarlo y facilitarlo suele haber una gran distancia. Desde la pubertad los hijos comienzan a reclamar cada vez mayor independencia y se unen más que nunca a sus compañeros y amigos buscando el apoyo en quienes son sus iguales en ese transcurso. En la adolescencia comienza así, con fuerza, un proceso de lucha por una total independencia.

Independencia quiere decir renunciar a la protección, a la guía y elegir el camino propio. La independencia se parece mucho a la libertad y a veces se confunden; pero en la verdadera independencia el hombre es dueño de sí mismo y es capaz de responder por todas sus necesidades. Solo así se puede pretender ser libre.

El problema durante la adolescencia es mutuo: los hijos desean una independencia mayor a la que pueden manejar y para la cual todavía les falta madurar, y los padres sentimos que esa separación nos está 'robando' algo que nos pertenece y tratamos de aferrarnos a ellos.

Una excesiva libertad

En los últimos años parece que el problema es que se les está dando demasiada libertad a los jóvenes. En efecto, hoy en día es frecuente que los padres claudiquen muy pronto ante la presión de los muchachos para que los dejen hacer su vida y, para evitar el conflicto que conlleva tratar de controlarlos, se les permite una mayor autonomía que la que pueden manejar.

Darle libertad a los hijos no significa desentenderse de ellos, confusión muy frecuente en nuestros días. Ser adolescente es precisamente "adolescer" de toda la responsabilidad que se precisa para tener plena libertad. El exceso de libertad perturba ya que es interpretado por los muchachos como un abandono. El sentimiento de desamparo resultante los vuelve muy inseguros y puede llevar a que los jóvenes traten de ocultarlo con comportamientos antisociales que proyecten una imagen de personas tan seguras y poderosas que se atreven a desafiar la justicia y las normas sociales. Sus conductas están motivadas por el doble deseo de encubrir sus temores y de lograr que los padres se preocupen por ellos.

Muchos padres interpretan la rebeldía y la insolencia de sus hijos adolescentes como un rechazo personal y por ello abdican a su autoridad paternal.

Además, muchos padres interpretan la rebeldía y la insolencia de sus hijos adolescentes como un rechazo personal y por ello abdican a su autoridad paternal, argumentando que sus muchachos ya están "grandes" y que pueden arreglárselas solos. Pero los jóvenes enfrentan a diario situaciones que no saben cómo resolver y, si sienten que los padres esperan que las manejen solos, no los consultan y eligen las opciones que les hacen más populares, las cuales no son precisamente las que más les convienen.

Las decisiones que los hijos deben tomar en este momento de su vida - su profesión, su sexualidad, el consumo de alcohol o de drogas y su futuro - pueden ser de vida o muerte y por ello necesitan más que nunca la asistencia de los padres. A pesar de que los muchachos reclaman en este momento más privacidad e independencia que nunca y nos acusan de entrometidos cuando tratamos de controlarlos, es preciso recordar que una de las funciones de los padres es precisamente esa, la de estar atentos al proceso de desarrollo de los hijos para asistirlos, guiarlos y poderlos sujetar cuando se vislumbra el peligro.

El justo medio

Depender de alguien significa sentirse seguro, saber que otro manda, que otro es responsable. La tarea de los padres es la de hacer que nuestros hijos pasen de la dependencia a la independencia, pero este es un proceso gradual y errático que no ocurre exactamente de acuerdo con un plan predeterminado. El carácter y la madurez que son necesarios para la independencia total se desarrollan poco a poco y no están garantizados por una determinada edad o estatura.

Los años de adolescencia son el puente entre la niñez y la edad adulta, y los padres debemos ser entonces como las barandas de ese puente que cruzan, es decir, un soporte sólido y vigilante a su lado que les impida caer en el abismo.

Pocas veces en la historia los jóvenes han necesitado tanta protección como ahora. Las nuevas generaciones están creciendo bajo una tormenta de inmoralidad, drogadicción, promiscuidad, corrupción, violencia y desintegración familiar, que amenazan su integridad física, su conducta social y su proceder moral. Es imperativo que los padres no nos dejemos intimidar y que no claudiquemos a la autoridad que nos corresponde como tales. Este es el momento en que los hijos atraviesan por la etapa de más peligros y riesgos en su vida. Y es en esta etapa cuando más precisan del amor de sus padres en términos de sabiduría y atención para protegerlos de la anarquía que les rodea y amenaza.

¿SE DEBE PERMITIR QUE LOS JOVENES TOMEN TRAGO?

"¿Qué podemos hacer para que los muchachos no tomen tanto trago? ¿Si llegan borrachos debemos castigarlos? Si no les damos trago, ellos lo traen, ¿así que no sería mejor ofrecérselo? ¿Será cierto que es mejor 'enseñarles a tomar?" Y si les prohibimos, ¿no lo harán a escondidas?"

Estas y otras preguntas son las grandes preocupaciones que desvelan hoy en día a los padres de hijos adolescentes. Lo peor es que no hay mucha claridad sobre la posición y las medidas que deberíamos adoptar al respecto. Además, cualquier alternativa de solución que se proponga parece inaplicable dado que vivimos en una sociedad alcohólica en la que beber en cantidad es considerado como algo indispensable para divertirse, y ofrecer trago a diestra y siniestra es un acto de elemental cortesía. Igualmente, para los hombres, en nuestra cultura machista, beber cuantiosamente es sinónimo de ser "machos" y por lo tanto muchos muchachos lo hacen para ratificar su hombría.

El abuso del alcohol es un problema que está cobrando terribles proporciones. Ya los muchachos no toman trago solamente en los bailes o en ocasiones especiales, sino casi todos los días, en todos los lugares y con o sin ningún motivo; ya no sólo son los hombres quienes beben hasta emborracharse sino que también las niñas se embriagan a la par con ellos; ya los excesos frecuentes en el consumo de alcohol no comienzan después de la mayoría de edad, sino en en muchos casos desde la preadolescencia (más o menos 12 años de edad).

Un artículo publicado por uno de los principales periódicos colombianos (El Tiempo, edición del 18 de abril de 1993) confirma lo anterior. Según éste, el 66% de los jóvenes entre los 12 y 17 años y el 82% de quienes tienen entre 18 y 24 ingieren bebidas alcohólicas de manera periódica, siendo este último el grupo de población con mayores tasas de consumo en Colombia.

Efectos desastrosos

Parece increíble que la información tan angustiante que diariamente se conoce sobre los efectos nocivos que tiene el consumo excesivo de alcohol (sobre todo en la juventud), no sea suficiente para que se tomen medidas muy severas al respecto. Está comprobado que tomar con frecuencia, aunque sean sólo unos pocos tragos diarios o varias veces por semana, es nocivo para la salud. El alcohol ingerido en tales cantidades es tóxico: es un psicoactivante que puede llegar a destruir células cerebrales, es promotor de enfermedades cardíacas, gastritis, daños al hígado, trastornos en el páncreas, desnutrición y como si fuera poco, también puede producir cáncer en la boca, en el estómago, en la garganta, en el esófago o en el páncreas.

En otras áreas, los efectos del consumo de trago en los jóvenes pueden ser igualmente nefastos. Se ha visto que más de la mitad de los adolescentes que se suicidan, lo hacen bajo los efectos del alcohol o de alguna otra droga; los accidentes automovilísticos en los que el joven conductor ha estado tomando bebidas alcohólicas son la primera causa de muerte entre los muchachos; un 70% de las niñas que tienen relaciones sexuales promiscuas antes de los 16 años lo hacen bajo los efectos del alcohol; y una de cada ocho personas que comienzan a tomar en la juventud termina siendo alcohólica.

Uno de los peores males que conlleva el repetido consumo de alcohol es la inmensa posibilidad de llegar a alcoholizarse. Una investigación realizada hace pocos años por la Organización Panamericana de la Salud en América Latina, encontró que en la actualidad la enfermedad que cobra más víctimas entre los habitantes de nuestro continente es el alcoholismo.

Este mismo estudio confirmó un hecho verdaderamente preocupante: los jóvenes tienen muchas más posibilidades de alcoholizarse que sus padres. Mientras que un adulto mayor de 45-50 años de edad tiene que ser un fuerte bebedor durante 15 a 20 años, aproximadamente, para llegar a un avanzado estado de alcoholismo, a un adolescente le basta con que tome bastante trago durante poco menos de un año para llegar a esta misma etapa. Esto se debe en parte a su inmadurez física y en parte a la mayor predisponibilidad genética al alcoholismo que tienen las nuevas generaciones.

En el caso de las muchachas jóvenes, la situación es aún peor ya que las mujeres se alcoholizan más fácilmente que los hombres. Dado el metabolismo y la fisiología del cuerpo femenino, las mujeres son más susceptibles a caer en esta terrible enfermedad.

Finalmente, debido a su madurez los jóvenes son poco dados a moderarse en el consumo de bebidas alcohólicas, el trago en sus manos es un verdadero peligro porque el alcohol es un psicoestimulante que, ingerido en ciertas cantidades, altera la capacidad de percepción y de reflexión, y puede trastornar la conducta del bebedor.

Ninguna solución efectiva

Lo más grave de todo es que no se ha tomado medida efectiva para poner un alto a tan grave problema. Muchos adultos se preocupan y proponen soluciones que nunca se aplican; algunos colegios o asociaciones de padres se interesan por informar a los muchachos y a las familias sobre los peligros del alcohol e insisten en la importancia de limitar su consumo por parte de los hijos. Pero la efectividad de tales orientaciones encuentra serias contradicciones con la realidad que los jóvenes viven a diario en sus propios hogares o grupos sociales.

Son muchos los adultos que directa o indirectamente promueven o por lo menos toleran que sus hijos tomen todo el trago que quieran. Ellos mismos les ofrecen bebidas alcohólicas, les dan dinero para adquirirlas, o les permiten ir a fiestas, reuniones y bares donde saben que tomarán en cantidad. A la vez, los mismos padres dan un mal ejemplo. Muchos adultos hoy en día consumen bebidas alcohólicas constantemente, se embriagan con frecuencia y en sus reuniones sociales o de trabajo, paseos, celebraciones, etc. no faltan sendas botellas de toda clase de trago.

Es hora de hacer algo definitivo. No hay que enseñarles a tomar a los muchachos, hay que enseñarles a no tomar. Pero poco se logrará si en la práctica nada cambia. Se necesitaron dos hombres decididos para iniciar "Alcohólicos Anónimos", una organización que ha salvado la integridad del hogar y devuelto el bienestar a millares de personas y de familias en el mundo. Así que posiblemente se necesitan unos pocos padres igualmente conscientes, decididos y valientes para conformarse como grupo de presión que se oponga fuertemente al consumo de alcohol entre los menores y que tomen las medidas correspondientes (fiestas sin trago para los muchachos, no salidas a bares, muy limitado consumo por parte de los padres, etc.). Esto puede parecer un imposible, utópico e irrealista, pero no será tan difícil si se tiene en cuenta que al permitir a los muchachos que ingieran bebidas alcohólicas no sólo se les está afectando su salud sino poniendo en juego su vida, su éxito y su futuro.

> *Se necesitan unos pocos padres decididos y valientes para oponerse al consumo de alcohol entre los menores.*

LA DESESPERANZA:
UNA BUENA RAZON PARA NO QUERER VIVIR

Los jóvenes, más que nunca, parecen ser el gran problema de la sociedad actual. Se les acusa de vulgares, irresponsables, violentos, inmorales, viciosos, groseros, etc. Y en efecto, muchos lo son. Pero, ¿y por qué se volvieron así? ¿será que perdieron la vergüenza o será que perdieron la esperanza?

El asunto es mucho más profundo que un simple problema de conducta. El suicidio juvenil, las crecientes tasas de drogadicción y alcoholismo y todos los demás comportamientos destructivos que se han vuelto ahora característicos de los muchachos, son síntoma de algo más grave. Según los expertos, la delincuencia juvenil tienen su origen en la desvalorización que hacen los adolescentes tanto de sí mismos, como del mundo que los rodea. Esta última surge ahora con más fuerza que nunca dada la funesta imagen que desde pequeños se les ha ido formando sobre la realidad que les rodea.

Los medios y su responsabilidad

Más grave que la brutalidad, el vicio o la vulgaridad de las escenas presentadas a diario por los medios de comunicación y la industria del cine, es el mensaje de desesperanza y de pesimismo que transmiten continuamente. Lo más peligroso es que esta información, gracias a la televisión, está ahora al alcance de los niños desde muy pequeños, porque les revela con toda claridad hechos o sucesos que de otra forma no captarían.

El panorama mundial y el futuro de la humanidad que se les presenta es desolador: la capa de ozono se está destrozando, la reserva forestal se está destruyendo a pasos agigantados; el SIDA se propaga como una epidemia; la guerrilla acribilla poblaciones enteras; los gobernantes roban a sus pueblos, los padres asesinan a sus hijos; los hijos matan a sus padres; los terroristas vuelan aviones, parques, edificios y con ellos a sus ocupantes, etc... El periodismo parece ensañado en mostrar todos los desastres y monstruosidades a los que tiene alcance. Para rematar la situación, están las novelas y los "shows" de televisión (tipo "Cristina"), que no son otra cosa que una apología a la tragedia y a la depravación humana. Sin embargo, sobre la bondad y las buenas obras poco se hace saber.

El verdadero poder de los medios, especialmente de la TV, es su capacidad para redefinir "la realidad" al presentar como válidas conductas y sucesos que son sólo una realidad dolorosa, pero no una generalidad. Con ello alteran las ideas y expectativas de los muchachos sobre lo que constituye una vida normal y contribuyen decisivamente a que las nuevas generaciones pierdan la fe en la humanidad, el amor a la vida y la esperanza en un mañana mejor, los tres movimientos existenciales indispensables para encontrarle sentido a su existencia.

Todos somos responsables

Pero si seguimos esperando que los medios de comunicación cambien sus valores y se preocupen más por el bienestar de la teleaudiencia que por el dinero que pueden ganar, estamos perdidos. A pesar de que el proceder moral de los productores de cine y las programadoras de TV es digno de reprobación, no menos censurables son los anunciadores que pautan en sus programas y los directivos de las empresas cuya publicidad hace posible la presentación de los mismos. Pero más culpable aún es el público que los sintoniza, porque gracias a ello estos programas siguen teniendo un buen "rating" y por lo mismo se seguirán mostrando. Por último, la mayor responsabilidad recae sobre los adultos y los padres de familia que ponen la televisión al libre alcance y disposición de sus hijos (y a veces en su propia habitación). Este aparato ofrece un variado menú de atrocidades capaz de garantizar que cualquier televidente joven y asiduo, sin experiencia ni formación suficientes como para evaluar la credibilidad y validez de lo que está viendo, pierda todo interés en vivir.

> *Es cierto que los productores de cine y las programadoras de TV, los anunciadores y los empresarios son culpables. Pero más culpable aún es el público que los sintoniza.*

Es muy difícil esperar que los jóvenes, con este panorama tan atroz, desarrollen una personalidad estable y tengan la motivación para luchar por un futuro mejor. Está en manos de todos los adultos - padres de familia, dirigentes empresariales, periodistas y anunciadores, educadores y televidentes - cambiar esta situación. Actuar, no sólo renegar, es el primer paso para emprender el camino a su solución.

¿POR QUE SE SUICIDAN LOS JOVENES?

A la categoría de desechable, que tienen la mayoría de las cosas en la opulenta sociedad de consumo, también ha pasado el respeto a la vida, y de manera muy especial para la juventud. Las tasas de suicidio juvenil en Norteamérica se han triplicado en las últimas dos décadas, y no hace mucho en Hong Kong se reportó un aumento de más del 300% en un solo año. Aunque no es posible medirla en los países hispanos por la falta de estadísticas confiables al respecto, la situación no debe ser muy distinta, a juzgar por la gran cantidad de casos que se conocen. Además, en varios de nuestros países se ha determinado que el suicidio es la segunda causa de muerte para los adolescentes de las clases medias y altas, precedido únicamente por los accidentes de tráfico, lo que indica que el problema es similar.

Lo que es más llamativo es que el suicidio en general, y en particular el suicidio juvenil, es mucho mayor en los países más ricos y entre las clases más altas. Entonces, cabe preguntarse, ¿por qué decide quitarse la vida un joven "con un futuro prometedor", mientras que otros en condiciones muy inferiores luchan por vivir?

A pesar de los innumerables estudios al respecto, no hay respuestas sencillas, pero sí se han podido determinar una serie de situaciones que motivan a muchos a atentar contra su vida. Entre ellos cabe destacar la desintegración familiar producto de las crecientes tasas de separación que a menudo lleva a los hijos a perder la estabilidad familiar que precisan; la connaturalización con la muerte como resultado de la violencia y destrucción que protagonizan permanentemente las películas, las series de televisión y los hechos de la vida real, que impulsa a los jóvenes a concluir que quitarse la vida es una simple alternativa para solucionar problemas; la excesiva presión académica promovida por la necesidad de destacarse en los estudios para lograr un cupo en las atiborradas y competitivas universidades, que los puede conducir a la desesperación y a procurar huir de su situación terminando con su existencia; la falta de una fe religiosa que les de la esperanza de que existe un Ser superior que les ayudará a superar las dificultades y penas que trae la vida, lo que los lleva a perder la motivación y el deseo de vivir; el incremento en el consumo de alcohol y de drogas por parte de los muchachos, lo que les sirve de mecanismo de escape hasta que llegan a un punto en que quitarse la vida es la única opción para seguir huyendo.

Pero sin lugar a dudas, el mayor peso recae en la ausencia de los padres en la vida de sus hijos, sobre todo de los adolescentes. Por una parte, la falta de presencia en el hogar se trata de remediar llenando a los hijos de regalos, viajes, oportunidades, clases, juguetes, etc., hasta el punto de que los niños de hoy lo tienen todo menos a su papá y muchas veces a su mamá. Esto ha llevado a que las nuevas generaciones se caractericen por tener muy poca (o ninguna) tolerancia a la frustración, y por lo mismo, cuando las cosas no salen como quieren se sienten tan impotentes que algunos optan por terminar con su vida. Además, la opulencia en que crecen los llena de aburrimiento y de angustia existencial hasta el punto de que no les queda más salida que las evasiones, entre ellas el trago, la droga y el suicidio.

En efecto, entre las clases con mayores recursos, los hijos a menudo ocupan el primer lugar en la chequera de sus padres, pero el último en su agenda diaria. Esta ausencia es interpretada por los hijos como falta de amor y puede llevarlos, entre otras, a la depresión, común denominador en todos los intentos o muertes por suicidio. Además, un muchacho que no se siente amado ni valorado puede perturbarse y ver el suicidio como la forma de lograr el reconocimiento que no tiene en vida.

> *Detrás de todo intento de suicidio, se esconde un adolescente desdichado, solo y lleno de conflictos, que desea la muerte cuando debería amar la vida.*

El suicidio es en todos los casos el resultado de un intenso sentimiento de desesperación, de impotencia, de pesimismo, de depresión, todo lo cual llevan a la persona a sentirse tan desamparada e incapaz de cambiar su situación, que acabar con su vida parece ser la única opción. Así, detrás de todo intento de suicidio, tenga o no éxito, siempre se esconde un adolescente desdichado, solo y lleno de conflictos. Y en todos los casos se trata de un joven tan angustiado y tan asustado, que su mundo interior lo impulsa a desear la muerte cuando debería amar la vida.

De tal manera que está en manos de los padres, más que nadie, llevarlo a recuperar el sentido y el deseo de vivir. Pero ese sentido de vivir sólo puede contagiarlo quien a su vez haya sabido basar su existencia en los auténticos valores morales y espirituales. Y ese cambio de valores es el urgente llamado de nuestra época, tanto para los jóvenes como para los mayores.

CAPITULO VI

CRECER Y MADURAR SEXUALMENTE

Formar hijos con una sólida ética sexual

es enseñarles a respetar su cuerpo, a respetar la vida

y a respetar su capacidad de gestarla.

ANGELA MARULANDA

¿CÓMO ABORDAR EL TEMA SEXUAL CON LOS PEQUEÑOS?

A pesar de que personalmente hayamos superado muchos de los tabúes alrededor del tema sexual, la mayoría de los padres aún se sienten un tanto incómodos y ansiosos cuando sus hijos pequeños abiertamente preguntan cómo nacen los bebés. Posiblemente esto se debe a que quienes hoy somos adultos fuimos educados en un ambiente en el que el sexo era tema vedado para los menores y por lo mismo no fuimos informados al respecto por nuestros propios padres.

El sexo es un tema que muchos padres evitan tratar con los hijos, sobre todo cuando aún son niños y, por lo tanto, cuando los menores hacen alguna pregunta al respecto se sienten abochornados y prefieren ignorarla o cambiar de tema. La renuencia a conversar con los hijos sobre todo lo relacionado con la reproducción humana es en muchos casos producto de la ignorancia sobre la forma apropiada de discutirla y de responder a las inquietudes de los pequeños.

> *En el tema sexual, si se teme a la información, más se debe temer a la ignorancia.*

Hay muchos padres que nunca llegan a conversar sobre este tema con los hijos o lo hacen cuando estos ya son mayores (un poco tarde). Pero no explicar a los hijos nuestras creencias y valores respecto al tema sexual, o transmitirles información incompleta o errada, es peligroso. Si se teme a la información, más se debe temer a la ignorancia. Los niños de hoy reciben desde pequeños mucha información sobre el sexo - generalmente distorsionada - a través de los medios, de sus amigos o de sus compañeros de colegio, y no aclarársela da lugar a que confíen en los datos distorsionados que así les han llegado. Además, cuando los padres evitamos discutir sobre sexo con los hijos, les estamos inculcando la idea de que este es un tema "prohibido", "sucio" o "inmoral", lo que de hecho será un mal comienzo para su formación en esta materia.

Qué decir

Obviamente que es fundamental estar bien informado sobre el sexo y la reproducción humana por razones personales, pero es absolutamente crucial estarlo para educar a los hijos, ya que hay que basarse en datos correctos y no simplemente en nuestras propias experiencias.

Dar una fórmula exacta sobre cómo y qué decir a los niños al respecto es imposible, porque esto depende de su edad, sus circunstancias y las creencias y valores de los padres. Sin embargo, lo importante por tener en cuenta es que en todos los casos la información debe darse en forma clara, y veraz. Las historias sobre la cigüeña, la llegada de los bebés de París y otras leyendas que se utilizaron en el pasado para "proteger" la inocencia de los menores, además de inexactas, ya no son válidas porque, para empezar, muchos niños saben que no son ciertas.

Es recomendable iniciar toda la información sobre el tema estableciendo claramente que un hijo es producto del amor y del compromiso entre sus padres. En esta forma el niño comprenderá que la relación sexual es una relación de amor entre dos personas que han decidido unirse a compartir su vida, lo cual es importante para su desarrollo emocional y su formación moral, especialmente hoy en día cuando la vida sexual se ha convertido en un simple pasatiempo intranscendente.

Así mismo, hay que tener en cuenta que hay una diferencia importante entre los datos sobre la procreación y la información sobre las sensaciones e impulsos que acompañan la actividad sexual. Cuando los pequeños hacen sus primeras preguntas, por lo general se refieren a datos sobre la "mecánica" de la reproducción y son éstos los que deben dárseles; ellos quieren simplemente saber qué y cómo se hace para engendrar un bebé.

Cómo explicarlo

En lo posible se debe utilizar un lenguaje sencillo y correcto en cuanto a las explicaciones que le demos a los niños. Es decir, al hablar sobre los órganos de reproducción se debe llamar a cada uno por su nombre (pene, útero, vagina, clítoris, etc.) y no utilizar apodos que dan lugar a que los menores puedan pensar que se trata de partes tan "feas" del cuerpo humano que por lo mismo no se pueden ni mencionar.

Al explicarle al niño cómo se forma un bebé en el seno materno hay que evitar comparaciones y términos que le puedan llevar a formarse ideas erróneas. Por ejemplo, cuando se le dice al niño que papá siembra una semillita en el estómago de la mamá, es posible que él se imagine que el padre virtualmente toma una herramienta y excava el vientre de su madre para sembrar la semilla de una planta cuyo fruto será un bebé. Igualmente, al hablarle sobre el estómago de la madre en lugar del útero, el pequeño puede creer que el bebé está revuelto con todos los alimentos ingeridos por la mamá y por lo mismo concebir el período de embarazo como una experiencia terrible para quien está en proceso de nacer.

Algunos padres recurren a los animales para explicar a los hijos los detalles de la reproducción creyendo que este es un camino más fácil y "puro" para abordar el tema. Pero a la mayoría de los niños poco les importa cómo lo hacen los pollitos o los pajaritos; ellos quieren saber cómo lo hacen los humanos. Así que, si bien los animales pueden tomarse como referencia, el tema debe ser específicamente explicado en términos de lo que hacen las personas.

Qué tantos detalles y cuánto informarle al niño es algo que también varía de acuerdo con su edad y su madurez, así como con nuestra propia facilidad para abordar el tema. Generalmente los mismos niños nos hacen saber cuánto quieren saber, pues en algún momento comienzan a desinteresarse por lo que se les está comentando, lo cual indica que por el momento tienen toda la información que estaban buscando.

Los libros con ilustraciones que muestran todo el proceso de gestación de un hijo son una gran ayuda y hay muchos especialmente diseñados para explicarles este tema a los niños. A los pequeños les fascina ver las diferentes etapas del embarazo y con las ilustraciones pueden tener una idea más clara sobre la forma como se va formando el bebé, cómo se alimenta, por dónde sale, etc.

Cuándo informar

La mayoría de los niños hacen sus primeras preguntas desde muy pequeños, - tres, cuatro o cinco años a más tardar - y a menudo las preguntas son precipitadas por la llegada de un nuevo bebé a la familia.

Cuando un niño no ha manifestado ninguna inquietud sobre el tema en los primeros 7 u 8 años de edad, los padres deben buscar la oportunidad apropiada para hacerlo. Su silencio posiblemente no se debe a una inocencia total al respecto sino a algún temor del menor para comentarlo con sus papás. Si los padres promovemos una conversación sobre el sexo, posiblemente permitiremos que el menor aclare la información que ya tiene y que se dé cuenta que puede hablar con sus padres sobre el particular sin ser rechazado o castigado por ello, lo que posiblemente creen muchos menores que nunca preguntan nada al respecto.

Quién debe informar

Muchos creen que el tema sexual debe ser tocado por el papá con los hijos y por la mamá con las hijas. Aun cuando el aporte del padre del mismo sexo es importante para aclarar ciertos aspectos específicos de la sexualidad característicos de un determinado sexo, esto es indispensable cuando se conversa con niños un poco mayores (preadolescentes en adelante).

En lo que se refiere a la información inicial y básica sobre la reproducción humana, es ideal que el papá y la mamá toquen este tema conjuntamente con los hijos. Sin embargo, cuando el niño pregunta a uno solo de ellos y el otro no está disponible, debe ser él o ella quien dé la respuesta, la cual puede ser complementada o retomada por el otro padre cuando se presente la oportunidad.

Lo fundamental es que ambos padres discutamos por anticipado sobre lo que queremos informar a los niños y lo hagamos en el momento en que creamos apropiado durante su niñez. En esta forma es posible que seamos las personas a quienes nuestros hijos recurren cuando tengan alguna inquietud o problema al respecto. Pocas personas son más indicadas que nosotros para comentar y discutir con nuestros hijos un tema tan delicado y significativo en la vida de los seres humanos como es el de su sexualidad, porque más importante que transmitirles datos, es aprovechar el proceso para poderles transmitir las actitudes, los valores y los principios que conforman nuestro propio código de ética sexual.

PAPA COMO EDUCADOR
SEXUAL DEL HIJO HOMBRE

Tácitamente muchas familias han establecido que la mamá es quien debe hablar todo lo relativo al tema sexual con las hijas mientras que el papá es quien debe hacerlo con los hijos. Quizás porque las mujeres somos más dadas a compartir nuestra intimidad con las de nuestro mismo sexo, esta tarea suele resultar más fácil para la madre.

Pero para la gran mayoría de los hombres abordar el tema sexual con sus hijos es muy difícil, y muchos buscan alguna disculpa para evitarlo. Algunos deciden pasarle esta responsabilidad a la mamá. Otros la delegan en el colegio. Y otros más simplemente lo dejan pasar afirmando que no hace falta porque en lo que se refiere a la sexualidad los muchachos "ya lo saben todo".

Hay también padres que prefieren no tocar este asunto pues consideran que hablar sobre el sexo es consentirlo. Lo que se olvida en este caso es que si la información parece peligrosa, mucho más peligrosa puede ser la ignorancia. Además, cuando no se toca el tema sexual directamente con los hijos, con el silencio se les está informando que éste es un asunto tan extremadamente serio y complicado que no se puede hablar sobre el mismo. Pero, por el contrario, precisamente por ser tan trascendental debe ser considerado con mucha claridad, madurez y honestidad.

Cualquier decisión en este campo puede ser de vida o muerte" porque se trata de la capacidad que nos faculta para engendrar una vida.

A pesar de que puede ser más cómodo que otros hagan la labor de educar a los hijos sobre el sexo, es un error partir de la premisa de que ellos ya saben o tendrán la oportunidad de saber a su momento lo que necesitan conocer al respecto. Por mucho que sepan, sabrán precisamente lo que no deben e ignorarán lo que sí deberían tener muy claro. Es importante tener muy presente que cualquier decisión en este campo puede ser "de vida o muerte" porque se trata nada menos que de la capacidad que faculta a los seres humanos para engendrar una vida. Además, como estamos viviendo un momento histórico en el que las relaciones sexuales pueden llevar a contraer enfermedades mortales, los jóvenes corren un gran riesgo cuando deciden iniciarse en su vida sexual sin pleno conocimiento de sus implicaciones.

Información incorrecta y contradictoria

De hecho, los muchachos están expuestos a una cantidad de información deformada respecto al sexo a través de libros, películas, T.V., amigos, colegio, etc., y la mayoría es de naturaleza sensacionalista y distorsionada. Además, son constantemente presionados y excitados por los medios de comunicación, la música, las películas y todo a su alrededor para que se inicien rápida y activamente en la vida sexual.

Lo que hace la situación más grave es que los jóvenes reciben diversos mensajes, contradictorios entre sí, de las diferentes fuentes que juegan un papel importante en la formación de su conducta sexual. Por una parte, la religión les enseña que las relaciones sexuales fuera del matrimonio son pecado y que su objetivo primordial es la procreación. Por otra, la sociedad machista y los estereotipos sobre las características del hombre viril prácticamente les exigen que tengan una vida sexual activa y promiscua desde muy jóvenes para ratificar su masculinidad. Adicionalmente, las películas, las novelas y los medios de comunicación en general, les establecen que las relaciones sexuales son simplemente un placer, un entretenimiento que se lleva a cabo cuando y con quien se quiera, y con o sin amor. Los programas de educación sexual escolar les advierten sobre los peligros de las enfermedades sexualmente transmitidas y de un embarazo indeseado que pueden enfrentar quienes son sexualmente activos . Y, finalmente, los padres u otros adultos importantes en su vida, les recomiendan abstenerse del sexo hasta tanto no tengan la madurez y responsabilidad para asumir esta función tan trascendental, mientras que muchos les advierten que el sexo es una expresión de amor que debe ser parte de una relación de pareja en la que haya un compromiso definitivo.

En resumen, unas fuentes les dicen que deben tener relaciones sexuales desde jóvenes, otras que sólo después de determinada edad, otras que debe ser por amor, otras que es un simple placer, otras que corren peligro, otras que es pecado y otras más que si son hombres lo deben hacer.

Perjuicios para su futura relación matrimonial

Algunos padres incluso creen que parte de su tarea como educadores de sus hijos hombres comprende proporcionarles las oportunidades o los medios para que ellos tengan relaciones sexuales tan pronto como estén fisiológicamente aptos para hacerlo. Lo que ignoran es que con ello claramente les están estableciendo que el sexo es una necesidad física que nada tiene que ver con el amor y que se debe atender cuando se tenga la necesidad de hacerlo. Esta es una enseñanza generalmente contraria a los principios morales dentro de los cuales la mayoría los están formando, y a las normas de respeto y lealtad marital que les están pregonando.

Como si fuera poco, muchos padres estimulan una doble moral respecto a la relación sexual ignorando que con esto pueden perjudicar, además, la futura relación matrimonial de sus hijos. Por un lado, aprueban que su hijo tenga una vida sexual promiscua y sin compromiso, pero por el otro condenan la relación sexual extramarital en la mujer, y así mismo predican la importancia de la honestidad, la fidelidad y la estabilidad en la relación marital.

Cabe anotar al respecto, además, que la cultura le ha enseñado a cada uno de los sexos a enfatizar un aspecto diferente de su sexualidad. A los hombres se les refuerza el valor del aspecto físico del sexo, mientras que a las mujeres el aspecto emocional. Esto también contribuye a que haya tantas dificultades en la relación de pareja pues cada parte tiene una finalidad y una idea muy distinta de lo que significa su sexualidad.

Qué decir a los hijos

Cada padre tiene la libertad de decidir qué decirle y qué enseñarle a sus hijos respecto a la sexualidad. Lo importante es que su decisión esté basada en sus creencias y principios, y en lo que considere más conveniente y apropiado para el muchacho. Si tenemos en cuenta que los muchachos ante todo captan los valores que modelan los padres, lo primero que debe tenerse muy presente es que lo que se le inculcará al hijo estará determinado por su propia conducta y actitudes frente al sexo, y que si éstas son congruentes con sus convicciones y enseñanzas, ellos tendrán un punto de partida claro para ir estableciendo su propio código de ética sexual.

De todas maneras, es imperativo que los padres comuniquen y discutan abiertamente con sus hijos sus diferentes puntos de vista sobre la sexualidad. Como se ha dicho, los jóvenes de hecho tienen una visión muy confusa al respecto. Al dejarles saber los principios que sus padres defienden y las razones que les han llevado a establecerlos, contarán con una base frente a la cual confrontar sus propias creencias.

Cuando un joven comprende sus impulsos sexuales, es posible que los pueda canalizar más constructivamente. Igualmente, cuando el padre le hace

Los jóvenes bien informados tienden a ser más responsables frente a su sexualidad que quienes no lo están.

ver que él no tiene que tener relaciones sexuales simplemente porque sus amigos las tienen, el muchacho comprende que cuenta con otras opciones y está en una mejor posición para juzgar su propia disponibilidad para ello. También el padre puede, por ejemplo, hacerle ver que el sexo sin intimidad es una experiencia ante todo resultante de sus impulsos animales y rara vez realmente satisfactoria. Gracias a esto, quizás el hijo hasta tenga la fortaleza para no iniciarse en actividades para las cuales no se siente preparado. Muchos estudios realizados al respecto han comprobado que los jóvenes bien informados tienden a ser más responsables frente a su sexualidad, y a iniciarse más tarde en la vida sexual, que quienes no lo están.

Una comunicación abierta y honesta sobre el tema sexual no garantiza que los muchachos llegarán vírgenes al matrimonio. Pero lo que posiblemente sí podrá evitar es que cometan errores trascendentales debido a falta de orientación, de claridad y de comprensión sobre las consecuencias que conlleva la actividad sexual, y sobre todo la promiscuidad.

Los hijos adolescentes están en el proceso de desarrollar su filosofía de vida, y los valores y principios que regirán todas sus conductas, incluida su conducta sexual. A pesar de que los padres no pueden imponer sus creencias a los hijos, los comportamientos de los muchachos dependerán en una gran medida del valor que le den a la mujer, a la relación de pareja, a la procreación, y a la vida en general, lo cual estará decididamente influenciado por las conductas y creencias de su padre. Si es posible inculcarles que así como deben tener cierta edad para votar, manejar un auto o firmar un contrato, hay buenas razones de índole social, moral, ético y de salud para que pospongan su iniciación sexual hasta que tengan no sólo la capacidad física sino también la madurez emocional para manejar todos los compromisos e implicaciones que la misma conlleva.

En resumen, el intercambio frecuente y desprevenido de opiniones respecto al sexo y una conducta definida y congruente de los padres sobre el particular ayuda decididamente a los hijos a adoptar una conducta sexual sana y correcta. Por esta razón es preciso asegurarse de que lo que se esté transmitiendo a los hijos sea una información que les permita adoptar una actitud frente a su capacidad sexual que beneficie su salud física, moral y mental, y que no vaya a constituirse en un obstáculo para su futura felicidad conyugal.

Recordemos que en nuestras manos está preparar a los jóvenes de hoy para que formen las familias del mañana. Y dicha preparación incluye, sin lugar a dudas, comunicar nuestros valores en un aspecto tan trascendental de la vida humana como es su sexualidad.

LA CASTIDAD ES PARA VIVOS
NO PARA BOBOS

Quizás lo único más difícil hoy en día que ser padre de un adolescente es ser un adolescente. Además de las innumerables tensiones y angustias propias de esta etapa de la vida, los muchachos ahora tienen que enfrentar una nueva serie de presiones resultantes de la "modernización" de la sociedad actual.

Las nuevas generaciones están creciendo en un ambiente social cargado de corrupción, promiscuidad, libertinaje y violencia. Y como si fuera poco, se están formando dentro de una sociedad que atraviesa una seria crisis de valores en la que no hay ninguna claridad sobre lo que está bien y lo que está mal. Todo lo que antes era condenado, hoy está permitido, y lo que antes era permitido hoy está pasado de moda o "out". En otras palabras, no hay unos comportamientos ni unos valores congruentes con los principios morales y éticos que se supone deben regir nuestras vidas.

El cambio ha sido especialmente radical y grave en todo lo que se refiere a las relaciones sexuales. A una época en que se interpretó la sexualidad como algo pecaminoso, sucio y vergonzoso, ha seguido una en la que se pregona un enfoque "libre" y sin prejuicios, en el que se aprueban todo tipo de relaciones sexuales como parte del progreso y la libertad propios de una sociedad supuestamente evolucionada.

Sin lugar a dudas, sí ha habido un progreso positivo e importante en lo que se refiere a una comunicación más honesta y abierta sobre el sexo, a la vez que a una mayor aceptación del goce implícito en esta experiencia. Pero en la medida en que se ha desechado toda la vergüenza y la condena que se tejía alrededor del tema sexual, lamentablemente también se han desechado los principios morales que deben regir la capacidad más trascendental del ser humano: aquella que lo faculta para engendrar una vida humana.

Esta posición es especialmente grave para la juventud de hoy. Los muchachos se están criando en un ambiente en que los medios de comunicación, las películas, las novelas y los hechos de la vida real permanentemente les hacen creer que tener relaciones sexuales es un simple placer que puede satisfacerse como quieran, cuando quieran y con quien sea. Por esto, una de las mayores presiones y angustias que aquejan a los jóvenes de hoy es la de verse forzados a iniciarse cuanto antes en la actividad sexual. Se les ha establecido que las relaciones sexuales no son más que otra forma de divertirse y que para estar "in" hay que haberlas experimentado.

Así, no es de sorprender el grado de promiscuidad al que ha llegado la juventud, ni las consecuencias que esto ha llevado: un incremento alarmante en las enfermedades sexualmente transmitidas, especialmente del SIDA, y en el número de abortos practicados a niñas menores de edad.

Lo grave es que ahora, además, se alienta abiertamente a los muchachos a tener relaciones sexuales desde muy jóvenes. En efecto, la mayoría de las campañas publicitarias son dirigidas a la juventud y les insisten en que usen preservativos como la solución ideal, a pesar de que se sabe que éstos fallan muchas veces como anticonceptivo y no siempre son eficientes en la prevención del SIDA.

Lo increíble es que no se tengan en cuenta las experiencias al respecto de otros países más "avanzados" como Suecia, Estados Unidos y Canadá. Cuando en estos países se analizaron los resultados de sus campañas tradicionales, promoviendo el uso del condón entre los adolescentes, la conclusión fue contundente: los jóvenes tenían más relaciones sexuales porque a eso se les alentaba cuando se les insistía en que usaran preservativos, además de que no había razón para abstenerse si con ellos se podía prevenir cualquier consecuencia negativa. Es por esto que los nuevos programas líderes de educación sexual en los países mencionados, que son considerados como más "liberados" en materia sexual, están orientados a promover la castidad y abstinencia entre la juventud.

Vale la pena mencionar igualmente que las consecuencias negativas que deja en las personas una vida sexual promiscua durante la juventud han sido ampliamente estudiadas. Al tratar de proteger su salud física, insistiendo en el uso del condón, se está condenando su bienestar emocional y moral. La única medida que permite garantizar su protección en este sentido, así como evitar el contagio de enfermedades sexualmente transmitidas o los embarazos no deseados en la juventud, es la abstinencia. Esta es, a la vez, la única acorde con los principios morales de una sociedad estructurada dentro de una filosofía cristiana como la nuestra.

La premisa con la cual ahora se justifica la "libertad sexual", y que argumentan la mayoría de los sexólogos o expertos "de avanzada" en estos temas, es que como las relaciones sexuales son una función natural de los seres humanos no se deben reprimir y hay que satisfacerlas cuando se tenga la capacidad y el deseo de hacerlo. Lo que parecen ignorar quienes así defienden el libertinaje sexual es que todas las funciones del ser humano, por naturales que sean, tienen un lugar apropiado y un momento apropiado.

> *Todas las funciones del ser humano, por naturales que sean, tienen un lugar apropiado y un momento apropiado.*

Es imperativo recordar que el contacto sexual ofrece a los seres humanos una forma muy poderosa de expresar sus más profundos sentimientos de amor. Cuando dos personas se sienten realmente conectadas a nivel emocional, unirse a nivel físico es una de las experiencias más exquisitas de la condición humana. Por eso es importante establecer a los hijos que "hacer el amor" debe ser por lo menos eso: una sagrada expresión de amor. Y por eso mismo, es una experiencia que se debe vivir cuando se tenga la capacidad y la madurez para comprometerse con su pareja para responsabilizarse por el cuidado y formación de la vida que pueden engendrar. De tal manera que es hora de dejar de hablarle a los jóvenes de relaciones sexuales para comenzar a hablarles de relaciones matrimoniales, como la mejor opción para expresar toda su capacidad de amar.

¿QUE ES SEXO PARA LOS MUCHACHOS?

Si se le plantea esta pregunta individualmente a 100 muchachos, posiblemente se recibirán 100 respuestas distintas, que incluyen desde que el sexo puede ser un "hobby" entretenido, una experiencia para estar "in", un indicador de que son personas modernas y lanzadas, una credencial de liberación y rebeldía, hasta la mejor forma de vender zapatos, gafas, cigarrillos, helados, etc. Sin embargo, la mayoría de las respuestas revelarán, en una u otra forma, que para los jóvenes de hoy la capacidad sexual de los seres humanos no es otra cosa que un mecanismo incorporado que tienen para divertirse.

Por más que los padres y maestros tratemos de inculcarles a los hijos que las relaciones sexuales son mucho más que eso y enfaticemos lo trascendental de su sexualidad, es difícil que incorporen tales conceptos debido al contrapeso que nos hacen los medios de comunicación, y ahora el Internet, al mostrar continuamente que el sexo es un instinto delicioso, que puede ofrecerles experiencias fascinantes y que se puede enriquecer con la ayuda de las ayudas pornográficas apropiadas. Ejemplos de esto, son las "encuestas" sobre sexo con orientación pornográfica que publican las revistas de interés general; los programas radiales para jóvenes en los que se hacen toda suerte de alusiones al sexo sin ningún recato ni respeto, los "shows" y los programas de entrevistas televisados que abordan el tema sexual en forma morbosa y sensacionalista; las novelas, las películas y las series en las que, cualquiera que sea su trama, incluyen sendas escenas en las que los actores tienen relaciones sexuales a diestra y siniestra con quien quieren, cuando quieren, y como quieren; y los innumerables artículos o reportajes publicados por la prensa escrita en los que se habla sobre la capacidad sexual de los seres humanos como un instinto puramente animal totalmente desligado de un contexto ético o moral.

Ganancias a un precio muy alto

En un evidente intento por hacer alarde de modernismo y avanzada, esta información se presenta al público sin ningún recato y a menudo ilustrada con toda suerte de escenas obscenas y hasta escabrosas. En esta forma lo que logran estas publicaciones es denigrar el concepto de los lectores jóvenes e inmaduros sobre su capacidad sexual, ayudando a inculcarles que el sexo es un facultad de la que la naturaleza los dotó para entretenerse sin ningún miramiento.

La intención de este tipo de contenidos generalmente no es otra que la de lograr mayores ventas para obtener mayores ganancias. Lo que no tienen en cuenta es que el precio que se paga por las utilidades que obtienen es el de vender la decencia y el respeto que merece la capacidad más trascendental de los seres humanos, por ser precisamente la que nos faculta para gestar una vida.

> *La información sexual desligada de todo concepto moral es lo peor que le ha podido pasar a nuestros hijos.*

Además, presentar las posibilidades y deleites que se pueden experimentar a través de cualquier tipo de actividad sexual, sin ninguna consideración ética, médica o científica es tan irresponsable y peligroso como desplegar información sobre las agradables sensaciones que produce el uso de la cocaína, omitiendo sus nefastas consecuencias en la salud física y emocional de los consumidores. La información sexual desligada de todo concepto moral es lo mejor que le ha podido pasar a los productores de anticonceptivos y de pornografía, pero lo peor que le ha podido pasar a nuestros hijos.

Protestar y actuar

Por esto, los padres de familia debemos protestar por la forma tan procaz, morbosa e irresponsable con que los medios de comunicación están tratando un tema que, por sus implicaciones, exige que se presente dentro de las más altas consideraciones éticas y morales. Pero si seguimos sentados esperando a que los medios cambien sus valores y se preocupen más por el bienestar de su audiencia que por el dinero que pueden ganar, estamos perdidos. A pesar de que el proceder moral de los productores de radio, cine y TV, de los editores de las revistas y periódicos y de los anunciadores del Internet es digno de reprobación, el más culpable es el público que los adquiere y sintoniza porque gracias a que las publicaciones y programas se venden, éstos siguen logrando las ventas esperadas y por lo mismo se seguirán produciendo.

De tal manera que la mayor responsabilidad recae sobre los adultos y padres de familia que continuamos suscritos o comprando esas publicaciones así como sintonizando programas de radio y televisión cuyo contenido atropella directamente nuestros más fundamentales valores y principios. Y como si fuera poco, ponemos la televisión, las revistas y las computadoras al libre alcance y disposición de nuestros hijos - a veces en su propia habitación - exponiéndolos a que reciban directamente una variedad de información pornográfica, o en el mejor de los casos obscena y vulgar, a sabiendas de que están en proceso de formación y no tienen los criterios para evaluar lo que están viendo y para repudiarlo como inapropiado.

Dada la gravedad del asunto y la forma como está prosperando la promiscuidad entre los jóvenes, nuestra protesta no puede limitarse a renegar contra lo que se publica, como generalmente lo hacemos, sino que debemos iniciar campañas, por ejemplo a través de las asociaciones de padres de los colegios, invitando a todos a unirse para dejar de comprar determinadas publicaciones o de sintonizar programas que ultrajen nuestras creencias y pervierten a nuestros hijos.

Lo que enriquece verdaderamente la vida sexual de las personas es ante todo la capacidad de entrega, de amor y de compromiso de las partes involucradas.

Es preciso aclararle a las nuevas generaciones, con hechos y con palabras, que lo que enriquece verdaderamente la vida sexual de las personas no son los videos, aparatos o experiencias pornográficas que tengan, sino ante todo la capacidad de entrega, de amor y de compromiso de las partes involucradas. Cuando dos personas están profundamente conectadas a nivel emocional, unirse a nivel físico puede ser una de las experiencias más exquisitas de nuestra condición humana. Y afortunadamente todavía somos muchos los que consideramos que tal experiencia es tan trascendental que amerita un compromiso serio y decisivo con nuestra pareja. Así que los padres de familia y educadores nos tenemos que defender de tales atropellos a la sagrada intimidad y grandeza implicada en nuestra sexualidad, tomando las medidas necesarias para evitar que información tan inicua e indecente llegue a nuestros hogares o a las manos de los niños.

LO QUE SIGNIFICA SER MUJER

Muchos fueron los esfuerzos y sufrimientos que se necesitaron para lograr que la mujer, por lo menos en la mayor parte del mundo occidental, haya llegado a ocupar un lugar digno en la sociedad. En su proceso de liberación, la mujer ha tenido que librar luchas heroicas para cambiar la imagen y los estereotipos

> *Dejamos la imagen de mujer sacrificada y sometida para reemplazarla por la de "objeto".*

que sobre ella se tejieron a través de los siglos, hasta lograr ganarse el reconocimiento por sus cualidades y habilidades como ser humano dotado de la misma inteligencia y capacidad que el hombre.

Lo doloroso es que después de las innumerables hazañas que fueron necesarias para salir de la posición de ciudadanos de segunda categoría que por siglos arrastramos, hayamos caído en una situación aún más denigrante: la de mercancía que se vende por sus atractivos sexuales para servir como carnada y atraer a un mayor número de compradores en las campañas publicitarias.

Cada vez hay más anuncios que incluyen mujeres semidesnudas, o por lo menos en posiciones vulgares e insinuantes, promoviendo todo tipo de artículos y servicios. Así, dejamos la imagen de mujer sacrificada y sometida que tuvimos por años, para reemplazarla por la de "mujer objeto" que se destapa y se vende por cualquier precio.

Lo más triste, denigrante y vergonzoso de todo esto es que, si bien en el pasado la mujer fue de alguna manera sometida a la posición de inferioridad que ocupó, ahora es la misma mujer la protagonista y autora de su propia degradación.

Esta nueva calificación no sólo afecta a las modelos y actrices de televisión que posan en forma seductora o vulgar ante las cámaras. Hay estudios que han demostrado ampliamente que la utilización de la mujer como gancho publicitario destacando sus atractivos sexuales ha llevado a un escandaloso aumento de la violencia contra el sexo femenino. Al ser visualizadas, y por lo mismo consideradas, simplemente como símbolo sexual, las mujeres pierden ante los ojos de los demás la dignidad humana que les corresponde como personas y se aprestan a ser tratadas como una cosa sin sentimientos y sin derechos.

Igualmente, al enfocar y apreciar a la mujer estableciendo como único parámetro su atractivo físico, ya no se le valora sino que se mide de acuerdo con sus contornos y lo juvenil de su apariencia. Por ello, la belleza y los encantos sexuales se han vuelto la razón de ser de la vida de muchísimas mujeres. Y posiblemente es por eso también que tantas mujeres son ahora capaces de someterse a toda suerte de dolorosos, riesgosos y costosos procedimientos y cirugías para conservar o conformar sus formas físicas a los cánones establecidos como apropiados para ser "sexy". De tal manera que, de unos pocos años para acá, las mujeres se están prestando a una amplia variedad de nuevos tratamientos, entre ellos las cirugías faciales para quitar las arrugas, la liposucción, el "peeling" del cutis, o los implantes de silicona para abultar los senos, intervenciones que implican serios peligros para su salud. Por ejemplo, los implantes de silicona, o de solución salina, proceso que requiere hospitalización y anestesia, y por lo mismo significa un riesgo para la vida, ha dado lugar a que en los Estados Unidos se entablen infinidad de demandas por los perjuicios que ha causado la ruptura de las bolsas en los cuerpos de las mujeres y las interferencias que presentan en las mamografías, imposibilitando en muchos casos la detección temprana del cáncer en los senos.

Las repercusiones en las nuevas generaciones son aún más preocupantes. Gracias al estereotipo de la "mujer sexy ideal" establecido por la cultura actual, en buena parte gracias a la publicidad, las niñas adolescentes quedan condicionadas a adoptar un rol femenino como mujeres "sexualmente atractivas y disponibles" para ser aceptadas. De esta manera, se les establece que lo que necesitan para triunfar en la vida es ser seductoras y con formas sexuales pronunciadas. Así crecerán convencidas de que son éstas y no sus cualidades intrínsecas y su desarrollo integral, las que les asegurarán un futuro prometedor.

Lo que es más grave es que, sin quererlo, hay algunos padres que refuerzan esta creencia en sus hijas patrocinando muchos de los peligrosos tratamientos para la belleza mencionados anteriormente, haciendo caso omiso de los riesgos tan grandes que éstos conllevan para su salud. En esta forma ayudan a inculcarles que lo único importante en su vida es ser sexualmente atractivas, y de ahí a ser promiscuas sólo hay un paso.

Como resultado de lo anterior, la mujer tiene ahora una nueva tarea. A la lucha por la igualdad de derechos profesionales y políticos del sexo femenino, debe agregarse en forma urgente y prioritaria la de reclamar y lograr el respeto que merece nuestra dignidad como personas, y que arrastran por el piso las propagandas que insisten en presentarnos como carnadas para seducir al comprador y las mujeres que se prestan para ellas.

> *La mujer es el símbolo de la ternura, la encarnación del afecto, la representación de la devoción a la vida y la personificación del amor sin límites.*

Las mujeres no somos solamente un instrumento dotado de curvas sensuales y órganos genitales. Estamos dotadas, nada menos, que de las cualidades humanas que nos convierten en centro vital de la humanidad. La mujer es el símbolo de la ternura, la encarnación del afecto, la representación de la devoción a la vida y la personificación del amor sin límites. Nos corresponde una posición tan especial y por eso estamos dotadas de una figura cuya armonía y belleza puede ser la materialización de todo lo hermoso que constituye nuestra esencia. Nuestra capacidad sexual es así una fortaleza y no una debilidad. De tal manera que en una época en que el respeto a lo sagrado está cada vez más ausente, y en la que abundan la inmoralidad y el abuso, ninguna mujer debe dejar de procurar, a través de su ejemplo, que el mundo recupere la admiración por su imagen y todo lo valioso que ella representa.

CAPITULO VII

CRECER Y APRENDER

Educar es algo más que llenar la mente de los hijos con conocimientos;

es cultivar su corazón con las herramientas para utilizarlos.

ANGELA MARULANDA

Carta de un alumno a su profesor

Enséñame cómo aprender y no qué aprender; enséñame a pensar y no tan sólo qué debo pensar. Así desarrollaré mi inteligencia y no simplemente mi memoria.

Señálame mis cualidades y reconoce mis habilidades. Esto me hace sentir valioso, y me estimula a esforzarme y a trabajar mejor.

No me insultes con palabras ni con gestos despectivos. Me siento menospreciado y sin ánimo para corregir mis fallas o debilidades.

Ten en cuenta mi esfuerzo y mi progreso, no sólo los resultados. A veces con poco esfuerzo logro mucho, pero es más meritorio cuando pongo todo mi empeño, así logre poco.

Trátame con cariño y con la misma amabilidad y cortesía que a cualquier amigo. Esto me hará admirarte y me llevará a respetarte como persona.

No me examines tratando de reprobarme, ni te ufanes de haberlo logrado. Mis notas deben reflejar mi desempeño y no lo harán si las utilizas para desquitarte.

Anota lo que hago bien y no sólo lo que está mal. Cuando subrayas mis éxitos, y no sólo mis fracasos, me siento motivado a seguir mejorando.

Cuando me corrijas o me recrimines, hazlo sin herirme ni humillarme. Si me atacas como persona deterioras mi autoestima y no necesariamente mejoras mi disciplina.

Confía en mí y demuéstrame que lo haces. Cuando me repites la misma cosa una y otra vez, me doy cuenta de tu desconfianza y esto me precipita a fracasar.

No me amenaces y si lo haces, cúmplelo. Si no cumples lo prometido aprenderé a que haga lo que haga siempre puedo salir eximido.

No me ruegues ni me implores que me porte bien. Te obedeceré cuando me lo exijas con mucha firmeza y sin hostilidad.

Procura hacer clases amenas e interesantes en las que yo pueda participar. Me aburro cuando todo es rutina, sólo tú hablas y yo siento que nada puedo aportar.

Cuando te haga preguntas no me digas "eso ya lo expliqué". A veces tus explicaciones no son claras o suficientes para mí, y si te pregunto es porque quiero entender y aprender.

No demuestres preferencias. Cuando alabas a algunos e ignoras a otros, deterioras nuestras relaciones y los compañeros se convierten en nuestros enemigos.

Cuando me criticas para corregirme, me defiendo y no acepto mis defectos. Sólo si acepto mis fallas procuraré corregirlas. Ten en cuenta que aprendo más de quien aprecio que de quien me desprecia.

No aceptes mis excusas ni mis ruegos para que me perdones cuando no cumplo con mis tareas. Sólo cuando asumo las consecuencias de mis fallas aprendo a responsabilizarme por mis deberes.

Escucha lo que te digo con atención e interés. Si me ignoras o me callas cuando trato de expresarme, entiendo que mis ideas son tontas y concluyo que soy poco inteligente y por lo tanto incapaz de aprender.

No me compares con mis compañeros ni con mis hermanos en años anteriores. Recuerda que no soy ni puedo ser igual a nadie, y que aunque no tengo las mismas cualidades, también tengo otras muy valiosas.

Trata de conocerme y de apreciarme como persona. Conociendo mis habilidades particulares podrás ofrecerme oportunidades para triunfar. Además, al sentirme capaz e importante para ti, crecerá el concepto que forme sobre mí.

No me tengas miedo ni temas ser firme conmigo. Es importante hacer respetar tu derecho a enseñar y el de mis compañeros a aprender.

Ayúdame a desarrollar mis cualidades y no simplemente mis capacidades. Ten en cuenta que, antes que un buen estudiante, debo ser un buen ser humano.

LO QUE LOS PADRES ESPERAN DE LOS PROFESORES Y LOS PROFESORES DE LOS PADRES

Los padres y los profesores debemos trabajar en llave si queremos que los niños tengan éxito en sus estudios. Sin embargo, cada uno tiene funciones específicas, complementarias pero diferentes en este proceso. El desempeño académico de los niños puede verse entorpecido cuando los padres o los profesores esperan que unos u otros ejerzan funciones que no les corresponden. El objetivo específico de la educación escolar, a la que ambas partes debemos contribuir, es lograr no sólo que los niños aprendan sino que desarrollen el gusto por aprender; debemos también promover el desarrollo tanto de su potencial intelectual como de su potencial humano.

Dentro de este orden de ideas, podríamos resumir en los siguientes puntos, los elementos que son claves de parte y parte para que los niños tengan el éxito académico que perseguimos.

Lo que los Padres esperamos de los Profesores:

1. Que contribuyan a que los niños desarrollen un buen concepto de sí mismos, subrayándoles generosamente sus capacidades, sus puntos fuertes y sus habilidades.

2. Que procuren saber lo más posible sobre las necesidades, intereses y talentos específicos de cada niño y que apoyen las fortalezas que tiene cada uno de sus alumnos.

3. Que se comuniquen abiertamente con los padres para informarnos tanto los logros de nuestros hijos como cualquier problema académico o de comportamiento que se esté presentando en el colegio, aportando sus medidas e ideas para solucionarlos.

4. Que les asignen tareas que ayuden a los niños a repasar, profundizar o ampliar lo aprendido en clase, pero que estén al alcance de sus capacidades y las puedan ejecutar solos.

5. Que se aseguren de que sus métodos y su estilo al enseñar son variados y promuevan la participación de todos los alumnos, de manera que el proce-

so de aprendizaje sea una experiencia divertida e interesante.

6. Que se interesen y aprecien a todos los niños teniendo en cuenta que para ellos es más fácil aprender cuando sus profesores son amables, bondadosos y entusiastas, aunque estrictos y firmes en sus exigencias.

7. Que traten a sus alumnos con justicia y equidad y no tengan preferencias ni los comparen con sus compañeros.

8. Que comprendan que los niños con mayores dificultades para aprender son precisamente quienes más estímulo y apoyo necesitan, y que al reprocharles y compararles con quienes sí pueden, lo que se logra es convencerlos que son incapaces e impulsarlos a fracasar.

9. Que escuchen a los alumnos y no los reprendan ni ridiculicen cuando pidan aclaraciones, hagan preguntas o manifiesten que necesitan mayores explicaciones, recordando que para aprender primero es indispensable comprender.

10. Que respeten a los niños y eviten humillarlos, menospreciarlos o de cualquier forma atacarlos. Del respeto que les demuestren dependerá la admiración y el respeto que a su vez reciban de sus alumnos.

11. Que tengan y hagan cumplir normas de disciplina claras, justas y consistentes, asegurándose que todos los alumnos las conocen y entienden.

12. Que estimulen el interés de los padres en la educación escolar de sus hijos, indicándoles cómo promover en ellos el deseo de aprender, y haciéndoles partícipes de sus progresos y de sus logros, no sólo de sus fallas.

Lo que los Profesores esperan de los Padres:

1. Que promuevan una buena autoestima en sus hijos puesto que su disposición para aprender depende en buena parte de sus creencias sobre sí mismos y sus capacidades.

2. Que ofrezcan en el hogar las condiciones y el ambiente necesario para que el niño pueda estudiar y cumplir con sus deberes escolares.

3. Que fortalezcan el deseo de aprender de sus hijos, promoviendo actividades que despierten su curiosidad e interés por leer e investigar, así como su gusto por la lectura. Los hábitos de lectura de los padres son un ejemplo fundamental para desarrollar este interés en los hijos.

4. Que se interesen por las actividades escolares de los niños asistiendo a las presentaciones y reuniones del colegio, preguntándole a los hijos sobre los temas que están desarrollando en cada materia, repasando algunos de sus trabajos y escuchando sus experiencias al respecto.

5. Que den una verdadera prioridad a los estudios de sus hijos, evitando inscribirlos en tantos deportes y actividades después del colegio que impidan que los niños cuenten con el tiempo requerido para cumplir con sus deberes escolares.

6. Que estimulen a sus hijos señalándoles su esfuerzo y su progreso académico, no solamente sus fallas, sus debilidades o sus malas calificaciones.

7. Que apoyen las normas y objetivos del colegio, evitando desacreditar ante sus hijos las políticas, decisiones o reglamentos que rigen la institución escolar.

8. Que asuman toda su responsabilidad como padres y no esperen que el colegio y los profesores se hagan cargo de todos los aspectos de la formación y educación de sus hijos.

9. Que disciplinen a sus hijos en el hogar y adopten las normas y medidas necesarias para que los niños sean responsables, organizados y cumplidos.

10. Que promuevan el respeto y admiración de los niños por sus profesores, evitando criticarlos delante de ellos o sugiriéndoles que no cumplan con sus órdenes o recomendaciones.

11. Que limiten las actividades sociales de sus hijos a un punto en que no interfiera con sus estudios ni con el descanso que requieren para lograr un buen desempeño académico.

> *Los niños con mayores dificultades para aprender son precisamente quienes más estímulos y apoyo necesitan.*

12. Que den un buen ejemplo a sus hijos y recuerden que si ellos mismos pasan la mayor parte de su tiempo libre dedicados a mirar televisión, a jugar con la computadora o a hablar por el teléfono, no pueden esperar que los niños sí tengan interés por aprender.

Si queremos lograr un buen desarrollo integral así como el éxito académico de los niños, tanto los padres como los profesores debemos hacer un esfuerzo consciente por dejar de culparnos mutuamente por las dificultades académicas o de conducta de los niños, para dedicarnos en cambio a ver qué podemos hacer y qué debemos cambiar nosotros mismos.

Como ayudar a los hijos a ser buenos estudiantes

> *Hay muchos factores que participan en el proceso de aprendizaje del niño, pero quizás los dos más importantes son su convencimiento de que es capaz de aprender y su gusto o motivación por hacerlo.*

Hoy en día, quizás más que nunca, los padres estamos muy interesados en que nuestros hijos sobresalgan en los estudios, y no hay nada malo en ello. Lo grave es que muchas veces tratamos de promover el éxito escolar de los niños con métodos que no dan los resultados deseados. Empujarlos permanentemente a que estudien, amenazarlos con toda suerte de castigos si sacan malas calificaciones, regañarlos por desaplicados, recordarles todo lo que deben hacer, y ayudarles a hacer las tareas o hacerlas por ellos, son medidas que quizás lleven a que el niño obtenga notas buenas o aceptables pero que no afianzan su interés por el estudio ni promueven un éxito académico perdurable.

Hay muchos factores que participan en el proceso de aprendizaje del niño, pero quizás los dos más importantes son su convencimiento de que es capaz de aprender y su gusto o motivación por hacerlo. Y al respecto es mucho lo que los padres podemos hacer.

Trabajar con los profesores

Tanto el papá como la mamá debemos conocer a los profesores de los niños, de ser posible al comenzar el año escolar. Por ello es necesario asistir a las reuniones que para el efecto ofrecen los colegios. Esto nos permite tener una idea sobre los métodos que utilizarán los profesores al enseñar el material que cubrirán, las tareas que darán a los niños, sus expectativas con respecto a los alumnos, etc.

Demos evitar menospreciar los métodos o criticar a los profesores delante de los niños; los niños aprenden mejor de aquellos a quienes admiran y no podrán hacerlo si saben que nosotros los menospreciamos. Si tenemos alguna queja u observación al respecto debemos hacerla directamente al profesor en forma constructiva, y si nada se resuelve, es una buena idea conversar con su superior inmediato o con el rector.

Darle a los profesores toda la información que pueda servirles para promover el mejor aprendizaje del niño también es importante y muy valioso. Por ejemplo, explicarles cómo trabajan mejor nuestros hijos, si en equipo o individualmente, cuáles son sus áreas de mayor interés y cuáles son las fortalezas que pueden contribuir más en su proceso de aprendizaje, como por ejemplo, que tiene buena memoria visual, que es muy creativo o que tiene facilidad para las exposiciones verbales.

Es recomendable comunicarle al profesor sobre cualquier evento o dificultad que afecte seriamente al niño, ya que esto puede interferir en un momento dado con su capacidad de aprendizaje y con su comportamiento, como por ejemplo la llegada de un nuevo bebé, una muerte en la familia, un revés económico, o la separación de los padres.

Si detectamos que nuestro hijo está teniendo algunos problemas en el estudio, no esperemos a la próxima reunión programada del colegio para discutirlo con el profesor. Es preciso pedir una cita con él cuanto antes. Los buenos alumnos pueden comenzar a tener problemas disciplinarios cuando se aburren, y los malos pueden aparentar ser "vagos" cuando en realidad se sienten incapaces de realizar el trabajo que se les exige. Una charla con el profesor puede aclarar algunas cosas y ofrecer las herramientas para remediar la situación y ayudar al niño.

Asistir a todas las reuniones de padres de familia y demás eventos convocados por el colegio es también muy importante. Esto nos permite informarnos sobre los reglamentos de disciplina del colegio, las servicios que ofrecen a los estudiantes, su enfoque académico, etc. Así mismo, de ser posible, se debe colaborar y participar en todas las actividades del colegio que sea posible, como bazares, deportes y fiestas culturales. En esta forma no sólo contribuimos a construir la institución sino que le hacemos ver a los hijos que su colegio es importante para todos.

Fomentar la responsabilidad

El niño deben ir al colegio todos los días, excepto cuando haya una muy buena razón para que se quede en la casa, y se debe evitar sacarlo antes de la hora establecida para llevarlo a citas médicas o similares, a menos de que sea absolutamente imperativo. Cuando le permitimos a un hijo que no asista al colegio sin una razón suficiente, se le está diciendo que estudiar no es realmente importante.

Asignar y responsabilizar a los hijos por algunas tareas del hogar, como hacer su cama, alimentar al perro, regar las plantas, etc., les enseña a que ser parte de una institución es colaborar con ella, y los dispone para que lo hagan en su colegio. Se ha visto que aquellos niños que tienen algunas responsabilidades y deberes en su hogar son en general alumnos más destacados en el colegio.

> *Los niños que tienen responsabilidades y deberes en su hogar son por lo general alumnos más destacados en el colegio.*

No debemos presentar excusas a los profesores cuando los hijos no asisten al colegio o no hacen las tareas por causas injustificadas. Si el niño decidió no cumplir con su deber hay que permitirle que responda por las consecuencias de su decisión, y asuma los castigos que correspondan. Sólo así aprenderá a ser responsable.

Permitamos que los niños se responsabilicen por sus proyectos escolares. No debemos estar recordándoles cuándo debe entregarlos ni hacernos cargo de decidir cómo deben hacerlos. Suministrarles lo que necesitan y prestarles asesoría cuando realmente la requieran, debe ser suficiente.

Se debe hacer que los hijos respondan y repongan, con sus ahorros, todos los útiles escolares, uniformes o libros que pierdan o dañen.

Enriquecer el aprendizaje

Demostremos a los niños que su educación es importante para nosotros. Para esto, se debe disponer de un rato diario para hablar sobre las actividades y conocimientos que han aprendido en el colegio, los temas que han visto en cada materia, etc. Cuando el niño responda que no hizo "nada" en el colegio, hagámosle preguntas más específicas sobre lo que sabemos que le están enseñando en ese momento.

Manifestemos más interés en el contenido y en el desarrollo de las materias de estudio que en las calificaciones que los hijos obtienen. ¿Qué está aprendiendo el niño? ¿Cuánto ha progresado? Cuestionemos tanto las buenas como las malas calificaciones. ¿Las buenas son en verdad señal de buen aprovechamiento, o de que el trabajo es demasiado fácil para él? ¿Las malas son señal de que no estudia o será que tiene alguna dificultad para aprender?

En lo físico y en lo intelectual, apoyemos la actividad y no la pasividad de los niños. Hacer un deporte, armar un rompecabezas, o solucionar un crucigrama deben estimularse más que sentarse a mirar una película cualquiera o una revista de caricaturas.

Establezcamos metas que estén al alcance de los niños. Muchas metas pequeñas que el niño pueda lograr le dan la esperanza del triunfo, lo que no ocurre cuando hay una meta muy alta que demanda mucho trabajo antes de poder triunfar.

El estudio nunca se debe utilizar como castigo. Poner a los niños a hacer planas o a leer un libro escolar para castigarlos por un mal comportamiento les da a entender que estudiar es algo tan desagradable que puede ser una sanción.

Los niños hacen lo que nos ven hacer a los padres, y no lo que les decimos si no lo hacemos. Si los padres nos interesamos por leer y aprender, los hijos lo harán; si los padres raramente leemos un libro, tampoco lo hará el niño así se le insista que debe hacerlo.

Ayudemos a que los niños puedan concentrarse. Esta es clave para el aprendizaje, y constituye una habilidad que cualquier niño puede adquirir. Expliquémosle a los niños cómo se concentran los deportistas en un juego y cómo se debe centrar la atención en un solo asunto para poderlo recordar.

Enseñemos a los niños a cuestionar lo que leen. "¿Qué llevó al héroe a sacrificar su vida?", "¿Cuál fue la verdadera causa de tal evento?". Animémoslos a sacar conclusiones. Cuando estudien inventos, por ejemplo, hagámosles imaginar como sería la vida sin ese avance, para que se de cuenta de la importancia del mismo.

Evitemos involucrar a los niños en demasiadas actividades extracurriculares, equipos deportivos o compromisos que no le dejen tiempo o energías suficientes para estudiar.

Enseñémosles a ver sólo buenos programas de televisión y animémoslos a sintonizar aquellos que son instructivos. Pero, ojo con el ejemplo... no pasemos la mayor parte de nuestro tiempo libre mirando programas tontos o películas destructivas.

No permitamos a los adolescentes pasar todo el fin de semana en fiestas y reuniones sociales. Para poder aprender, es necesario descansar suficiente, y demasiadas fiestas pueden tener efectos negativos en su salud y en su escolaridad.

Durante la adolescencia, no debemos preocuparnos demasiado si los hijos adolescentes leen "basura"; es normal en esta etapa y al menos están practicando la lectura. Procuremos interesarlos en los sucesos mundiales comentando sobre las noticias y hechos más importantes.

Busquemos oportunidades para fomentar el aprendizaje de los niños. En la tienda, por ejemplo, hagámosle preguntas tales como: "¿Cuánto me costará esto más esto?". En un paseo pongámoslo a contar los animales que ve en el camino o a calcular el tiempo que falta para llegar al destino teniendo en cuenta la velocidad y la distancia.

Un ambiente apropiado

Sin caer en extremos, recordemos que los niños se desarrollan mejor en ambientes organizados y ordenados. Desde pequeños es importante establecerles un horario diario, claro y definido, de tiempo para hacer tareas. Durante ese tiempo los niños deben estar en su escritorio trabajando y no se les debe permitir hacer nada distinto hasta que no las hayan terminado.

Al organizar el horario de tareas, debemos tener en cuenta las características del niño. En general, los niños pequeños tienen mejor disposición para estudiar tan pronto como llegan del colegio; si se deja para más tarde pueden estar muy cansados. Los niños mayores usualmente requieren un rato para descansar cuando llegan del colegio antes de poderse poner a trabajar.

Los niños deben disponer de un lugar tranquilo para estudiar, con buena luz, bien organizado, y donde estén cómodos y tengan los útiles que necesiten para hacer sus tareas (diccionario, regla, etc.).

Mientras el niño hace tareas, el televisor que esté cerca debe estar apagado, y no se deben permitir interrupciones constantes de sus hermanos o amigos, a menos de que sea para algo relacionado con el trabajo que está haciendo.

Apoyemos al niño en sus estudios, supervisando que haga las tareas pero no las hagamos por él. Si el pequeño no sabe escribir una palabra, no se le debe dar la respuesta sino animarlo a buscarla en el libro, la enciclopedia o el diccionario. Si los niños lo solicitan, podemos revisarles sus tareas y señalarles los errores, pero permitiéndoles que ellos encuentren las respuestas correctas.

Cuando hay algún punto de una tarea que los niños no entienden, no se les debe dar una explicación muy larga. Averigüemos exactamente qué es lo que no entienden y concentrémonos en aclararles sólo ese punto.

En proyectos largos, enseñémosle a los niños a dividir el trabajo en partes, por ejemplo, la primera semana debe leer el libro, la segunda hacer un resumen y la siguiente preparar el informe. Hacerlo por etapas da mejores resultados que tratar de hacer todo la víspera.

Fortalecer su autoestima

Recordemos que un requisito indispensable para aprender es que los niños estén convencidos de que son capaces de hacerlo. Por esto, los niños con buena autoestima son en general estudiantes sobresalientes. Nunca se debe humillar ni ridiculizar a un niño por sus fracasos académicos (ni permitir que sus hermanos lo hagan), ni hacer predicciones negativas sobre su futuro por el pobre resultado de sus estudios ("así no vas a llegar nunca a la universidad"). Esto no los anima a mejorar sino que los precipita a fracasar.

Observemos todo progreso por mínimo que sea y seamos generosos en elogios. No debemos centrarnos sólo en las malas notas, sino ante todo en las buenas y en lo que ha logrado, por poco que parezca.

Aprovechemos los datos de las libretas de calificaciones y de las pruebas de aptitudes para conocer tanto las habilidades como las limitaciones o dificultades de nuestros hijos. Esto nos permite ayudarlos a utilizar sus fortalezas para respaldar sus debilidades. Igualmente, debemos hacerles exámenes rutinarios de la vista, y del oído, y consultar cualquier dificultad verbal o física que observemos en ellos.

Ofrezcamos oportunidades para que el niño triunfe, invitándolo a participar en actividades para las cuales tenga buena disposición. Cuando los esfuerzos se concentran en que el niño logre hacer aquello para lo cual no tiene talento, posiblemente terminará convenciéndose de que no sirve para nada.

Reconozcamos y celebremos el esfuerzo de los niños, más que el resultado final. El interés y dedicación que le pone a una tarea, así no le quede perfecta, es mucho más importante que la calificación que obtiene. Cuando nos centramos y sólo aplaudimos las buenas calificaciones, los niños que no sobresalen en las áreas académicas no tienen oportunidades para sentirse triunfadores.

Finalmente recordemos que más importante que formar buenos estudiantes es formar buenos seres humanos. Valoremos en primer lugar y con mucha generosidad lo que son ellos como personas y sus cualidades humanas. Un niño convencido de que es valioso, a gusto con la persona que es, podrá no sólo obtener éxito académico sino aportar mucho y triunfar en muchas áreas de su vida.

LAS TAREAS NO TIENEN POR QUE SER UN PROBLEMA

Casi todos los que hemos pasado por el colegio, en alguna oportunidad hemos inventado una excusa para no entregar una tarea en la fecha indicada. "Mi hermanito me la dañó...", o "se me quedó en casa ...", son el tipo de disculpas que más escuchan los profesores, pero la verdadera razón es siempre la misma: evitar el castigo por no haber cumplido con una obligación, en otras palabras, evadir la responsabilidad.

El uso de excusas en lo que se refiere a las tareas es tan frecuente que vale la pena estudiarlo cuidadosamente. ¿Cuándo la disculpa es sólo una excusa y cuándo sí es una verdadera razón? Si la razón que se aduce no es la cierta o esconde parte de la verdad, se trata de una simple excusa.

Las disculpas para no hacer tareas son muchísimas. Algunas de las más corrientes suelen ser:

"Yo no sabía que teníamos tarea".

Sólo en pocas oportunidades esta es una razón verdadera. La mayoría de las veces es simplemente una excusa que pretende encubrir la falta de atención a las instrucciones dadas por el profesor. Pero también en algunos casos puede ser que el niño no entendió las indicaciones, y por temor al ridículo o a ser reprendido por su profesor, prefirió callar antes que preguntar.

"Se me olvidaron los libros en el colegio".

Puede ocurrir ocasionalmente, pero si convenientemente se olvidan casi todos los días, es evidente que se está utilizando como disculpa y que hay algo que anda mal. Es posible que se deba más bien a que alguna o varias materias le están resultando demasiado difíciles y prefiere no trabajar para pasar por vago y no por bruto. En este caso es preciso buscar ayuda profesional y hacerle una evaluación psicoacadémica al niño para ver si hay una razón de fondo que justifique su desinterés por el estudio.

"No entendí la tarea".

Esta puede ser una razón, pero casi siempre quienes tienen verdadero interés por sus estudios, encuentran la forma de cumplir con su deber. Si no trata de buscar alguna ayuda para comprender la tarea es porque prefiere utilizar esta dificultad para deshacerse de la obligación. Es importante que el profesor esté disponible y abierto para aclarar lo que haya quedado confuso en los alumnos y no que les rechace asegurándoles que "eso le pasa por no poner atención" porque no siempre es así.

"Estoy demasiado cansado" o "no tengo tiempo".
Puede pasar y ocurre. Si este es un problema frecuente con muchos de los alumnos de un mismo grupo, vale la pena que los profesores analicen si están asignando tantos trabajos para completar en casa que verdaderamente los niños no tienen el tiempo suficiente para cumplirlos.

Cuando por el contrario, es un problema que sólo se presenta con unos pocos y generalmente con los mismos estudiantes, son los padres quienes deben evaluar cómo se está distribuyendo el tiempo libre de los hijos y recordar que los estudios deben tener prioridad. Habrá que reorganizar los horarios, suprimir algunas actividades extracurriculares y planear las cosas de manera que haya espacio suficiente para cumplir con sus deberes escolares.

"Para qué la hago si de todas maneras no la van a calificar".
Esta es sencillamente una excusa para justificar la pereza de cumplir con el deber. Los muchachos deben comprender que las tareas no tienen como único objeto obtener una calificación, sino que son ante todo un medio para ayudarlos a repasar y dominar los conceptos aprendidos en clase, y por esto es importante cumplirlas así las califiquen o no.

"Se me quedó en la casa" o "se me perdió".
Suelen ser disculpas favoritas entre los alumnos que tienen profesores demasiado "comprensivos" y saben que así pueden salirse del problema. Hay que revisar la actitud del profesor y evaluar si las sanciones que ha establecido por la falta de cumplimiento sí están cumpliendo el objetivo de motivar a los estudiantes a rectificar su conducta.

> *Las sanciones que se establecen por el incumplimiento de los alumnos deben cumplir con el objetivo de motivarlos a rectificar su conducta.*

Todas estas disculpas, si ocurren con frecuencia, pueden ser un indicativo de que el menor no tiene mayor interés en sus estudios, quizás por alguna dificultad para aprender o porque se encuentra desestimulado con la materia o con el colegio en general. Si tenemos en cuenta que a ninguna persona le gusta fracasar, lo importante cuando un niño se muestra perezoso para estudiar y cumplir con sus deberes escolares, es mirar con detenimiento qué está llevando a esta situación para encontrar las medidas que sea preciso implementar a fin de cambiar la situación.

Por qué no hacen las tareas

Tan variadas como las disculpas para no cumplir con los deberes suelen ser las razones para tener que buscar excusas:

Protegerse de enfrentar sus propias debilidades o limitaciones

Con frecuencia las personas tratamos de ocultar la verdad sobre nuestras limitaciones y de engañarnos aún a nosotras mismas, ya que es más fácil culpar a los demás o las circunstancias que aceptar nuestra fallas o incapacidades en determinadas áreas.

Frecuentemente cuando se tienen dificultades en una materia, el alumno lo ve como un fracaso personal. Este sentimiento deteriora su autoconcepto y lo puede llevar a considerarse un incapaz, lo que es especialmente grave hoy en día cuando el valor personal está centrado en el desempeño académico de los niños, porque la importancia de las personas a menudo se mide en términos de su éxito profesional.

Es importante entender y aceptar que no todos tenemos las mismas habilidades, pero sí que todos tenemos un gran potencial, cualquiera que éste sea. Pero para poder desarrollar todas nuestras capacidades, una de las condiciones más importantes es desarrollar el coraje de reconocer nuestras imperfecciones y limitaciones.

Sanciones inapropiadas

Muchos niños inventan disculpas para evitar ser sancionados por padres o profesores y han aprendido que con una buena disculpa es posible librarse de compromisos y obligaciones y quedar bien con todo el mundo. Vale la pena, por lo tanto, revisar si las sanciones que se imponen están cumpliendo su cometido. Los castigos o consecuencias que se impongan por el incumplimiento deben llevar a los niños a aprender a ser responsables por sus actos y omisiones, y si esto no se está logrando hay que buscar nuevas alternativas o privaciones que sí los lleven a modificar sus conductas. Por ejemplo, cuando ponerle una mala calificación no hace que el niño cumpla con sus deberes, es necesario buscar otra sanción como la de no dejarlo salir a recreo o impedir que asista a deportes para que haga en ese momento las tareas que no hizo en casa.

Evadir el esfuerzo

Los niños que han crecido acostumbrados desde pequeños a obtener todo lo que desean y mucho más de lo que necesitan, a menudo no aprenden a esforzarse ni a luchar para triunfar en lo que se proponen. Parece ser que con la opulencia del estilo de vida actual, los hijos se han formado la errónea idea de que todo les llegará fácilmente y que es mucho más importante ser avispado que estar preparado.

Evadir la responsabilidad

Al culpar a los demás (el hermanito, a la empleada, etc.), a los obstáculos o circunstancias insalvables, a la mala suerte o a ciertas deficiencias innatas ("a mí se me olvida todo"), se persigue evadir las consecuencias de nuestras acciones y decisiones.

Uno de los principales objetivos de las tareas escolares, es desarrollar el sentido de responsabilidad en los muchachos, lo cual se promueve dándoles deberes y haciéndolos responder por su debido cumplimiento. La responsabilidad se desarrolla precisamente cuando las personas aprenden a tomar decisiones y asumir las consecuencias resultantes, por penosas que sean.

Muchas veces los adultos no sólo aceptamos y permitimos que los muchachos utilicen disculpas y así evadan sus deberes, sino que además les animamos a hacerlo al inventar nosotros mismos excusas para librarnos de nuestras obligaciones, con lo que les enseñamos a disculparse más que a responsabilizarse.

Demasiada ayuda de los papás

Otra razón frecuente por la que los niños no hagan sus tareas es que los hemos enseñado a que éstas son responsabilidad de sus padres. Para muchos papás, revisar cuadernos, tomar lecciones, desvelarse resolviendo los problemas o haciendo mapas y proyectos es parte de sus obligaciones diarias. Presionados por las exigencias de los colegios o asustados por la posibilidad de un bajo rendimiento de los hijos en sus estudios, muchos padres asumen así la responsabilidad casi total de las tareas de los pequeños creyendo que así están haciendo algo muy positivo.

Otra razón por la que los niños no hacen sus tareas es que han aprendido que éstas son responsabilidad de sus padres.

Algunos padres se hacen cargo de las tareas para evitar la peleadera con los niños para que se sienten a trabajar, o para lograr que los hijos se destaquen académicamente, ante todo por el gusto y el orgullo que les da verlos ocupar un primer lugar. Sin embargo, vale la pena tener en cuenta que si bien asumir el liderazgo de los deberes académicos de los hijos puede traer beneficios inmediatos, también puede llevar a engañarnos respecto al rendimiento real del niño en sus estudios. El éxito escolar que obtengan gracias a la asistencia paterna estará construido sobre bases que eventualmente se pueden derrumbar con los consiguientes perjuicios para los hijos.

Crea dependencia

El estudio es la principal y casi la única responsabilidad de la niñez. Por eso cuando los padres ayudamos más de lo debido a los hijos con sus tareas, lejos de favorecerlos, los estamos perjudicando. Uno de los inconvenientes es que se da pie a que los niños aprendan a que no hacer las tareas o hacerlas mal es una forma de lograr la atención de sus padres y no estudien precisamente para mantenerlos pendientes de ellos.

> *El estudio es la principal y casi la única responsabilidad de la niñez. Si los padres ayudamos más de lo debido a los hijos con sus tareas, no los favorecemos, los estamos perjudicando.*

Además, aun cuando hagan las tareas de buena o mala gana, la constante supervisión y ayuda de papá o de mamá crea una indeseable dependencia y los lleva a habituarse a que sólo pueden estudiar si alguien está permanentemente trabajando con ellos. Esta situación puede promover dependencia en otras áreas, llevándolos a que busquen continuamente la ayuda y aprobación de los demás en casi todas sus actividades, porque no saben arreglárselas solos.

Es distinto el caso de un niño que tiene dificultades para aprender, lo que generalmente se traduce en un gran desinterés por los estudios. Si bien los padres sí tenemos que prestarles más ayuda, tenemos que cuidarnos de no convertirnos en sus tutores. Así tengamos experiencia como pedagogos, los papás no tenemos la objetividad, y sobre todo la paciencia, que requiere un niño con problemas de aprendizaje y en el intento lo que se logra es deteriorar la relación entre padres e hijos. Adicionalmente, la impaciencia que nos produce el proceso puede llevar a que el niño se niegue a trabajar precisamente para rebelarse contra la presión paterna y por lo tanto su desempeño, lejos de mejorar, empeore. Lo que es más grave es que la frustración que implica ver que el menor no entiende o aprende al ritmo que esperamos, nos lleva a reaccionar alterados y decirle o darle a entender que es un incapaz, perjudicando no sólo su aprendizaje sino también su autoestima.

Trabajar en equipo

Padres, profesores y estudiantes compartimos una importante responsabilidad en el proceso de aprendizaje y cada cual debe tener muy claro cuál es su papel en relación con las tareas: la responsabilidad de la adecuada asignación es del profesor, la responsabilidad de proveer los medios necesarios para que las cumplan es de los padres, y la responsabilidad de hacerlas es de los hijos.

Cuando los padres nos damos cuenta de que no somos los responsables de los deberes escolares de los hijos, nos quitamos un gran peso de encima, podemos disfrutar más tranquilos de los ratos que pasamos con ellos cuando llegan del colegio y les ayudamos a aprender a asumir sus responsabilidades y a despertar el gusto por estudiar.

Aprender a organizar y planificar su trabajo, desarrollar un gran sentido del deber, tener una estricta disciplina para trabajar e identificar los recursos y medios que se requieren para cada situación, son claves para el éxito profesional y personal, y se aprenden en gran medida a partir de las tareas asignadas por el colegio.

Igualmente, el amor al estudio y el interés por aprender no son el resultado de la presión o de las amenazas de padres o profesores para que los niños estudien, sino del convencimiento de que cuentan con las capacidades para hacerlo y de que es mucho lo que pueden lograr. Así, las bases para triunfar en la vida se comienzan a construir a partir de las actitudes y hábitos adquiridos desde temprana edad y uno de los mejores medios para ello es a través de las tareas escolares.

❄

Cuando los niños no pueden hacer las tareas los padres y profesores pueden . . .

... ayudarles a analizar si se trata de una razón insuperable o si hay alguna alternativa para superar los obstáculos.

... animarles a que compartan las razones por las cuales no pueden completar su tarea. Otras personas pueden ayudarles a encontrar opciones que les permitan superar el obstáculo o impedimento.

... revisar esporádicamente los cuadernos de trabajo de los niños haciendo sólo comentarios positivos sobre los mismos.

... ayudarles a descifrar las instrucciones cuando están estancados en algún problema, porque muchas veces éste es el único obstáculo.

... no exigir la perfección. Esperar que todo se haga perfecto hace que se desanimen y no hagan las cosas por miedo a no lograrlo.

... promover que busquen la ayuda de su profesor, y ser pacientes y tolerantes para darles las explicaciones que necesitan.

... sugerirles que hagan los trabajos largos por etapas y con el tiempo suficiente para poderlos completar.

... motivar el interés de los niños a aprender cosas nuevas, comentándoles sobre hechos recientes en el país o el mundo, o ampliándoles la información sobre temas que está estudiando, mediante anécdotas o ilustraciones alusivas a lo que están viendo.

QUE LOS HIJOS SE DESTAQUEN, UNA IMPOSICION PELIGROSA

La creciente importancia que tienen los recursos económicos en el mundo actual, precisamente por ser el medio para ocupar una destacada posición en la sociedad, es quizás la razón de fondo por la que muchos padres den cada vez un mayor valor al que los hijos tengan un rendimiento académico sobresaliente.

Que los hijos se destaquen como estudiantes escolares y luego como profesionales parece ser para muchos la meta más importante en la tarea educativa de los padres. Por ello con frecuencia se establecen expectativas y exigencias tan altas que llegan a hacer de la vida escolar de los niños un reto casi imposible de enfrentar y de la paternidad una labor de incomparable dificultad.

Lamentablemente no es siempre el bienestar de los hijos el único que nos motiva a poner tanta presión sobre ellos. Cuando los padres nos sentimos insatisfechos con el desempeño de los niños, a pesar de que éste sea bueno, en alguna medida se puede estar buscando la satisfacción de nuestro ego más que brindarles la oportunidad de aprender a nuestros hijos. Considerando que los menores son una credencial de nuestras habilidades como padres o de nuestras capacidades como personas, se carga sobre los hijos la obligación de hacernos felices, y se les responsabiliza por nuestra reputación y la de su familia.

Cuando nada es suficiente

No es extraño escuchar a los jóvenes comentar desalentados que "haga lo que haga mis papás no están contentos". En estos casos todo parece indicar que los padres no sólo quieren que a su hijo le vaya bien, sino que sea definitivamente el mejor. Por lo tanto, consideran que cualquier cosa que hagan los muchachos siempre podría haber sido superior. Cuando los padres insisten en que sus hijos deben ser los mejores y que cualquier cosa distinta al primer lugar es mediocridad, a menudo se obtiene todo lo contrario o por lo menos se lastima la seguridad y autoestima de los muchachos y se deterioran las relaciones con ellos.

Por otra parte las exigencias demasiado elevadas sobre los hijos, no sólo los desalientan sino que pueden llevarlos a la desesperación. Como consecuencia de lo anterior, muchos muchachos en esta situación adoptan conductas autodestructivas como tomar trago o usar drogas, a la vez que se apartan de sus padres por la vergüenza de no estar a la altura de lo esperado y viven su vida aislados y decepcionados. Hay algunos casos en los que la presión es tan fuerte que empuja a los hijos a la depresión, y los puede llevar a considerar el suicidio como una salida.

> *Una cosa es estimularlos a que den lo mejor de sí mismos pero otra es esperar que logren más de lo que realmente pueden dar.*

Es natural que los padres queramos que nuestros hijos triunfen, pero esperar y exigir que todos sean excelentes es pedir lo imposible. "Lo mejor es enemigo de lo bueno" y una cosa es estimularlos a que den lo mejor de sí mismos pero otra es establecer parámetros excesivamente altos y esperar que logren más de lo que realmente pueden dar sólo para complacernos.

Las comparaciones

Otro de los perjuicios resultantes del excesivo interés porque los hijos sobresalgan es que, tácita o explícitamente, se compara a los hijos con aquellos que sí alcanzan el primer lugar. Esto promueve en los muchachos un resentimiento contra quienes los comparan (los padres) y contra quienes son comparados (los compañeros), mas no necesariamente da mejores resultados.

Cada niño es diferente. Cada uno tiene sus fortalezas y sus debilidades. Compararlos es un gran error. Lo que se logra es promover inseguridad y sentimientos de incapacidad en el menor, quien cree que si no es tan competente como los demás es porque es inferior. A nadie le gusta ser comparado con otros y todos queremos ser valorados y apreciados por lo que somos, no por lo mucho o poco que aventajemos a los demás.

La función de la educación

Antes de fijar metas y expectativas para el rendimiento escolar de los hijos, vale la pena detenernos a reflexionar cuál es la función de la educación escolar y qué debemos perseguir con su desarrollo intelectual. ¿La educación simplemente debe procurar que los hijos se instruyan y se preparen para que pasen unos exámenes, tengan luego una profesión y finalmente logren conseguir un buen empleo? Tener un trabajo, ganarse la vida y lograr un "status", es necesario, ¿pero, es acaso todo?

La vida no es simplemente una profesión y una ocupación. La vida es mucho más que eso. Al dedicarnos casi exclusivamente a instruir a los menores en una serie de materias y conocimientos, y concentrarnos en que se preparen ante todo para ganarse la vida, les estamos impulsando a perder toda la grandeza del concepto de vivir y a conocer sólo un aspecto de la misma. Ciertamente que pasarán los exámenes, encontrarán un trabajo y posiblemente se destacarán en una profesión. Pero es muy posible que se conviertan en máquinas de producción, para quienes su trabajo y su éxito profesional son su única y última razón de existir, precisamente porque su valor personal, equivocadamente, reside en esto.

La educación no tiene sentido a menos de que contribuya, no simplemente a hacer buenos profesionales, sino ante todo a formar buenas personas. La verdadera función de la educación es cultivar la inteligencia para ayudar al hombre a encontrar una respuesta al interrogante de su existencia, a desarrollar al máximo su potencial y a aportar lo mejor de sí mismo a su sociedad. Formando mejores personas estaremos formando un mundo mejor, y serán mejores personas quienes tengan un mejor concepto de su valor como personas, no simplemente de sus capacidades.

Carta de un padre inconforme

El valor de los hijos no debe estar ligado a su desempeño académico. Lamentablemente a veces esto se aprende muy tarde, como se puede leer en una carta publicada hace algún tiempo por algunos periódicos estadounidenses, escrita por un padre de un muchacho que hoy es víctima de la drogadicción.

A los padres decepcionados:

"Cuando se aproxima el grado de los compañeros de mi hijo escucho muchas quejas de los padres: unos se quejan de los gastos que se avecinan, otros de las fiestas y agasajos, pero la mayoría se lamenta porque los muchachos no obtuvieron calificaciones suficientemente buenas para entrar a las llamadas 'mejores universidades' que ellos tanto anhelaban.

Muchos de estos padres están decepcionados. Esta carta es para todos ellos. "Mi hijo, que apenas hace dos años era la estrella del equipo de fútbol de su colegio, que sobresalía como estudiante y era un muchacho muy popular y admirado por sus compañeros, no se graduará con ellos".

"Se retiró del colegio hace 6 meses porque comenzó a perder interés en todo. Lo siguiente que supimos es que estaba usando droga, específicamente consumiendo cocaína. Lo llevamos a un centro de rehabilitación de donde salió pocas semanas después supuestamente recuperado, pero pronto volvió a reincidir. Y este mismo proceso se ha repetido una y otra vez. Ahora mi esposa y yo sabemos lo que es el verdadero dolor, lo que sí es motivo de sufrimiento y desilusión".

"Más tarde nos enteramos que se refugió en la droga para huir de la desesperación que le producía nuestra presión y la de todos los que le rodeaban para que siguiera siendo siempre el mejor".

"Así que cuando estén sentados en el auditorio del colegio, sintiéndose algo decepcionados porque sus hijos no estuvieron a la altura de sus expectativas, porque quizás no obtuvieron los resultados que ustedes habían soñado, por favor recuérdenos a nosotros, aquellos padres que quisiéramos estar allá sentados con ustedes".

"Piensen en nosotros, y amen a sus hijos por lo que son, no por lo que ustedes sueñan que sean. Hay que ser lo suficientemente honestos para admitir que pueden estar queriendo vivir su vida a través de su hijo, pretendiendo que él sea lo que nosotros nunca pudimos ser... como lo hice yo".

"Recuerden que en la cima sólo hay lugar para unos pocos y que no todos tenemos los atributos y capacidades necesarios para ocupar un primer lugar. No hay nada malo en ser de los del medio. También desde allí se pueden lograr grandes contribuciones y satisfacciones.

"Cuando su hijo reciba ese diploma siéntanse orgullosos y satisfechos. Piensen y recuerden a todos los padres que como yo darían su vida por estar en su lugar".

Un padre que pecó por su ambición.

Capítulo VIII
Crecer ante las
experiencias dificiles

*Los problemas no se pueden solucionar si los enfrentamos
con la misma forma de pensar que tuvimos cuando se crearon.*

ALBERT EINSTEIN

¿ES PERJUDICIAL PELEAR
DELANTE DE LOS HIJOS?

Pelear delante de los hijos no es necesariamente perjudicial para ellos, dependiendo de la forma como se maneje la pelea. Los disgustos son parte normal de la vida en pareja y, siempre y cuando se entiendan como una desavenencia entre dos personas y un intento de llegar a un acuerdo, o por lo menos de defender los propios derechos o puntos de vista, no tienen que ser necesariamente nocivos para los niños.

> *Si los hijos nos ven pelear y posteriormente seguir siendo amables y afectuosos, la experiencia puede ser positiva.*

Que los hijos vean a sus padres discutiendo o riñendo puede ser incluso una experiencia beneficiosa, siempre y cuando no se hagan daño físico o emocional y se les aclare que, a pesar de que los padres estamos furiosos, todavía nos amamos y eventualmente nos reconciliaremos. Así, cuando un hijo presencia o se da cuenta de un conflicto entre su papá y su mamá es importante no negarlo, sino aclararle que estamos disgustados, pero que así como él a veces pelea con su amigo y luego hace las paces, nosotros también peleamos y nos reconciliamos, sin que esto signifique que nos dejamos de querer.

Si los hijos nos ven pelear y posteriormente seguir siendo amables y afectuosos, la experiencia puede ser positiva. Aprenderán a manejar sus propios sentimientos de hostilidad hacia sus seres queridos y entenderán que pueden sentir rabia y amor hacia los seres queridos, sin que ello implique que sean unas malas personas. Por el contrario, un niño que nunca ve a sus papás disgustarse puede llegar a creer que hay alguna falla en él, porque siente lo que otros no sienten por las personas que aman.

Peleas que sí perjudican

Una pelea entre los padres puede ser seriamente perjudicial para los hijos si incluye insultos, gritos u otras formas de agresión. No sólo les produce mucha angustia, sino que les enseña, entre otras, a pelear en los mismos términos con sus hermanos, amigos y posteriormente con sus propios padres y sus cónyuges. Así mismo - y más grave aún - cuando los padres se maltratan, los niños sufren temiendo que puedan hacerse un daño grave, además de que se sienten atribulados por no saber qué hacer y por el temor a perder a aquel por quien no tomen partido.

Por otro lado, siendo fundamental para la estabilidad de los hijos sentir que tienen padres capaces de protegerlos, los angustia verlos descontrolados y agrediéndose, pues mal pueden cuidarlos quienes son capaces de actuar en esa forma con alguien a quien supuestamente aman. Miedos, pesadillas y reacciones de pánico asaltan a menudo a los niños que presencian episodios violentos entre sus padres, en los que se gritan, insultan o en cualquier forma se maltratan.

Ocultar las peleas

Los padres podemos ocultarle a los niños el motivo de la pelea, pero no podemos evitar que perciban los sentimientos que la acompañan. Por eso, contrario a lo que se creía en el pasado, no es apropiado tratar de mantener a los hijos convencidos de que nada está ocurriendo entre nosotros cuando sí lo está.

Algunos padres procuran discutir a escondidas de los niños y simulan permanente armonía entre ellos. Desafortunadamente los niños siempre se dan cuenta cuando algo anda mal, por mucho que tratemos de disimularlo, y cuando perciben que hay tensión y hostilidad entre su papá y su mamá pero no saben qué pasa, se imaginan algo peor. Además, cuando los padres tratamos de expresar algo distinto a lo que verdaderamente sentimos y simulamos una felicidad que no existe para proteger a los hijos, les enseñamos a ocultar sus verdaderos sentimientos y a aparentar lo que no sienten para complacer a los demás.

Promover este tipo de dualidad en los niños es mucho peor que escuchar a los padres disgustarse de cuando en vez. Aprender a mantener una dualidad entre lo que sienten y lo que expresan y a rechazar sus verdaderos sentimientos porque se consideran inapropiados, puede llevarlos a tener severas dificultades para manejar sus emociones y manifestar sus verdaderos sentimientos. Todo esto afectará negativamente sus futuras relaciones afectivas, especialmente su relación matrimonial.

Así mismo, la rabia y el dolor no expresados por un niño, puede traducirse posteriormente en depresión, amargura o aún en agresividad y hostilidad hacia sus compañeros y amigos, a pesar de que no tengan nada que ver con sus problemas.

No involucrarlos

Quizás lo más importante a tener en cuenta en las disputas entre los padres es que no se debe permitir que los hijos se involucren en nuestras peleas. Poner a los hijos de testigos de lo que dijo su papá o lo que hizo su mamá, de mensajeros entre nosotros o de alguna forma tratar de forzarlos a que tomen partido, es definitivamente nocivo y cruel con los menores.

Por un lado, al involucrar a los niños, ellos se sienten agobiados por sus conflictos de lealtad, pues consideran que si se alían con uno de sus padres están automáticamente en contra del otro, y ellos quieren y necesitan a ambos. Por otro, al hacerles partícipes de una pelea en la que nada tienen que ver se les está haciendo responsables de buscar una solución a un problema que no está en sus manos.

> *Cuando un hijo se vuelve el confidente de uno de sus padres a sus problemas conyugales, con el tiempo se siente utilizado y resentido.*

De igual manera, cuando un menor se vuelve el confidente de las quejas de uno de sus padres sobre su cónyuge, se llena de sentimientos ambivalentes con respecto a este último, a quien sigue amando pero a la vez resintiendo por lo mucho que hace sufrir al otro. Además de que se siente utilizado, resentirá profundamente a quien lo utilizó como su apoyo. Todo esto afecta negativamente su estabilidad emocional y puede traducirse en amargura y rencor.

Algunos niños, por iniciativa propia, tratan de meterse en el conflicto o por lo menos de procurar la reconciliación de sus papás, rogando al uno o al otro que ceda ante las demandas del cónyuge. También es necesario rechazar este tipo de intervenciones, aclarándole al hijo que la pelea es entre los padres y que él nada tiene que ver en el asunto.

Hasta dónde informar

Todas las relaciones tienen crisis y la relación de pareja quizás más que ninguna otra. Las parejas que "nunca han tenido un sí y un no" no existen sino en las novelas o en los cuentos de hadas. Aquellos que aseguran estar en esta situación, posiblemente son personas que no saben identificar o temen expresar sus sentimientos antagónicos y que sufren en callada desesperación sus desavenencias y amarguras.

Los padres no tenemos obligatoriamente que informar a los hijos sobre la razón de nuestros problemas y debemos pensar muy bien qué les contamos y qué no. Nuestra decisión sobre lo que compartiremos con los niños debe estar guiada por un interés honesto en lo que más le conviene a nuestros hijos y no por un deseo de vengarnos del cónyuge o de lograr que los niños sean nuestros aliados en el conflicto. Además, si le informamos directamente a los hijos que estamos teniendo problemas, van a estar un poco más preparados en caso de que la situación se vuelva más grave. Por el contrario, si se trata de mantener un ambiente de cordialidad aparente cuando el matrimonio se está derrumbando, los niños pueden desarrollar grandes sentimientos de incertidumbre con respecto a los hechos de la vida y concluir que cualquier relación marital se termina súbitamente de un día para otro.

Así mismo, cuando los hijos saben, a pesar de que no necesariamente lo acepten, que hay dificultades serias entre sus padres, estarán mejor preparados para manejar problemas similares en su propia vida marital. Por eso, cuando una pareja tiene conflictos que la están llevando a considerar una separación, deben poner a los hijos al tanto de la situación. Por mucho que sufran con tan dolorosa noticia, será menos dura y dañina que si los coge de sorpresa.

Tomar medidas

Cuando las relaciones se deterioran y el ambiente familiar de la pareja es casi de permanente hostilidad o indiferencia entre los cónyuges, lo mejor no es esperar a que mágica o milagrosamente se arreglen las cosas, sino buscar con valentía alternativas para remediar la situación. Un psicoterapeuta especializado en relaciones matrimoniales, un grupo de enriquecimiento familiar, un seminario sobre relaciones de pareja son alternativas que pueden mostrarnos dónde está el problema de la relación y ofrecernos opciones para remediarlo.

Desafortunadamente hay muchas parejas que se conforman con seguirse agrediendo y jugar a que no está sucediendo nada. Viven una relación infernal pero no toman ninguna medida para cambiar las cosas, ni se separan "por los niños", cuando en realidad lo que los mantiene unidos es el miedo a enfrentar la situación o el temor a la incertidumbre del futuro. Sin embargo, si del bienestar de los niños se trata, es preciso recordar que "es mejor venir de un hogar desbaratado que vivir en él". Todo niño necesita un hogar, pero debe ser uno que le ofrezca seguridad, afecto, respeto y estabilidad. Esto no quiere decir que sea recomendable separarse si hay conflictos entre la pareja, pero sí que se deben hacer todos los esfuerzos por arreglar la relación, y si no fuera factible después de haber hecho todo lo humanamente posible, precisamente "por los niños", es mejor considerar la posibilidad de separarse. Se necesita coraje para tomar cualquiera de estas determinaciones, pero no es mucho más que el que se necesita para ejercer a cabalidad la paternidad.

Para que una relación de pareja sea enriquecedora y positiva, tanto para los cónyuges como para sus hijos, es necesario tener presente que habrá peleas y disgustos pero que el objetivo de las mismas debe ser solucionar un conflicto y no ganar la pelea, y que está en manos de alguno de los dos lograr la reconciliación.

Los hijos ante el proceso de separacion de sus padres

La tragedia que viven miles de niños al sentirse virtualmente "descuartizados" en medio de las peleas de sus padres es cada vez mayor y con repercusiones más graves. En efecto, las nuevas evidencias sobre las nefastas consecuencias que puede tener sobre los hijos la guerra en que se envuelven sus padres cuando atraviesan una seria crisis o un proceso de separación, han sido la razón por la cual muchos legisladores de los Estados Unidos están proponiendo que se cambien las leyes que autorizan el divorcio para hacerlo más difícil y forzar así a los padres a permanecer unidos mientras crían a sus hijos.

El motivo para tanta preocupación es que recientes investigaciones han corroborado una vez más que los hijos de hogares desbaratados tienen más del doble de posibilidades de caer en problemas de violencia, promiscuidad, drogadicción y alcoholismo que aquellos que crecen en hogares intactos. El reciente informe del Consejo de la Fundación Carnagie para el Estudio sobre la Preparación de los Jóvenes para el Futuro, indicó que el factor determinante en 3 de cada 4 suicidios juveniles y la causa de 4 de cada 5 hospitalizaciones de jóvenes por trastornos psiquiátricos es la separación de sus padres y el daño que se hacen entre sí.

Así mismo, la última actualización de uno de los estudios más importantes sobre las repercusiones en los hijos del divorcio o separación de sus padres reveló que uno de cada tres niños y una de cada diez niñas, entre las edades de 10 y 14 años, se convierten en delincuentes a raíz del divorcio o separación de sus padres.

Una experiencia devastadora

La separación de los padres es una experiencia devastadora para los hijos. Muchos psicoterapeutas aseguran que una separación complicada es la peor experiencia que puede vivir un menor y que suele ser aún más dolorosa que la muerte de uno de sus padres. Mientras que en la mayoría de las crisis graves que puede vivir una familia, (un accidente, un desastre natural, etc.), los padres en primer lugar corren a proteger a sus hijos, en la crisis de la separación, se ignora a los niños porque los adultos están tan agobiados con sus problemas que apenas alcanzan a atender su propia pena. Aún las separaciones "civilizadas", (si es que las hay porque las parejas se separan no propiamente porque se llevan muy bien) ocupan el segundo lugar como experiencias catastróficas en la vida de un menor.

Pero la mayoría de los padres ignoran todo lo traumática y desgarradora que puede ser su separación o sus continuos conflictos para los hijos. No se trata de una sola pena sino una cadena de dolorosos eventos que cambia dramáticamente sus vidas. En efecto, la familia es la estructura fundamental alrededor de la cual gira su existencia y sobre la cual los hijos van construyendo sus sucesivas etapas de desarrollo físico, intelectual y emocional, desde la más tierna infancia hasta terminada la adolescencia. Cuando esta estructura se derriba, el mundo del niño virtualmente se desintegra y ellos quedan sin soporte, perdidos en un "mare magnum" de conflictos y hostilidades. Además, los padres son todo para los hijos, y la posibilidad de perder a uno de ellos o de que mutuamente se destrocen es una experiencia devastadora para los niños.

> *La separación no es una sola pena sino una cadena de dolorosos eventos que cambia dramáticamente la vida de los hijos.*

Una tormenta de emociones

A esta agobiante situación, se suma un caudal de intensas emociones adversas. Por un lado, está el profundo terror a quedar desamparados ya que son conscientes de su total dependencia de los adultos. No menos intensos son sus sentimientos de tristeza y de dolor por perder al padre que se va de la casa y el abandono emocional del que queda con ellos pero que, sumido en su propia tristeza y confusión, tiene poca disposición para auxiliarlos. Sentimientos de gran intranquilidad por el bienestar de sus padres, de rabia contra ambos por no brindarles la estabilidad que precisan, de culpa y deslealtad por su antagonismo contra ellos, de ansiedad por no poder controlar la situación, de soledad y confusión, se suceden simultáneamente y son más de lo que la mayoría de los hijos puede manejar. No son de sorprender los múltiples problemas que afectan a tantos hijos de hogares desbaratados.

La peor parte de este funesto proceso es que, en muchos casos, se prolonga por muchos años o a veces para siempre. Guiados por un intenso resentimiento, muchos padres separados utilizan a sus hijos como arma para perjudicar, para vengarse o para "cobrárselas" al excónyuge. Los menores sirven de mensajeros, de aliados en las peleas, de testigos en las discusiones, de cobradores y chantajistas, de detectives y no faltan quienes además los cargan con la agobiante responsabilidad de arreglar su fallida relación matrimonial. En esta lucha hay algunos que llegan a extremos inconcebibles como el de manipular a los hijos para que crean, (así sepan que no es verdad), que su otro progenitor los traicionó o los dejó de querer. De esta manera, los "descuartizan" emocionalmente para satisfacer su sed de venganza y amainar su rencor.

> *La separación puede ser para los padres una oportunidad de comenzar una nueva vida, pero para sus hijos es la pérdida de la única oportunidad que tenían para crecer al lado de sus dos padres.*

Es preciso tener en cuenta que, aun cuando la separación puede constituir para los padres una oportunidad para terminar una existencia desdichada o para comenzar una nueva relación más feliz, para sus hijos constituye la pérdida de la única oportunidad que tenían para crecer al lado de las personas que más aman y precisan: su padre y su madre.

No se trata de permanecer casados en una situación de infelicidad porque siempre "es mejor venir de un hogar desbaratado que vivir en él". Aunque los padres no lo crean, los hijos, de cualquier edad, perciben el antagonismo o desamor entre ellos, así se comporten como si nada estuviera pasando, y sufren intensamente por ello.

Lo más perjudicial para los hijos no es que sus padres se separen sino que vivan en conflicto o sintiéndose desgraciados.

El matrimonio no es para perezosos

Es fácil comprender que las parejas tengan divergencias fundamentales; lo que no es tan admisible, es que esas divergencias los lleven a destruir su relación y así mismo la obligación que en común han contraído ambos para con sus hijos. No se entiende cómo tantos padres aseguran que lo primero y más importante de su vida son sus hijos y su familia, y sin embargo, ante cualquier problema o insatisfacción en la relación, estén dispuestos a abandonarla. Aburridos por la monotonía de su vida marital o seducidos por una nueva aventura amorosa, alegan que la liberación femenina, la incompatibilidad de caracteres o su inmadurez al casarse los llevó a unirse a la persona equivocada, procediendo así a separarse bajo el argumento de que tienen derecho a "ser felices". Si no han podido encontrar la felicidad al lado de los seres que más aman en la vida, ¿cómo pueden esperar encontrarla lejos de ellos? ¿Cómo creen poder construirse un futuro más prometedor a expensas de acabar con la estabilidad que precisan sus hijos?

Quien no ama a su familia, difícilmente puede amar a alguien más. Pero no se trata de permanecer infelizmente casados, ni de perpetuar una relación lesiva para todos. Se trata de trabajar con mucha dedicación por estar felizmente casados, de tener la valentía y la generosidad para dejar de señalar las fallas del otro y comenzar a corregir las propias, esforzándose por ver cómo cada uno puede convertirse en ese elemento de paz, unión y armonía que requiere su familia.

El malestar que impera en el mundo actual no es resultado de una crisis política, social o económica, sino ante todo de una crisis familiar. El matrimonio es la base fundamental de la humanidad. Si las parejas se siguen separando, las familias se seguirán desintegrando y la sociedad se seguirá descomponiendo. De tal manera que es importante hacer todos los esfuerzos y sacrificios necesarios para forjar una relación fuerte, enriquecedora y satisfactoria, que pueda superar los momentos difíciles sin desfallecer.

Una pareja sólida y unida es una forma casi infalible de garantizar la armonía y estabilidad que los hijos precisan para crecer sanos y llegar a ser las personas íntegras, felices y equilibradas que tanto requiere el caótico mundo de hoy.

No traten de disipar mi dolor con grandes regalos y diversiones. Me duele el corazón y éste no sana con risas sino con caricias. Todo lo que necesito es la garantía de que, aunque estén separados, ninguno de los dos me abandonará.

Díganme con palabras y actitudes que puedo seguir amándolos a los dos y ayúdenme a mantener una relación estrecha con ambos. Después de todo, fueron ustedes quienes se escogieron mutuamente como mis padres.

No me pongan de testigo, de arbitro ni de mensajero en sus peleas y conflictos. Me siento utilizado y obligado a arreglar un problema que no es mío.

Tengan en cuenta que todo lo que hagan para perjudicarse mutuamente, quiéranlo o no, en primer lugar me lastimará personalmente a mí.

No se critiquen ni se menosprecien delante de mí, así todo lo que digan sea la verdad. Entiendan que por malos que hayan sido como esposos, son mis padres y por lo tanto yo necesito verlos a ambos como lo máximo.

No peleen a ver cuál se queda conmigo, porque no soy de ninguno, pero los necesito a los dos. Recuerden que estar conmigo es un derecho, no un privilegio, que tienen ambos y que tengo yo.

No me pongan en situaciones en que tenga que escoger con quién irme, ni de qué lado estoy. Para mi es una tortura porque siento que si elijo a uno, le estoy fallando al otro, y yo los quiero y los necesito a los dos.

Díganme que no tengo la culpa de su separación, que ha sido su decisión y que yo nada tengo que ver. Aunque para ustedes la causa de su separación les parece obvia, yo me culpo porque necesito conservar su imagen intacta, y por lo tanto, el único que puede haber fallado debo ser yo.

Entiendan que cuando llego furioso después de pasar un día con mi padre o mi madre, no es porque él o ella me envenene, sino porque estoy triste y tengo rabia con ambos porque ya no puedo vivir permanentemente con los dos.

Nunca me incumplan una cita o una visita que hayan prometido. No tie-

nen idea de la ilusión con la que espero su llegada ni del dolor tan grande que me causa ver que nuevamente me han fallado.

Denme permiso de querer a la nueva pareja de mi padre/madre. Aunque en el fondo del alma me duele aceptarla, yo quiero ganármela para no perder al padre/madre que pienso que me dejó por ella.

No me pidan que sirva de espía ni que les cuente cómo vive o qué hago con mi otro padre. Me siento desleal para con él y no quiero ser un soplón.

No me utilicen como instrumento de su venganza, contándome todo lo "malo" que fue mi padre/madre. Lo único que con seguridad lograrán es que me llene de resentimiento contra quien trata de deteriorarme una imagen que necesito mantener muy en alto.

Asegúrense que comprendo que aunque su relación matrimonial haya terminado, nuestra relación es diferente y siempre seguirá vigente.

Recuerden que a pesar de que la separación puede constituir para ustedes una oportunidad para terminar con un matrimonio desdichado o para establecer una nueva relación, para mí constituye la pérdida de la única oportunidad que tengo para criarme al lado de las personas que más amo y necesito: mi papá y mi mamá.

Recuerden que lo mejor que pueden hacer por mí - ahora que ya no se aman- es respetarse mutuamente.

COMO ENFRENTAR LOS DESAFIOS DE SER PADRE O MADRE SIN PAREJA

La tarea de formar a los hijos es una labor tan delicada y exige tanto sacrificio y dedicación, que no debe ser casualidad que la madre naturaleza establezca que se requieran dos personas para engendrar su vida, lo que implica que se necesitan dos para criarlos. Sin embargo, uno de los cambios sociales más dramáticos de las últimas décadas es el abrumador incremento en el número de hogares encabezados por uno solo de los padres, generalmente por la madre. Este fenómeno, que también puede deberse a una viudez prematura o a la decisión de tener un hijo como madres solteras, es ante todo resultado del creciente número de separaciones conyugales. Y aun cuando cada vez hay más hombres que tienen la custodia y viven solos con sus hijos, aproximadamente un 90% de estos hogares están a cargo de la mamá.

Afortunadamente, el concepto social sobre las familias en estas circunstancias también ha sufrido grandes cambios. Hasta hace unos años la madre separada era rechazada y sus hijos discriminados. Pero hoy en día este nuevo tipo de familia tiene cada vez mayor aceptación social, posiblemente porque hay un menor estigma asociado con la separación conyugal.

No obstante lo anterior, la situación de las madres que son cabeza única de familia no deja de ser un reto muy difícil. Además de que quedan solas a cargo de casi todos los deberes de la vida cotidiana de los hijos (que si estuvieran casadas deberían ser asumidas entre dos), deben sobrellevar un mayor número de cargas adicionales a las propias de su condición de madres.

Limitaciones económicas

Una de las mayores presiones que tienen la mayoría de las mujeres que viven solas con sus hijos son los problemas económicos. Desafortunadamente la contribución financiera del padre se establece con base en los ingresos que él perciba y no con base en las necesidades económicas de sus hijos. Por esto muchas mujeres no cuentan con la cantidad de dinero suficiente para los gastos de los niños, y quieran o no son ellas las que tienen que buscar los recursos que hacen falta. Lo grave es que tienen además una serie de desventajas, que no tienen los padres, como son el hecho de que las mujeres por lo general tienen sueldos más bajos y menos preparación que los hombres; que muchas no han trabajado desde que se casaron y deben entrar súbitamente al mercado laboral con poca o ninguna experiencia; y que el cuidado de los hijos menores les impide trabajar horarios muy largos y asumir ciertos compromisos profesionales (viajar, trabajar horas extras) que podrían mejorar su remuneración.

> *Es imperativo que los padres comprendan que su obligación económica no es un favor que hacen a la madre sino un deber sagrado para con sus hijos.*

De tal manera que, a toda la angustia que les causa sentirse solas a cargo de su familia, debe sumarse el estrés que producen sus aprietos económicos, lo cual redunda en perjuicio de los hijos. Es imperativo que los padres ausentes comprendan que su obligación económica no es un favor que le hacen a la madre sino un deber sagrado para con sus hijos y que al desatenderla o no aportar lo suficiente están lesionando directamente el bienestar de los niños. Además de que los menores se pueden ver privados de algunas cosas muy necesarias en su vida, una madre cargada de preocupaciones financieras no puede tener la paciencia, la tranquilidad y el buen humor que precisan los hijos, ni darles el ambiente familiar amable que requieren para crecer sanos.

Demasiadas responsabilidades

En las familias con dos padres, por lo general los problemas y determinaciones importantes que atañen a los hijos se enfrentan en pareja. Aún en los casos en que el esposo se desentiende de algunas, hay por lo menos la sensación de tener un "socio" igualmente responsable de las decisiones que se tomen y de sus consecuencias, además de que se cuenta con alguien que colabore recogiendo y llevando a los niños, asistiéndolos con sus tareas, solucionando sus conflictos o arbitrando sus peleas. Pero la madre separada debe asumir sola todo esto. De tal manera que son tantas las funciones que tiene que cumplir, que vive agotada y tiene un desgaste físico, mental y emocional con consecuencias perjudiciales para su salud y para la de sus hijos.

Todo ser humano necesita descanso y recreación para estar bien y saludable. La sobrecarga de deberes de la mamá, la lleva a menudo a olvidarse de sí misma y a pasar su vida en una interminable y agotadora maratón, en la que no disfruta sus hijos sino que sobrevive "a pesar" de ellos. Una madre abrumada por sus responsabilidades, tensionada y resentida por sus circunstancias no puede ofrecer el ambiente amable y sano que precisan sus hijos.

Desafortunadamente, con alguna frecuencia el padre separado asume sólo una pequeña parte de las obligaciones económicas de los hijos, alegando que él también tiene derecho a ser feliz. Lo que ignora es lo mucho que esto perjudica a sus hijos, y eventualmente a sí mismo, pues la felicidad de los padres llega hasta donde comienza la infelicidad de los hijos.

Con frecuencia las madres contribuyen a que el papá se desentienda de la mayor parte de sus obligaciones. Ante su incumplimiento y desinterés, muchas prefieren hacerlo a un lado con tal de no tener que estar rogando o peleando para que cumpla con lo que debería hacer a conciencia y por su propia iniciativa. Sin embargo, al permitir que el padre se despreocupe de sus responsabilidades, se promueve a la vez que se aparte de los hijos y su contacto afectivo con los menores es vital para ellos. Es preciso recordar que él participó en la decisión de engendrar la vida de los hijos y que, por el bien de los mismos, hay que hacer lo posible para que responda por las implicaciones de su crianza.

Actitudes inapropiadas

Tan perjudiciales como las anteriores circunstancias, son algunas de las actitudes que a menudo asumen quienes se ven enfrentadas con la realidad de sobrellevar casi solas la carga del hogar, como son:

Lástima
Con frecuencia, tanto la mamá como los familiares y amigos, miran con ojos de lástima a los hijos de hogares "desbaratados", y algunas mujeres en esta situación incluso se presentan a sí mismas como víctimas. Tales actitudes hacen que los niños se perciban como inferiores y desarrollen una pobre autoestima, además de que los pueden llevar a buscar permanentemente la compasión y favoritismo de otros como una forma para arreglárselas en la vida.

Sentimientos de culpa
La culpabilidad y los sentimientos de fracaso, usuales en muchas madres separadas, son otro gran obstáculo para su tarea. Los sentimientos de culpa son claramente percibidos por los niños y los llevan a sentirse víctimas o a aprovecharlos para manipular a su madre y lograr todo lo que quieren.

De igual manera, la culpabilidad hace que muchas mamás den a los hijos más privilegios de los que deben y las lleva a permitirles cualquier mala conducta para compensar la pena y las desventajas de su condición. Además de que se acostumbran a esperar y exigir todo lo que se les antoje, el mal comportamiento de estos niños hace que sean rechazados por sus compañeros, amigos y hasta por sus familiares.

Tratar de ser padre y madre a la vez

Algunas madres que son cabeza única de familia se sienten en la obligación de hacer ambos papeles a la vez, con lo que no logran hacer bien ni lo uno ni lo otro. Si bien es cierto que la madre que está sola en el hogar debe asumir la mayoría de las tareas del padre ausente, esto no implica que deba hacer de padre de los niños.

Si el papá está totalmente ausente, se puede tratar de buscar adultos que le ofrezcan a sus hijos la figura de identificación que necesitan (tíos, abuelos, profesores, entrenadores, etc.) y promover que participen con ellos en actividades típicas de su sexo. Para los hijos en estas circunstancias es especialmente importante estar vinculados a equipos deportivos, actividades artísticas, grupos de aficiones, etc. que le den oportunidad a los hombres de aprender a relacionarse con adultos de su mismo sexo, y a las niñas de interactuar con los del otro sexo.

Convertirlos en pareja

Quizás uno de los errores más comunes de las madres que viven sin un cónyuge es el de convertir a sus hijos, sobre todo al hijo mayor, en su pareja. Muchas mujeres en estas circunstancias los vuelven sus confidentes y compañeros para todo, hasta el punto de permitirles dormir diariamente en el lugar que antes ocupaba su papá.

Un niño en esta posición asume una serie de responsabilidades que son en todos los casos perjudiciales para él. No sólo se sienten obligados a sustituir afectivamente al padre ausente, sino que se pueden sentir responsables de hacer las veces de papá de sus hermanos menores y de marido de su mamá por el resto de su vida, y esto les dificulta desarrollar relaciones sanas con otros niños de su misma edad, así como establecer posteriormente una buena relación de pareja.

Es preciso recordar en todo momento que los hijos son solamente hijos, y que cualquier conducta que les dé otro carácter es injusta y perjudicial para ellos.

Buscarles un papá

Un último error que cometen con alguna frecuencia las mujeres separadas y con hijos es el de empeñarse en conseguir una nuevo esposo para "darles" un padre a los niños y no sentirse tan solas y desamparadas. Cualquier relación que se inicie con base en esta necesidad tiene de hecho un mal comienzo. Se debe necesitar al cónyuge porque se le ama, no amarlo porque se le necesita. Además, el afán de procurarse un marido por necesidad de una compañía puede llevarlas a tomar una decisión incorrecta y sumar así otro problema a los ya existentes.

Amargura y resentimiento

Hay muchas mujeres que se sienten tan heridas o traicionadas a raíz de su separación, que pasan el resto de sus vidas resentidas y amargadas, tratando de perjudicar al padre de sus hijos en todas las formas posibles. Por ello lo critican y atacan cada vez que pueden hacerlo, montan interminables litigios en su contra, tratan de arruinarle su tranquilidad o no desaprovechan una oportunidad para perjudicarlo, con lo que vuelven su propia vida y su hogar un infierno. Sobra decir que tal situación y el ambiente en que se desarrollan los niños es muy nocivo para ellos y puede tener consecuencias graves para su futuro.

Las madres que, así sea con mucha razón, sientan que el dolor, la rabia o el resentimiento contra el padre de sus hijos no se supera en un tiempo razonable, deben buscar ayuda profesional. Es preciso tener muy presente que la peor herencia que podemos dejar a nuestros hijos son nuestros propios conflictos o problemas no resueltos.

También hay ventajas

Los hijos de hogares con un sólo padre o madre no son necesariamente niños condenados a la desdicha. Sin lugar a dudas no es la condición familiar ideal para crecer pero también pueden tener algunas ventajas. En términos generales los hijos de estos hogares suelen ser más adaptables, más considerados, más agradecidos y a menudo más maduros precisamente por las limitaciones que tiene su familia.

Lo más importante en este caso es tener conciencia de la envergadura de la tarea que enfrentaremos cuando por una u otra razón nos vemos en estas circunstancias. Un riesgo que las madres solas no podemos correr es el de ser inadecuadas para nuestra tarea. Esto implica tener que examinar abierta y honestamente todas nuestras conductas y actitudes para estar seguras de que estamos ofreciendo a los hijos un hogar y una imagen sana y enriquecedora. Cuando un niño tiene sólo a su madre es doblemente preciso que ella sea una persona estructurada y cumplidora de sus deberes como tal.

Si bien los retos que enfrenta una madre que es cabeza única de familia son mayores y exigen por lo mismo mayores esfuerzos, sacrificios y lucha, también pueden ser mayores las satisfacciones personales que se obtengan en el proceso y puede salir tan enriquecidas y triunfantes como quienes sí han tenido la bendición de contar con una pareja estable.

LAS IMPLICACIONES DE UN
SEGUNDO MATRIMONIO

Un tipo de familia que cada vez es más popular hoy en día es la familia producto de la segunda unión de uno o de ambos cónyuges, en la cual hay hijos de sus matrimonios anteriores. En efecto, las estadísticas indican que aproximadamente un 80% de los hombres o mujeres separados y con hijos de una unión anterior, se vuelven a casar.

Las relaciones en este tipo de familia son muy complejas, por decir lo menos. No solamente hay esposo y esposa, sino que además hay padrastros, hermanastros, medios hermanos, "abuelastros", etc. Y para rematar, el padre o la madre biológica, aunque no vive con la nueva pareja, tiene una poderosa injerencia en la vida de sus hijos y por lo tanto la sigue teniendo en la vida de su excónyuge.

Quienes se comprometen en este tipo de familia enfrentan un sin número de retos difíciles, pero no insalvables, que con algo de paciencia, madurez y esfuerzo se pueden ir superando.

Predisposición negativa

Una de las primeras trabas que se interponen en la armonía de la nueva familia es la creencia generalizada de que el padrastro o la madrastra son necesariamente malvados, y que la relación entre él o ella y sus hijastros será de alguna manera una relación de enemistad.

Las palabras "padrastro" o "madrastra" poseen de por sí connotaciones negativas y en una de sus acepciones significa "malvado substituto del padre o madre". Es más, tradicionalmente las historias, los cuentos y las películas las han caracterizado como personas egoístas, malhumoradas e interesados únicamente en su bienestar personal a expensas de sus hijastros.

Estos prejuicios producen aprehensión en los hijastros, lo que repercute en el padrastro y predispone sus relaciones hacia el conflicto. Pero no necesariamente tienen que ser así. A pesar de las dificultades singulares de la relación padrastro-hijastro, tanto los adultos como los niños pueden obtener beneficios de esta relación.

¿Quién es más importante?

El primer problema es que a menudo se crea una competencia en la que el padrastro o la madrastra y los hijastros luchan entre sí por tener una posición privilegiada con su cónyuge o padre respectivamente. Así, unos y otros, muchas veces inconscientemente, hacen lo posible por desvirtuarse y robarse toda la atención de la persona que tienen que compartir, pues es el padre o madre de uno y el esposo/a del otro, lo cual propicia una lucha entre ellos en la que todos salen perjudicados.

Sin embargo, el más afectado generalmente es el nuevo cónyuge porque es usual que los adultos en estas relaciones se pongan tácita o explícitamente del lado de sus hijos o por lo menos traten de defenderlos. Son sus hijos y admitir que están obrando mal es admitir que han sido deficientes como padres, y esto a nadie le gusta reconocerlo.

Pero el nuevo cónyuge es a la vez quien tiene mejores herramientas para manejar la situación, pues su madurez y experiencia de adulto le dan ciertas ventajas sobre los hijos de su esposo/a. Si las energías que se dedican a disputarse con los hijastros el lugar privilegiado en la familia se encauzan a tratar de comprender lo difícil que debe ser para esos niños compartir a su papá o mamá con alguien que no tiene nada que ver con ellos, y verlo ocupar el puesto que antes era de su propio padre/madre, va a ser más fácil manejar la situación. Es preciso recordar que para pelear se necesitan dos, y que si los hijastros no encuentran con quien entablar conflicto, finalmente podrán ir aceptando poco a poco la nueva relación.

Hostilidad y conflictos de lealtad

A pesar de que la mayoría de los niños no se atreven a hacer manifiesta su hostilidad hacia el padrastro o madrastra, sus sentimientos iniciales hacia ellos son por lo general negativos. Es posible que al comienzo parezcan complacidos y deseosos de agradar al padrastro o a la madrastra, pero en el fondo realmente lo rechazan aunque lo disimulan por temor a disgustar y perder al papá o a mamá que ahora ama a esa otra persona. Pero el nuevo matrimonio de su padre o madre marca para ellos el final de las posibilidades de que papá y mamá se vuelvan a arreglar. Por lo tanto, es fácil que los culpen

> *El nuevo matrimonio de uno de sus padres marca para los hijos el final de las posibilidades de que papá y mamá se vuelvan a unir.*

de obstaculizar la reconciliación de sus padres con la que ellos tanto han soñado, y por esto sus sentimientos hacia él o ella son antagónicos.

Adicionalmente, los hijos en estas circunstancias tienen que manejar otros sentimientos intensos como son los conflictos de lealtad con el padre/madre que ha quedado "abandonado", y que les surgen como resultado de su deseo de agradar al nuevo cónyuge de su padre/madre, así como los celos que esta nueva relación naturalmente les produce. Todo esto hace que la experiencia de pertenecer a una familia reconstituida sea, por lo menos inicialmente, llena de tensiones y hostilidades no expresadas.

Una relación sin vínculos reales

Es preciso tener en cuenta que no hay lazos de unión biológicos ni legales que garanticen la unión del padrastro o madrastra con sus hijastros. La única relación que existe es a través de la unión que han establecido los adultos y la amistad que ellos puedan formar.

De tal manera que es muy posible que, en el momento en que los dos cónyuges estén felices con su nueva unión, los hijos habidos en una relación anterior estén angustiados o contrariados por tener que aceptar forzosamente a una persona "extraña" en su vida con la que ellos realmente nada tenían que ver.

En alguna medida los padrastros son, para los hijos, intrusos en su familia, ya que esta relación se forma a la inversa de los primeros matrimonios. En las familias de primeras uniones los padres primero forjan una relación y constituyen un núcleo al que luego se integran sus hijos. En las de segundas uniones, la madre/padre y los hijos son un núcleo existente al cual se suma el padrastro o madrastra.

El talón de Aquiles para el nuevo cónyuge

Uno de los puntos más críticos y difíciles de superar para los nuevos cónyuges en este tipo de matrimonios es la fantasía de que ocuparán el primer lugar en la vida de su esposo/a que ya tiene hijos de su primera unión. Su resistencia a tener que "compartir el esposo o esposa" con sus primeros hijos y el padre o madre de ellos, crea una serie de frustraciones y resentimientos que nublan la vida de quien lucha inútilmente para que su relación sea la única importante en la vida afectiva de su pareja. Aunque durante el período de enamoramiento parezca que esto es posible y que lo único que les importa a ambas partes es su nuevo amor, una vez pasada la etapa de la "luna de miel", los hijos de uno o ambos cónyuges habidos en relaciones anteriores ocuparán un lugar priori-tario o por lo menos tendrán una gran injerencia en sus vidas.

Quienes se unen con una persona en estas circunstancias deben tener muy presente que, a pesar de que la primera relación de pareja de su cónyuge se acabó, su relación con esa persona como padres de unos mismos hijos nunca se acabará. La sola existencia de hijos de relaciones anteriores, así no vuelvan a ver nunca al otro padre, marca la vida de quien se casa por segunda vez. De tal manera que en alguna medida el nuevo cónyuge nunca logrará para siem-pre la anhelada dedicación exclusiva de su esposo/a a la nueva familia que han establecido y la lucha por lograrlo es inútil y contraproducente.

Lo importante es construir, no destruir

Como todo en la vida, estas relaciones aunque tienen grandes desventajas, también tienen algunas ventajas. Los hijos del primer matrimonio posible-mente le han permitido al esposo aprender a ser padre y evitar los errores en que incurrió por inexperiencia en su primera familia con los hijos que puede haber en la segunda unión. Además, si se trabaja para tener buenas relaciones con los hijastros y se respeta su lugar en la vida de su padre o madre, pueden ser unos buenos amigos y aliados del nuevo cónyuge y buenos medio herma-nos para los hijos habidos en esta nueva unión.

Al casarse con alguien que ha estado previamente casado y con hijos, es necesario recordar que cuando se decidió formar una relación matrimonial con esta persona fue a sabiendas de que esos hijos seguirían siendo parte de su vida. De tal manera que batallar por ignorar o eliminar esta relación es sim-plemente soñar con algo que no es posible y lo único que lograrán será crear problemas que, a la larga, posiblemente no se resolverán a su favor.

Tener una buena relación de pareja nunca ha sido fácil, y sin lugar a dudas es mucho más difícil, aunque no imposible, tenerla entre quienes han estado casados. Por ello es preciso pensarlo muy bien y prepararse, sin soñar con lo imposible (como la de que los hijos de su relación anterior no interferirán en su vida), antes de alimentar y formalizar un segundo matrimonio. La relación tendrá muchas más posibilidades de éxito si se aceptan los compromisos ante-riores del cónyuge en lugar de bregar por eliminarlos. Será más sano, por el bien de todos, alimentar las ventajas que luchar en vano contra las desventajas.

LOS RETOS DE SER
PADRASTRO O MADRASTRA

El éxito de los matrimonios en que una o ambas partes han estado casadas anteriormente, a pesar del esfuerzo que muchas veces les ponen, es poco. Las estadísticas indican que aproximadamente un 60% terminan en separación o divorcio. Y uno de los principales motivos para una separación es el conflicto entre los padrastros/madrastras y los hijastros.

El papel del padrastro o madrastra tiene elementos distintos y más complejos que el de ser papá o mamá y por eso no es fácil. La primera cosa que debe tener muy en cuenta quien forma un hogar con una persona que tiene hijos de una relación previa, es que no puede sustituir al papá o a la mamá de los menores. Cuando el adulto, que se suma a una familia producto de una primera unión, trata de imponerse y de tener las prerrogativas de padre o madre de los hijos de su cónyuge, las conflictos no se hacen esperar.

Excepto en los casos en que el padrastro o la madrastra son en la práctica los papás de los niños porque entran en la vida de los hijastros desde que están muy pequeños y su padre biológico ha desaparecido o muerto, el padrastro o madrastra sí tienen muchas veces que desempeñar las funciones de padre o madre de sus hijastros pero con un enfoque diferente en varios aspectos. El dicho popular de que "padre/madre no hay sino uno", es una realidad que no se puede desconocer.

Los padrastros logran mucho más beneficios, si construyen una amistad con los niños que les permita irse ganando su cariño y admiración.

La relación entre el padrastro o madrastra y los hijastros no se desarrolla de la noche a la mañana. Una vez que los adultos se dan cuenta de que su relación es seria, es buena idea dar tiempo y oportunidad para que el padrastro/madrastra conozca y trate, durante algún tiempo antes del matrimonio, a quienes serán sus hijastros. Esto les permite descubrir aspectos positivos y puntos de convergencia entre ellos, e ir estableciendo una relación que facilitará las cosas cuando se llegue la hora de vivir juntos. Los padrastros logran mucho más beneficios, no sólo para la nueva familia sino para sí mismos, si se dedican inicialmente a construir una amistad con los niños que les permita irse ganando su cariño y admiración. El afecto y el respeto que desarrollan serán las mejores armas con las que pueden contar para integrarse y manejar su nueva familia.

Cambiar pocas cosas

En la medida en que se conozcan las necesidades y costumbres de los miembros de la familia y se haya establecido una relación más profunda con los hijastros, el padrastro/madrastra puede comenzar a cambiar con tacto unas pocas de las muchas costumbres familiares que le puedan molestar. Es importante seleccionar poco a poco aquellas que realmente son indispensables para mejorar su sentido de pertenencia y su adaptación a la familia (por ejemplo: comidas, decoración, horarios, etc.).

Igualmente, para lograr la colaboración de su cónyuge con las nuevas normas que se desean establecer, el padrastro o madrastra debe plantear sus necesidades sin criticar a los hijastros o de alguna manera implicar que son malos. Si lo hace, su pareja posiblemente concentrará sus esfuerzos en defender a sus hijos y lo que ella ha hecho de ellos, y no en promover la colaboración de los menores. Es preciso tener en cuenta que el padre o madre biológico queda atrapado en el medio cuando hay conflictos entre sus hijos y su nuevo cónyuge, y aunque no lo exprese abiertamente, su estado de ánimo se altera y el ambiente familiar se afecta negativamente para perjuicio de todos.

No atacar al otro padre

Para facilitar la integración de la nueva familia es fundamental cuidarse de actitudes o de comentarios que desvirtúen o ataquen al padre o madre de los niños que no vive con ellos. Bueno o malo, es el padre o madre de los niños y para ellos es indispensable mantener su imagen en alto, por lo que resienten cualquier crítica que se haga en su contra.

Así mismo, es muy recomendable que el padre o la madre que se ha casado por segunda vez procure recordarle a los niños las características positivas de su otro padre, es decir de su primer cónyuge. De esta forma, el niño no tendrá que estar en una posición defensiva para proteger la imagen de su papá o mamá y podrá aceptar la relación con su padrastro o madrastra con mayor facilidad.

Igualmente importante es ayudar al niño a manejar sus conflictos de lealtad. Los niños frecuentemente creen que si son amables y aprecian a su padrastro o madrastra necesariamente están traicionando a su padre biológico. Por el bien de los niños es ideal que el papá o la mamá que se quedó solo le diga a los niños que no son desleales por el hecho de apreciar a su nuevo padrastro/madrastra. Entre más positiva sea la relación entre los excónyuges, mayores serán las posibilidades de que los hijos no se sientan "entre la espada y la pared" y puedan recuperar la estabilidad y la paz que tanto necesitan.

Saber qué se puede esperar

Cuando una persona que se convierte en padrastro no ha tenido hijos propios, puede tener expectativas irrealistas o demasiado altas con respecto a los hijastros. Un padrastro o madrastra en esta posición puede, por ejemplo, esperar que los niños sean tranquilos y maduros cuando la mayoría son realmente ruidosos, activos e inquietos. Estas expectativas irrealistas se traducen en frustraciones que alteran a los adultos y tensionan el ambiente familiar. Por eso es recomendable que antes de vincularse oficialmente a la nueva familia, el padrastro o la madrastra que no tiene hijos se dedique a aprender qué se puede esperar y cuál es el comportamiento normal en cada etapa del desarrollo de los niños y en la nueva situación que van a crear. Cuando se sabe cómo manejar las relaciones con los menores constructivamente, se actúa con más tranquilidad y se puede lograr un mejor comportamiento y colaboración de todos.

Comprensión con la pareja

Un elemento clave para la armonía de la nueva familia es tener en cuenta la difícil situación en que usualmente se encuentra la madre o el padre natural de los niños cuando hay conflictos entre los padrastros y los hijastros.

La fuente más importante de apoyo y la mejor garantía de éxito en un matrimonio es una relación de pareja donde ambas partes comprendan con empatía los temores, celos, frustraciones y angustias de su cónyuge. El padrastro o madrastra debe recordar que cuando tienen conflictos o dificultades con los hijastros, su pareja queda entre la espada y la pared y es cruel forzarla a tomar partido, pues del otro lado están nada menos que sus propios hijos.

Todos los estudios sobre familias producto de segundas uniones indican que las parejas que logran una relación estable y duradera son aquellas en que los adultos son comprensivos y dedican mucho tiempo y esfuerzo a construir una buena relación familiar, no a expensas del sacrificio de ninguna de las partes ni de los hijos de uno u otro.

Desarrollar respeto y confianza

Las posibilidades para una vida armoniosa en la compleja situación de una familia producto de una segunda unión se dan en la medida que los adultos entiendan las diferencias reales y naturales que existen en esta segunda familia, en la cual la felicidad y la esperanza de un futuro mejor van acompañadas del dolor de dejar atrás ilusiones ahora imposibles, y tener que apartarse de seres queridos que siguen siendo muy importantes para los hijos.

Por lo anterior, toma cierto tiempo para los padrastros adaptarse a la familia a la que se unen y comprender lo complejo de la situación, así como conocer los temperamentos de los niños, sus estados de ánimo, sus costumbres y su estilo de vida como familia.

Es muy importante tener en cuenta que algunas de las dificultades o antagonismos que surgen entre los padrastros y los hijastros son las mismas que pueden surgir entre los padres y los hijos, y que estas son parte normal y natural de las relaciones familiares. Sin embargo, en estas situaciones hay una tendencia generalizada a creer que todas las contrariedades se deben a que uno u otro hacen las cosas para mortificarse por el sólo hecho de ser padrastro e hijastros, o que todo se debe a que se trata de un matrimonio mixto. Es más fácil tener la objetividad que requiere la apropiada resolución de cualquier conflicto y manejar los problemas apropiadamente si se entiende que en todas las familias los hay y que, para superarlos, lo que más se necesita es mucha paciencia y una gran dosis de comprensión.

Algunas de las dificultades que surgen entre los padrastros y los hijastros son parte normal y natural de las relaciones familiares.

Los mayores esfuerzos se deben concentrar en construir un ambiente de mutua confianza y colaboración en la familia. Lo más importante debe ser lograr que los hijos de las primeras uniones perciban que su padrastro o madrastra se interesa por ellos, los acepta y los respeta. Desde esta base emergen fácilmente el afecto y la amistad, y se puede desarrollar una relación estrecha y armoniosa en el nuevo hogar. Aún en los casos en que no se logran lazos muy profundos, si hay aceptación y respeto entre todos, es posible vivir juntos con cordialidad y sin conflictos, y la nueva familia puede ofrecer un ambiente positivo y enriquecedor para todos sus miembros.